JN447888

Peter the Apostle & Judas Iscariot

베드로와 유다

Preface

이 책은 저자의 세 번째 종교적 체험에 대한 나눔의 장이다. 첫 번째 저서《하늘의 소리 사람의 말씀天聲人語》과 두 번째 저서《하늘의 소리 사람의 말씀 Ⅱ天聲人語》는 요한 복음서와 마태오 복음서를 공부하면서 배우고 느낀 점들을 모은 것이었다. 처음 써보는 글이라 서툴고 부족한 점이 많았음에도 불구하고 주위의 많은 분들로부터 분에 넘치는 격려와 찬사를 받았다. 더 나이들기 전에 용기를 내서 세 번째 저서를 내기로 했다.《베드로와 유다》는 성경을 공부하면서 '배신'에 대해서 배우고 느낀 점들을 하나하나 모은 것이다.

베드로가 가롯 유다와 다른 이유는 무엇일까? 결론부터 말하자면 그것은 회개悔改를 하고 안 하고에 차이가 있다. 똑같은 죄를 지은 후 후회를 한 것은 같지만 한 사람은 후회 뒤에 회개한 후 변화된 인생을 살았고, 다른 한 사람은 후회를 했지만 끝끝내 회개하지 않고 양심의 가책으로 자살하여 회개할 수 있는 길을 스스로 버리고 말았다. 가롯 유다는 얼마나 불쌍하고 한심한 인생인지 모른다. 오죽하면 예수님조차 그를 가리켜 "차라리 태어나지 않았더라면 자신에게 더 좋았을 것"이라고 말씀하지 않았는가?

사람은 누구나 실수할 수 있고, 수시로 죄를 범한다. 우리는 살면서 수도 없이 하느님을 섭섭하게 해드리고 예수님 말씀대로 살지 않는 경우가 비일비재하다. 그러나 회개하면 하느님께서 얼마든지 용서해 주신다. 그리고 우리를 새롭게 변화시켜주신다. 물론 진심 어린 회개를 해야 된다. 만일 형식적인 회개만 하고 예전과 같은 행동을 반복하면 그것은 진정한 회개가 아니기에 용서받을 수도 없으며 새로운 인생으로 변화될 수도 없다.

예수님은 베드로나 가룟 유다에게 이들이 배반을 할 것에 대한 암시를 주면서 회개를 할 수 있는 기회를 주셨다. 하지만 배반을 하기 전엔 둘 다 깨닫지 못하고 배반을 하였지만 그 이후의 둘의 태도는 정반대로 향했다. 아무리 어려운 고난이 닥쳐와도 고난 뒤에 숨어 있는 하느님의 축복을 믿는다면 고난으로 인해 좌절하지 않고 극복하려는 것과 다르지 않다. 우리는 이 둘의 삶을 통해 교훈을 얻고 가룟 유다가 아닌 베드로의 삶을 살아야 하겠다.

배신의 역사는 성서에 나오는 베드로와 유다뿐만 아니다. 현대를 사는 오늘날의 사람들도 위기에 처하면 약한 인간의 본색이 드러나게 마련이다. 일제 식민지 시대를 살펴보면 지식인이라는 사람, 입만 열면 민족을 말하고 애국을 부르짖던 인사들이 일본제국주의의 힘 앞에 자의나 강압에 의해 변절한 인물이 많다. 물론 당근과 채찍이라는 선택을 강요당하면 약한 인간으로서 허점이 드러날 수밖에 없다. 그러나 생존을 위해 어쩔 수 없이 배신하는 것과 부귀영화를 누리기 위해 충성을 맹세하고 배신의 대가로 부귀영화를 누리는 것은 다르다.

베드로와 유다의 경우처럼 같은 배신을 하지만 철저하게 회개한 사람과 그렇지 못한 사람으로 갈라진다.

나라와 민족도 마찬가지다. 2차 세계대전의 전범인 일본인과 독일인을 비교해 보자. 일본인은 주변국에서 요구하면 겨우 유감 표시만 하고 아직도 회개하지 않고 있다. 강제징용 갔던 분들에게 연금정산이라며 99엔 지급한 것 때문에 많은 분들이 분노했다. 그런 처사가 어디 있는가? 반면 독일인은 진심으로 회개했다. 피해자들을 찾아 일일이 사과하고 모두 보상해줬다. 심지어 추모관까지 세웠다. 수년 전에도 베를린에 홀로코스트유대인 대학살 기념관을 세웠다. 이게 바로 국격國格이다.

요즘 국격이란 말을 자주 사용하는데, 개인이든 민족이든 돈 좀 벌어 부자가 됐다고 격이 올라가는 게 아니다. 정말 하느님 앞에 자신을 돌아보고 회개하고 고상하게 변화된 인격을 갖춰야 격이 높은 것이다.

이 책이 나오기까지는 주위의 많은 분들의 격려와 도움이 있었다. 이 자리를 빌어 감사의 말씀을 드린다. 성당의 신부님들, 수녀님들 그리고 주변의 많은 일가친척과 교우님들은 저자를 하느님의 집에 안내해 주셨다. 집필과정에서는 저자의 대학원 스승이신 경기대학교 노형진 명예교수님의 조언과 격려에 힘입은 바 크다. 마지막으로 이 책의 출판에 많은 도움을 주신 한올출판사 임순재 사장님 이하 관계자 여러분의 노고에 깊은 감사의 말씀을 드린다.

2023년 4월
저자 김청자 마리아

Vox populi, vox Dei.

베드로와 유다

Contents

제1부

베드로의 첫째 서간

제2부

베드로의 둘째 서간

제3부

베드로와 유다의 배신

Vox populi, vox Dei.

베드로와 유다

제1부

베드로의 첫째 서간

베드로의 첫째

서간 1장

天聲

인사

1 예수 그리스도의 사도인 베드로가 폰토스와 갈라티아와 카파도키아와 아시아와 비 티니아에 흩어져 나그네살이를 하는 선택된 이들에게 인사합니다.

2 하느님 아버지께서 미리 선택하신 여러분은 성령으로 거룩해져 예수 그리스도께 순종하게 되었고, 또 그분의 피가 뿌려져 정결하게 되었습니다. 은총과 평화가 여러분에게 풍성히 내리기를 빕니다.

희망에 대한 감사

3 우리 주 예수 그리스도의 아버지 하느님께서 찬미받으시기를 빕니다. 하느님께서는 당신의 크신 자비로 우리를 새로 태어나게 하시어, 죽은 이들 가운데에서 다시 살아나신 예수 그리스도의 부활로 우리에게 생생한 희망을 주셨고,

4 또한 썩지 않고 더러워지지 않고 시들지 않는 상속 재산을 얻게 하셨습니다. 이 상속 재산은 여러분을 위하여 하늘에 보존되어 있습니다.

5 여러분은 마지막 때에 나타날 준비가 되어 있는 구원을 얻도록, 여러분의 믿음을 통하여 하느님의 힘으로 보호를 받고 있습니다.

6 그러니 즐거워하십시오. 여러분이 지금 얼마 동안은 갖가지 시련을 겪으며 슬퍼하지 않을 수 없습니다.

7 그러나 그것은 불로 단련을 받고도 결국 없어지고 마는 금보다 훨씬 값진 여러분의 믿음의 순수성이 예수 그리스도께서 나타나실 때에 밝혀져, 여러분이 찬양과 영광과 영예를 얻게 하려는 것입니다.

8 여러분은 그리스도를 본 일이 없지만 그분을 사랑합니다. 여러분은 지금 그분을

보지 못하면서도 그분을 믿기에, 이루 말할 수 없는 영광스러운 기쁨 속에서 즐거워하고 있습니다.

9 여러분의 믿음의 목적인 영혼의 구원을 얻을 것이기 때문입니다.

10 이 구원에 관해서는 여러분이 받을 은총을 두고 예언한 예언자들이 탐구하고 연구하였습니다.

11 그들 안에서 작용하시는 그리스도의 영께서 그리스도께 닥칠 고난과 그 뒤에 올 영광을 미리 증언하실 때에 가르쳐 주신 구원의 시간과 방법을 두고 연구하였던 것입니다.

12 예언자들은 그 일들이 자신들이 아니라 여러분을 위한 것이라는 계시를 받았습니다. 그 일들이 하늘에서 파견된 성령의 도움으로 복음을 전한 이들을 통하여 이제 여러분에게 선포되었습니다. 그 일들은 천사들도 보기를 갈망하고 있습니다.

희망에 합당한 거룩한 생활

13 그러므로 마음을 가다듬고 정신을 차려, 예수 그리스도께서 나타나실 때 받을 은총에 여러분의 모든 희망을 거십시오.

14 이제는 순종하는 자녀로서, 전에 무지하던 때의 욕망에 따라 살지 말고,

15 여러분을 부르신 분께서 거룩하신 것처럼 여러분도 모든 행실에서 거룩한 사람이 되십시오.

16 "내가 거룩하니 너희도 거룩한 사람이 되어야 한다."고 성경에 기록되어 있기 때문입니다.

17 그리고 여러분은 사람을 차별하지 않고 각자의 행실대로 심판하시는 분을 아버지라 부르고 있으니, 나그네살이를 하는 동안 두려워하는 마음으로 지내십시오.

18 여러분도 알다시피, 여러분은 조상들에게서 물려받은 헛된 생활 방식에서 해방되었는데, 은이나 금처럼 없어질 물건으로 그리된 것이 아니라,

19 흠 없고 티 없는 어린양 같으신 그리스도의 고귀한 피로 그리된 것입니다.

20 그리스도께서는 세상 창조 이전에 이미 뽑히셨지만, 마지막 때에 여러분을 위하여 나타나셨습니다.

21 여러분은 이 그리스도를 통하여 하느님을 믿게 되었습니다. 하느님께서는 그분을

죽은 이들 가운데에서 일으키시고 영광을 주시어, 여러분의 믿음과 희망이 하느님을 향하게 해 주셨습니다.

신자 생활

22 여러분은 진리에 순종함으로써 영혼이 깨끗해져 진실한 형제애를 실천하게 되었으니, 깨끗한 마음으로 서로 한결같이 사랑하십시오.
23 여러분은 썩어 없어지는 씨앗이 아니라 썩어 없어지지 않는 씨앗, 곧 살아 계시며 영원히 머물러 계시는 하느님의 말씀을 통하여 새로 태어났습니다.
24 "모든 인간은 풀과 같고 그 모든 영광은 풀꽃과 같다. 풀은 마르고 꽃은 떨어지지만
25 주님의 말씀은 영원히 머물러 계시다." 바로 이 말씀이 여러분에게 전해진 복음입니다.

1 Peter, an apostle of Jesus Christ, To God's elect, strangers in the world, scattered throughout Pontus, Galatia, Cappadocia, Asia and Bithynia,
2 who have been chosen according to the foreknowledge of God the Father, through the sanctifying work of the Spirit, for obedience to Jesus Christ and sprinkling by his blood: Grace and peace be yours in abundance.
3 Praise be to the God and Father of our Lord Jesus Christ! In his great mercy he has given us new birth into a living hope through the resurrection of Jesus Christ from the dead,
4 and into an inheritance that can never perish, spoil or fade—kept in heaven for you,
5 who through faith are shielded by God's power until the coming of the salvation that is ready to be revealed in the last time.
6 In this you greatly rejoice, though now for a little while you may have had to suffer grief in all kinds of trials.

Vox populi, vox Dei.

7 These have come so that your faith--of greater worth than gold, which perishes even though refined by fire--may be proved genuine and may result in praise, glory and honor when Jesus Christ is revealed.

8 Though you have not seen him, you love him; and even though you do not see him now, you believe in him and are filled with an inexpressible and glorious joy,

9 for you are receiving the goal of your faith, the salvation of your souls.

10 10. Concerning this salvation, the prophets, who spoke of the grace that was to come to you, searched intently and with the greatest care,

11 trying to find out the time and circumstances to which the Spirit of Christ in them was pointing when he predicted the sufferings of Christ and the glories that would follow.

12 It was revealed to them that they were not serving themselves but you, when they spoke of the things that have now been told you by those who have preached the gospel to you by the Holy Spirit sent from heaven. Even angels long to look into these things.

13 Therefore, prepare your minds for action; be self-controlled; set your hope fully on the grace to be given you when Jesus Christ is revealed.

14 As obedient children, do not conform to the evil desires you had when you lived in ignorance.

15 But just as he who called you is holy, so be holy in all you do;

16 for it is written: "Be holy, because I am holy."

17 Since you call on a Father who judges each man's work impartially, live your lives as strangers here in reverent fear.

18 For you know that it was not with perishable things such as silver or gold that you were redeemed from the empty way of life handed down to you from your forefathers,

19 but with the precious blood of Christ, a lamb without blemish or defect.

20 He was chosen before the creation of the world, but was revealed in
these last times for your sake.
21 Through him you believe in God, who raised him from the dead and
glorified him, and so your faith and hope are in God.
22 Now that you have purified yourselves by obeying the truth so that you
have sincere love for your brothers, love one another deeply, from the
heart.
23 For you have been born again, not of perishable seed, but of imperi-
shable, through the living and enduring word of God.
24 For, "All men are like grass, and all their glory is like the flowers of the
field; the grass withers and the flowers fall,
25 but the word of the Lord stands forever." And this is the word that was
preached to you.

1 イエス·キリストの使徒ペテロから, ポント, ガラテヤ, カパドキヤ, アジヤ, ビ
テニヤに散って寄留している, 選ばれた人々, すなわち,
2 父なる神の予知に従い, 御靈の聖めによって, イエス·キリストに従うように,
またその血の注ぎかけを受けるように選ばれた人々へ。どうか, 恵みと平安
が, あなたがたの上にますます豊かにされますように。
3 私たちの主イエス·キリストの父なる神がほめたたえられますように。神は,
ご自分の大きなあわれみのゆえに, イエス·キリストが死者の中からよみがえ
られたことによって, 私たちを新しく生まれさせて, 生ける望みを持つように
してくださいました。
4 また, 朽ちることも汚れることも, 消えて行くこともない資産を受け継ぐように
してくださいました。これはあなたがたのために, 天にたくわえられているの
です。
5 あなたがたは, 信仰により, 神の御力によって守られており, 終わりのときに
現わされるように用意されている救いをいただくのです。

Vox populi, vox Dei.

6 そういうわけで, あなたがたは大いに喜んでいます。いまは, しばらくの間, さ
まざまの試練の中で, 悲しまなければならないのですが,
7 信仰の試練は, 火を通して精練されてもなお朽ちて行く金よりも尊いのであ
って, イエス·キリストの現われのときに稱賛と光榮と榮譽に至るものである
ことがわかります。
8 あなたがたはイエス·キリストを見たことはないけれども愛しており, いま見
てはいないけれども信じており, ことばに盡くすことのできない, 榮えに滿ち
た喜びにおどっています。
9 これは, 信仰の結果である, たましいの救いを得ているからです。
10 この救いについては, あなたがたに對する惠みについて預言した預言者たち
も, 熱心に尋ね, 細かく調べました。
11 彼らは, 自分たちのうちにおられるキリストの御靈が, キリストの苦難とそれ
に續く榮光を前もってあかしされたとき, だれを, また, どのような時をさして
言われたのかを調べたのです。
12 彼らは, それらのことが, 自分たちのためではなく, あなたがたのための奉仕
であるとの啓示を受けました。そして今や, それらのことは, 天から送られた
聖靈によってあなたがたに福音を語った人々を通して, あなたがたに告げ知
らされたのです。それは御使いたちもはっきり見たいと願っていることなので
す。
13 ですから, あなたがたは, 心を引き締め, 身を愼み, イエス·キリストの現わ
れのときあなたがたにもたらされる惠みを, ひたすら待ち望みなさい。
14 從順な子どもとなり, 以前あなたがたが無知であったときのさまざまな欲望
に從わず,
15 あなたがたを召してくださった聖なる方にならって, あなたがた自身も, あら
ゆる 行ないにおいて聖なるものとされなさい。
16 それは, 「わたしが聖であるから, あなたがたも, 聖でなければならない。」
と書いてあるからです。
17 また, 人をそれぞれのわざに從って公平にさばかれる方を父と呼んでいるの
なら, あなたがたが地上にしばらくとどまっている間の時を, 恐れかしこんで

過ごしなさい。
18 ご承知のように, あなたがたが先祖から傳わったむなしい生き方から贖い出
されたのは, 銀や金のような朽ちる物にはよらず,
19 傷もなく汚れもない小羊のようなキリストの, 尊い血によったのです。
20 キリストは, 世の始まる前から知られていましたが, この終わりの時に, あな
たがたのために, 現われてくださいました。
21 あなたがたは, 死者の中からこのキリストをよみがえらせて彼に榮光を與え
られた 神を, キリストによって信じる人々です。このようにして, あなたがたの
信仰と希望は神にかかっているのです。
22 あなたがたは, 眞理に従うことによって, たましいを清め, 僞りのない兄弟愛
を抱くようになったのですから, 互いに心から熱く愛し合いなさい。
23 あなたがたが新しく生まれたのは, 朽ちる種からではなく, 朽ちない種から
であり, 生ける, いつまでも變わることのない, 神のことばによるのです。
24 「人はみな草のようで, その榮えは, みな草の花のようだ。草はしおれ, 花は
散る。
25 しかし, 主のことばは, とこしえに變わることがない。」とあるからです。あな
たがたに宣べ傳えられた福音のことばがこれです。

일본 도쿄에 있는 가톨릭 카마다 교회 앞에선 저자

人語

베드로의 첫째 서간 요약

베드로의 첫째 편지, 베드로의 첫째 서간, 베드로전서는 신약성경의 책이다. 저자는 베드로라고 밝히고 있으며, 로마 가톨릭의 전승에 의하면 그가 로마 감독이나 안티오키아 감독으로 재직 중에 쓰였으나, 본문에서는 밝히고 있지 않다. 오히려 본문은 이 책이 바빌론에서 쓰였고, 소아시아에 '흩어진 나그네'들에게 편지를 전한다고 밝힌다. 저작연대는 기원후 60년에서 68년경으로 추정된다.

베드로

자료: namu.wiki

저자

첫 문장에서 저자는 스스로 '예수 그리스도의 사도인 베드로'라고 밝혔으며 이레나우스140~203, 터툴리안150~222, 알렉산드리아의 클레멘트155~215 그리고 알렉산드리아의 오리겐185~253 등 초기의 교부들도 그대로 받아들였다. 그러나 19세기 이래로 갈릴래아 호수의 어부인 사도 베드로는 저자가 아니라는 주장이 대두되어 왔다. 그 이유로는 다음의 것들이 지적된다.

- 본문에는 갈릴래아 태생의 어부였던 베드로가 접할 수 없는 세련된 도시 그리스어를 사용하고 있다.
- 저자가 역사적인 나사렛 예수역사적 예수[1]를 만났다는 것을 의미하는 단서가 없다.

그레이엄 스탠튼Graham Stanton은 본문이 기독교 박해가 확산되기 시작 후인 도미티아누스 황제 집권기 81년에 쓰인 것으로 보이며, 이는 베드로의 사후이기 때문에 본문의 기록자가 베드로가 될 수 없다고 주장한다. 그러나 최신 연구결과는 이 주장을 부정하는데, 베드로 시기 이후로 본문의 작성시기를 추정할 근거가 없기 때문이다. 베드로의 저작성을 부정하는 다른 학자들은 본서가 에베소서, 골로새서, 목회서신의 내용을 참고하고 있기 때문에, 바오로 서신 이후에 쓰인 것이라고 주장한다. 이를 근거로 또 다른 사람들은 오히려 바오로에게 권위를 돌려야 한다고 주장한다.

Vox populi, vox Dei.

1 역사적 예수(Historical Jesus)는 1세기 팔레스타인에서 살았던 나사렛의 예수에 관하여 자유주의 신학자들이 "신약성경에 나타난 예수상은 계몽된 이성으로는 믿을 수 없기 때문에 실제 역사적으로 있었던 예수상을 찾자"고 하여 신앙과 분리되어 예수에 관한 역사비평 방법(critical historical methods)을 사용한 연구 주제이다.

그레이엄 스탠튼

자료: www.theguardian.com

전통적인 방식과는 다르게 베드로의 저작성을 주장하는 학자들도 많다. 베드로가 불러주는 내용을 5장 12절에 등장하는 실바누스에 의해 헬라어로 쓰인 것이라는 주장인데, 이에 대해 존 엘리엇John Eliot은 반박한다. 존 엘리엇은 실바누스를 베드로의 첫째 서간의 대필인이나 비서로 보는 시각은 오히려 더 많은 문제를 만든다고 주장하는데, 5장 12절의 헬라어 내용은 실바누스를 비서보다도 짐꾼이나 안내원으로 묘사한다는 것이다. 이 외에도 마르코마가를 본서의 대필자로 보는 시각이 존재한다. 바트 D. 어만은 본서의 언어, 연대, 문체, 구조 모두 베드로의 저작이 아님을 입증하고 있다고 주장한다. 이러한 학자들은 베드로의 첫째 서간은 제3자가 아닌 베드로의 제자들에 의해 쓰였다는 주장을 펼친다. 그러나 또 다른 학자들은 베드로의 첫째 서간의 문체가 사도행전에 등장하는 베드로의 어투와 상당히 유사함을 들어서 이러한 주장을 반박한다. 이 외에도 베드로의 첫째 서간에는 예수의 가르침을 직접 들었음을 암시하는 표현루카 복음서 12:35와 베드로의 첫째 서간 1:13을 비교해보라이 존재하며, 베드로의 둘째 서간이나 클레멘스의 서간 등 초기 문헌들이 베드로의 저작성을 변호하고 있다고 주장한다.

대상

책의 첫머리에 소아시아의 지방 중 다섯 지방인 폰토스, 갈라티아, 카파도키아, 아시아와 비티니아에 흩어진 나그네들에게 편지를 쓴다고 명시되어 있다. 이 지

트라야누스 황제 시대 비티니아와 폰토스 속주의 모습

자료: lazy-guy.tistory.com

역들은 사도행전 16:6-7과 18:23에 따르면 바오로에 의하여 복음이 전해진 곳인데, 본서의 내용을 볼 때 디아스포라 유대인보다는 이방인들을 위하여 쓰인 것으로 생각된다. 편지를 돌려볼 순서가 지역들이 나열된 순서에 반영되었다는 시각이 존재한다. 본 서간은 '흩어진 나그네'들에게 쓰였다고 되어 있으며, 1장 17절에 "나그네살이를 하는 동안 두려워하는 마음으로 지내십시오"라는 부분에서 베드로의 마음이 드러난다. 1장 1절의 "나그네NIV: stranger; NASB: exiles"에 대해선 천국을 기다리고 있는 기독교인들로 보는 시각과, 말 그대로 이방인으로 보는 시각, 구약성경에 적응 중인 기독교인으로 보는 시각이 학계에 존재한다.

새로운 기독교인들이 각 지방에서 핍박을 마주하고 있는 현실에 대해, 베드로는 종교와 로마제국에 대한 충성심을 유지하라고 2장 17절에서 조언한다.

베드로의 첫째 서간 1장(믿음의 시련) 각 절 해석[2]

1-2절 사도 베드로는 자신을 '예수 그리스도의 사도'라고 소개한다. '사도'는 주께서 친히 택하여 세우신 자들로 열두 제자들과 바오로를 가리킨다. 열두 제자들은 예수님과 함께 있었고 나가 전도하며 권능을 받아 병자들을 고쳤던 자들이었다. 베드로는 폰토스, 갈라티아, 카파도키아, 아시아와 비티니아에 흩어져 살고 있는 나그네들에게 편지했다. 위의 땅들은 오늘날 튀르키예 지역이다. 그는 2:11에서도 성도를 '이방인과 나그네'라고 불렀다. 그것은 우리의 본향이 하늘 나라이기 때문이다. 역대상에 보면, 다윗은 "당신 앞에서 저희는 저희의 모든 조상처럼 이방인이고 거류민입니다. 저희의 나날은 이 땅 위에서 그림자와 같고 아무 희망도 없습니다."라고 고백했다29:15.

베드로는 성도들을 삼위일체 하느님의 구원을 받은 자들로 말하였다. 첫째, 성도들은 하느님 아버지의 미리 아심을 따라 택하심을 입은 자들이다. '미리 아심'이라는 말은 단지 우리가 예수님을 믿을 것을 미리 아셨다는 뜻이 아니다. 물론 하느님께서는 그것을 아셨다. 그러나 이 말은 단지 그런 지식을 가리키는 말이 아니고 하느님의 선택을 나타내는 말이다. 하느님께서는 창세 전에 그리스도 안에서 우리를 선택하셨다. 하느님의 선택이 있었기 때문에 우리가 하느님을 알게 되었고 구주 예수님을 믿고 구원을 받게 된 것이다. 우리가 하느님을 택한 것이 아니고, 하느님께서 먼저 우리를 택하셨다.

둘째, 성도들은 예수 그리스도께 순종하며 그의 피 뿌림을 얻은 자들이다. 그들은 예수님을 '주님'으로 고백하며 따르는 자들이다. 그들은 주님을 따르기 위해 자신을 부정하고 자신의 모든 것을 버린 자들이다. 그들은 하느님과 예수 그리스도께 순종하는 자들이다. 또 그들은 예수 그리스도의 속죄의 피 뿌림을 받은 자들이다. 그들은 "그리스도 예수님 안에서 이루어진 속량을 통하여 그분의 은총으로 거저 의롭게 됩니다."로마 3:24.

2 김효성 목사, 베드로전서 강해, 2019년 5월 2일 수정.

〈하프를 연주하는 다윗왕〉, 네덜란드 화가 헤리트 반 혼토르스트

자료: davidnchrist.com

셋째, 성도들은 성령의 거룩하게 하심을 입은 자들이다. 그것이 죄사함의 구원이다. 코린토 신자들에게 보낸 첫째 서간 6:11, "여러분은 주 예수 그리스도의 이름과 우리 하느님의 영으로 깨끗이 씻겼습니다. 그리고 거룩하게 되었고 또 의롭게 되었습니다." 성령의 일차적 사역은 하느님이 택하신 자들을 구원하시는 일이다. 죄인은 성령을 거룩하게 하심으로 구원을 얻는다. 성령께서는 죄인의 마음을 밝혀 하느님을 알고 자신의 죄를 회개하고 구주 예수님을 믿게 하신다. 이 구원을 통해 성도는 죄악된 세상과 구별되는 하느님의 거룩한 백성이 된다.

베드로는 구원받은 그들에게 은혜와 평안이 더욱 많기를 기원한다. 은혜는 하느님께서 우리의 구원과 성화를 위해 값없이 주시는 사랑이다. 평안은 죄사함 받은 자들에게 주시는 마음의 평안이며, 그것은 몸의 건강과 물질적 안정과 사회적 평안을 포함한다.

인류는 예수를 통해 하느님과의 관계를 회복할 수 있다.

자료: selector.tistory.com

3-4절 '우리 주 예수 그리스도의 아버지 하느님'이라는 말씀은 삼위일체 하느님, 특히 성부聖父와 성자聖子의 관계를 나타낸다. 아버지와 아들께서는 서로 구별되시지만, 신적 본질에 있어서는 동일하시다. 이것이 성경이 밝히 계시하는 하느님의 삼위일체의 신비이다.

삼위일체 되신 하느님께서는 그 많으신 긍휼대로 우리를 거듭나게 하셨다. 우리들의 거듭남중생, 重生은 하느님의 전적인 긍휼로 된 것이다. 또 그것은 예수 그리스도의 죽은 자들 가운데서 부활하심으로 말미암아 된 것이다. 예수 그리스도의 부활은 우리의 중생의 근거이다. 죄의 형벌은 죽음이었다. 그러나 하느님의 아들 예수 그리스도의 대속代贖 즉 대리적 형벌의 속죄로 말미암아 우리의 모든 죄가 씻음 받았고 그것에 근거하여 영원한 새 생명이 우리 속에 심어진 것이다. 예수 그리스도의 부활은 이 모든 사실을 확증하고 보증하였다. 하느님의 선택도, 예수 그리스도의 대속代贖도, 성령을 중생케 하심도 다 삼위일체 되신 하느님의 크신 긍휼과 은혜의 결과였다.

안토니오 데 페레다의 〈삼위일체〉

자료: m.catholictimes.org

성도는 거듭남으로 산 소망을 가지게 되었다. 죄의 결과는 죽음과 멸망이었고 거기에는 두려움과 절망만 있었다. 그러나 이제 죄씻음과 영원한 생명을 얻은 성도는 소망을 가지게 되었고 그 소망은 결코 헛되지 않은 산 소망인 것이다. 세상의 것들은 다 썩고 더러워지고 낡아진다. 그래서 시편 102:26-27은 "예전에 당신께서는 땅을 세우셨습니다. 하늘도 당신 손의 작품입니다. 그것들은 사라져 가도 당신께서는 그대로 계십니다. 그것들은 다 옷처럼 닳아 없어집니다. 당신께서 그것들을 옷가지처럼 바꾸시니 그것들은 지나가 버립니다."라고 말하였다. 그러나 성도들을 위해 하늘에 간직된 기업 즉 천국은 썩지도 않고 더럽지도 않고 쇠하지도 않는 거룩하고 선하고 영광스럽고 영원한 나라이다. 구원받은 성도들은 그 천국을 유업으로 상속받을 하느님의 자녀들인 것이다.

5-7절 '마지막 때에 나타날 준비가 되어 있는 구원'이란 앞절에 말한 천국을 가리킨다. '마지막 때에 나타난다'는 것은 예수님의 재림 시에 나타난다

예수님의 재림

자료: churchofjesuschrist.org

는 뜻이다. 성도들은 장차 예수 그리스도의 재림 때에 부활하고 변화되어 영광스런 천국에서 영생을 누릴 것이다. 또 성도들은 이 놀라운 구원 곧 영광의 천국을 얻기 위해 지금 믿음으로 말미암아 하느님의 능력으로 보호하심을 입고 있다. 요한 복음서 10:27-28에 보면, 예수께서는 말씀하시기를, "내 양들은 내 목소리를 알아듣는다. 나는 그들을 알고 그들은 나를 따른다. 나는 그들에게 영원한 생명을 준다. 그리하여 그들은 영원토록 멸망하지 않을 것이고, 또 아무도 그들을 내 손에서 빼앗아 가지 못할 것이다."라고 하셨다.

하느님의 구원과 그 능력의 보호하심이 이와 같이 확실하기 때문에, 성도들은 세상에서 여러 가지 환난과 시험을 당하며 잠깐 근심하게도 되지만 도리어 크게 기뻐할 수 있다. 왜냐하면 우리의 믿음의 시련은 금의 제련보다 더 귀하기 때문이다. 없어질 순금도 용광로 속에서 제련함으로써 나온다. 성도들은 환난과 시험을 통하여 인격의 단련을 받아 거룩하고 겸손하고 믿음 있는 인격자가 되며 또 하느님께 영광을 돌리는 선행들을 많이 함으로써 장차 우리 주 예수 그리스도께서 재림하실 때 칭찬을 듣고 천국과 영생의 영광과 존귀를 얻게 될 것이다. 그러므로 사도 바오로도 로마서 5:3-4에서, "우리는 환난도 자랑으로 여깁니다. 우리가 알고 있듯이, 환난은 인내를 자아내고 인내는 수양을, 수양은 희망을 자아냅니다."라고 말하였다.

8-9절 사도 베드로가 편지하고 있는 소아시아 지방에 흩어져 살고 있던 성도들은 참으로 귀한 믿음을 가진 자들이었다. 그들은 예수 그리스도를 보지 못했으나 그를 사랑했으며 지금도 예수님을 보지 못하고 있지만 그를 믿고 말할 수 없는 영광스러운 즐거움으로 기뻐하고 있다. 이 얼마나 놀라운 은혜인가! 이것은 주 예수님의 증인들인 사도들의 증언들과 성령님의 역사하심으로 가능하였다. 요한 복음서 15장에 보면, 예수께서는 "내가 아버지에게서 너희에게로 보낼 보호자, 곧 아버지에게서 나오시는 진리의 영이 오시면, 그분께서 나를 증언하실 것이다. 그리고 너희도 처음부터 나와 함께 있었으므로 나를 증언할 것이다."라고 말씀하셨다요한 15:26-27. 2천년 신약교회의 역사나 오늘 우리들이 예수님을 보지 못했으나 믿고 사랑하는 것도 사도들의 증언의 책인 신약성경과 성령님의 역사하심으로 가능한 것이다.

삶의 목적은 믿음, 믿음의 목적은 영혼의 구원

자료: 392766.tistory.com

Vox populi, vox Dei.

초대교회 성도들은 주 예수 그리스도를 믿고 사랑하였다. 우리는 상대방의 가치를 알 때 그를 사랑하게 된다. 우리는 예수께서 누구신지 알 때 그를 사랑할 수 있다. 그가 하느님의 아들이신 것과 우리를 위해 사람이 되셨고 십자가에 달리셔서 우리를 위해 대속의 죽음을 맞이하셨음을 알 때, 그를 참으로 사랑할 수 있다.

사람의 사랑은 교제와 대화로 표현된다. 사람은 누구를 사랑할 때 그와 교제하고 대화하기를 좋아한다. 이처럼 우리가 하느님을 사랑하면 성경을 읽고 기도하기를 좋아할 것이다. 또 사랑은 봉사와 수고로 표현된다. 사람은 사랑하는 사람을 위해 봉사하고 수고하고 돈을 쓰는 것을 아까워하지 않는다. 이처럼 우리가 하느님을 사랑하면 그의 일을 위해 봉사하고 수고하고 헌금할 것이다.

사랑은 특히 기쁨으로 표현된다. 초대교회의 성도들은 예수님을 사랑했고 '말할 수 없는 영광스러운 기쁨'으로 주를 기뻐하였다. 믿음의 목적은 영혼의 구원이다. 우리의 영혼은 죄로 인해 죽었었고 지옥에 갈 수밖에 없었다. 그래서 하느님께서는 독생자를 보내주셨고 그의 대속 사역으로 인해 그를 믿는 자마다 멸망치 않고 영생의 구원을 얻게 하셨다. 우리가 선행으로 구원을 얻을 수 없었기 때문에 하느님께서는 우리에게 믿음으로 구원을 얻는 길을 주셨다. 그러므로 우리는 끝까지 예수 그리스도를 믿고 의지해야 하며 그래야 구원을 얻고 영원한 영광의 천국에 확실히 들어갈 것이다.

10-11절 우리가 받은 구원은 구약시대의 선지자들에 의해 예언된 은혜요 그 선지자들이 부지런히 연구하였던 바였다. 또 그들 속에 역사하셨던 그리스도의 영께서 그가 장차 받으실 고난과 후에 얻으실 영광을 미리 증거했으므로 선지자들은 그것이 어느 시, 어떠한 때를 지시하는지 연구했다. 베드로가 구약 선지자들 속에 역사한 성령을 '그리스도의 영'이라고 표현한 것은 삼위일체의 신비를 증거한 것이다. 예수 그리스도께서는 영원한 신성神性을 가진 분이시므로 사람으로 이 세상에 오시기 전, 즉 구약시대에도 선지자들 속에 역사하실 수 있었고 또 역사하셨다.

구약시대의 선지자들 속에 계셨던 그리스도의 영께서 그가 받으실 고난과 그

후에 얻으실 영광을 미리 증거하셨다는 말씀은 구약성경 이사야서 53장과 시편 16편을 예로 들 수 있다. 이사야서 53:5-6, "그러나 그가 찔린 것은 우리의 악행 때문이고 그가 으스러진 것은 우리의 죄악 때문이다. 우리의 평화를 위하여 그가 징벌을 받았고 그의 상처로 우리는 나았다. 우리는 모두 양 떼처럼 길을 잃고 저마다 제 길을 따라갔지만 주님께서는 우리 모두의 죄악이 그에게 떨어지게 하셨다." 시편 16:10, "당신께서는 제 영혼을 저승에 버려두지 않으시고 당신께 충실한 이는 구렁을 아니 보게 하십니다."

또 구약시대의 선지자들이 그리스도의 고난과 부활의 때와 시기를 연구했다는 것은 다니엘서 9:24-26을 예로 들 수 있다. "너의 백성과 너의 거룩한 도성에 정해진 일흔 주간이 지나야 악행이 그치고 죄가 끝나며 속죄가 이루어지리라. 또한 영원한 정의가 펼쳐지고 환시와 예언이 확증되며 가장 거룩한 곳에 기름이 부어지리라. 그러니 너는 이것을 알고 이해해야 한다. 예루살렘을 복구하고 재건하

이사야

자료: ko.wikipedia.org

Vox populi, vox Dei.

라는 말씀이 내린 때부터 기름부음 받은 영도자가 나올 때까지 일곱 주간이 흐르리라. 또 예순두 주간이 흐르는 동안 예루살렘이 복구되고 재건되어 광장과 외호까지 갖추겠지만 그 기간은 어려운 때가 되리라. 이렇게 예순두 주간이 흐른 다음 기름부음 받은 이가 잘려 나가 그에게 아무것도 남지 않으리라. 그리고 도성과 성소는 앞으로 일어날 군주의 군대가 허물어 버리리라. 그 종말은 홍수처럼 들이닥치리라. 전쟁이 끝날 때까지 황폐하게 남도록 결정되었다."

12절 구약 선지자들이 예언한 내용이 자신들을 위한 것이 아니요 신약 성도들을 위한 것이라는 것은 예수 그리스도의 오심으로 드러났다. 예수께서는 구약 예언의 성취자로서 나타나셨다. 또 이 사실은 하늘로부터 보내신 성령을 힘입어 복음 전도자들이 사람들에게 선포하고 전파한 바였다. 또 하늘의 천사들도 예수 그리스도의 구속救贖 사역을 보기를 원한 바였다. 천사들은 하나님의 뜻을 받들어 섬기는 자들이므로 하나님의 뜻인 죄인들의 구주 예수 그리스도의 구속 사역을 보기를 원하였던 것이다.

다니엘(Daniel)

자료: m1.daumcdn.net

13절 예수 그리스도를 믿고 구원받은 우리는 우리 마음의 허리를 동이고 근신하여 예수 그리스도께서 나타나실 때 주실 은혜를 온전히 바라야 한다. '마음을 가다듬고 정신을 차리다'는 말은 나태하고 해이하거나 정신없이 살지 말고 깨어 있는 마음으로 바르게 살라는 뜻이다. '예수 그리스도께서 나타나실 때 받을 은총'은 앞에서 말한 하늘에 간직된 기업과 말세에 나타내기로 예비된 구원을 가리킨다. 그것은 천국과 우리 몸의 부활과 영생을 가리킨다. 온전히 바란다는 말은 우리의 가치와 소망을 전적으로 거기에 두어야 한다는 뜻이다. 우리는 참으로 그것만 바라는 자들이 되어야 한다. 히브리서 6:11-12도 "여러분 각자가 희망이 실현되도록 끝까지 같은 열성을 보여 주기를 간절히 바랍니다. 그리하여 게으른 사람이 되지 말고, 약속된 것을 믿음과 인내로 상속받는 이들을 본받는 사람이 되라는 것입니다."라고 말하였다.

14-16절 우리는 또한 이전에 하느님과 그의 진리를 알지 못했던 때 좇았던 육신적이고 세속적인 욕망을 따라 살지 말고 우리를 구원하신 거룩하신 하느님처럼 모든 생각과 말과 행위에서 거룩해야 한다. 우리는 구원받기 전에 하느님께 순종치 않았고 하느님 앞에서 더럽고 불결한 삶을 살았으나 이제는 순종하는 거룩한 삶을 살아야 한다. 하느님께서는 "내가 거룩하니 너희도 거룩한 사람이 되어야 한다."라고 친히 말씀하셨다레위 11:45. 거룩은 죄를 버리고 그의 계명을 지키는 것을 말한다.

구원받은 성도

자료: thinkzon.com

Vox populi, vox Dei.

17절 우리는 사람을 외모로 보지 않으시고 각 사람의 행위대로 판단하시는 하느님을 아버지로 섬기는 자들이 되었으므로 나그네와 같은 이 세상 생활에서 두려운 마음으로 살아야 한다. 우리는 이 세상에서 나그네와 같이 산다. 우리의 본향은 천국이며 우리는 그 전에 하느님의 심판대 앞에 설 것이다. 그러므로 만일 우리가 불순종과 불결의 죄들만 지어 하느님의 진노를 쌓는다면, 우리가 어떻게 천국에 들어갈 수 있겠는가? 우리는 하느님을 마땅히 두려워하여 더러운 죄들을 버리고 의와 거룩과 선과 진실을 행하는 자들이 되어야 한다.

18-19절 모든 성도가 기본적으로 알듯이, 예수 그리스도께서는 보배로운 피를 흘려 우리를 죄로부터 구속救贖하셨다. 우리의 구원은 은과 금으로 계산할 수 없을 정도로 가치 있다. 그것은 몇 억 원을 주고도 살 수 없는 것이다. 우리의 구원은 오직 흠 없고 점 없는 어린양 같은 예수님, 즉 의로우신 하느님 아들의 보배로운 핏값으로만 가능했다. 구원받는 신앙은 그리스도의 속죄를 믿는 신앙이다. 그러므로 우리는 하느님께 배은망덕한 자가 되지 말고 두렵고 떨림으로 하느님의 뜻에 순종하여 경건하고 거룩하고 선한 생활을 해야 한다.

20-21절 예수 그리스도께서는 창세 전부터 예정된 분이시다. 그는 이 마

하느님의 심판대

자료: blog.naver.com

지막 때말세에 우리를 위해 나타내신 바 되셨다. '이 마지막 때'는 신약시대를 가리킨다. 구약 4천년의 역사가 지나고 이제 마지막 시대가 온 것이다. 이 마지막 시대에 예수 그리스도께서 사람으로 오셔서 십자가에 죽으심으로 우리의 구속救贖을 이루셨다. 하느님께서는 예수 그리스도를 죽은 자들 중에서 살리셔서 부활의 영광을 주셨고, 우리는 예수 그리스도로 말미암아 하느님을 믿게 되었다. 우리가 주 예수 그리스도를 믿는 것은 또한 하느님 아버지를 믿는 것이며 하느님 아버지께 우리의 소망을 두는 것이다. 그러므로 우리는 우리의 믿음과 소망을 땅에 있는 것들에 두지 말고 오직 하느님께만 두어야 한다.

22절 진리를 순종한다는 것은 예수 그리스도의 복음 진리를 받아들이는 것을 말한다. 우리는 성령의 역사로 거듭나고 우리의 죄를 인정하고 회개하고 예수 그리스도의 복음을 믿게 되었고, 우리의 영혼은 예수 그리스도의 속죄의 피로 깨끗하게 되었고 우리의 마음도 깨끗하게 되어 거짓이 없이 형제들을 사랑하게 되었다. 성도는 깨끗한 마음으로 뜨겁게 피차 사랑해야 한다. 이것이 구

예수 그리스도의 복음

자료: churchofjesuschrist.org

Vox populi, vox Dei.

원받은 성도의 삶이다. 예수께서는 '서로 사랑하라'는 한마디로 요약된 새 계명을 주셨다. 이미 실천하고 있는 대로, 우리는 깨끗한 마음으로 뜨겁게 피차 사랑해야 한다.

23-25절 우리가 얻은 거듭남의 구원은 하느님의 영원한 말씀으로 되었다. 그 구원의 생명은 실제로 거룩한 순종과 뜨거운 사랑으로 계속 나타난다. 모든 육체는 풀같이 쇠하고 그 모든 영광은 꽃같이 다 떨어질 것이다. 이것이 인생의 삶이다. 이것이 첫 사람 아담이 범죄한 이후 세상에 나서 일생을 사는 모든 사람들, 즉 모든 죄인들의 공통적인 삶이다. 그것은 모든 사람들이 자신의 죄의 결과로 이 세상에서 겪어야 하는 허무한 삶인 것이다. 이것은 구약의 전도서가 강조하여 교훈한 바이며 모든 사람이 일생을 마칠 즈음에 절감하는 일이다.

그러나 오직 하느님께서는 영원하시며 또한 그의 말씀은 쇠하거나 없어지지 않고 영원하다. 또 하느님께서 주신 구원의 새 생명도 쇠하거나 없어지지 않고 영원하다. 우리가 주 예수 그리스도 안에서 얻은 구원은 바로 이 영원한 생명이다. 그러므로 성도들은 쇠하거나 없어지지 않는 깨끗하고 영원한 사랑으로 서로 사랑해야 한다.

거듭남은 개선(改善)이 아니라 개혁(改革)이다.

자료: blog.naver.com

베드로와 유다

Vox populi, vox Dei.

베드로의 첫째

서간 2장

天聲

인사

1 그러므로 모든 악의와 모든 거짓과 위선과 시기, 그리고 모든 중상을 버리십시오.

2 갓난아이처럼 영적이고 순수한 젖을 갈망하십시오. 그러면 그것으로 자라나 구원을 얻을 것입니다.

3 주님께서 얼마나 인자하신지 여러분은 이미 맛보았습니다.

교회의 기초와 사명

4 주님께 나아가십시오. 그분은 살아 있는 돌이십니다. 사람들에게는 버림을 받았지만 하느님께는 선택된 값진 돌이십니다.

5 여러분도 살아 있는 돌로서 영적 집을 짓는 데에 쓰이도록 하십시오. 그리하여 하느님 마음에 드는 영적 제물을 예수 그리스도를 통하여 바치는 거룩한 사제단이 되십시오.

6 그래서 성경에 이런 말씀이 있습니다. "보라, 내가 시온에 돌을 놓는다. 선택된 값진 모퉁잇돌이다. 이 돌을 믿는 이는 부끄러운 일을 당하지 않을 것이다."

7 그러므로 믿는 여러분에게는 이 돌이 값진 것입니다. 그러나 믿지 않는 이들에게는 "집 짓는 이들이 내버린 돌 그 돌이 모퉁이의 머릿돌이 되었네." 하는 그 돌이며,

8 또한 "차여 넘어지게 하는 돌과 걸려 비틀거리게 하는 바위"입니다. 그들은 정해진 대로, 말씀에 순종하지 않아 그 돌에 차여 넘어집니다.

9 그러나 여러분은 "선택된 겨레고 임금의 사제단이며 거룩한 민족이고 그분의 소유가 된 백성입니다. 그러므로 여러분은" 여러분을 어둠에서 불러내어 당신의 놀라운 빛 속으로 이끌어 주신 분의 "위업을 선포하게 되었습니다."

10 여러분은 한때 하느님의 백성이 아니었지만 이제는 그분의 백성입니다. 여러분은 자비를 입지 못한 자들이었지만 이제는 자비를 입은 사람들입니다.

신자와 이교인

11 사랑하는 여러분, 이방인과 나그네로 사는 여러분에게 권고합니다. 영혼을 거슬러 싸움을 벌이는 육적인 욕망들을 멀리하십시오.

12 이교인들 가운데에 살면서 바르게 처신하십시오. 그래야 악을 저지르는 자들이라고 여러분을 중상하는 그들도 여러분의 착한 행실을 지켜보고, 하느님께서 찾아오시는 날에 그분을 찬양하게 될 것입니다.

선량한 국민

13 주님을 생각하여, 모든 인간 제도에 복종하십시오. 임금에게는 주권자이므로 복종하고,

14 총독들에게는, 악을 저지르는 자들에게 벌을 주고 선을 행하는 이들에게 상을 주도록 임금이 파견한 사람이므로 복종하십시오.

15 여러분이 선을 행하여 어리석은 자들의 무지한 입을 막는 것이 하느님의 뜻입니다.

16 자유인으로서 행동하십시오. 그러나 자유를 악행의 구실로 삼지 말고, 하느님의 종으로서 행동하십시오.

17 모든 사람을 존경하고 형제 공동체를 사랑하며, 하느님을 경외하고 임금을 존경하십시오.

충실한 하인

18 하인 여러분, 진정 두려워하는 마음으로 주인에게 복종하십시오. 착하고 너그러운 주인뿐 아니라 못된 주인에게도 복종하십시오.

19 불의하게 고난을 겪으면서도, 하느님을 생각하는 양심 때문에 그 괴로움을 참아내면 그것이 바로 은총입니다.

20 잘못을 저질러 매를 맞을 때에는, 견디어 낸다고 한들 그것이 무슨 명예가 되겠습
니까? 그러나 선을 행하는데도 겪게 되는 고난을 견디어 내면, 그것은 하느님에게
서 받는 은총입니다.

21 바로 이렇게 하라고 여러분은 부르심을 받았습니다. 그리스도께서도 여러분을 위
하여 고난을 겪으시면서, 당신의 발자취를 따르라고 여러분에게 본보기를 남겨 주
셨습니다.

22 "그는 죄를 저지르지도 않았고 그의 입에는 아무런 거짓도 없었다."

23 그분께서는 모욕을 당하시면서도 모욕으로 갚지 않으시고 고통을 당하시면서도 위
협하지 않으시고, 의롭게 심판하시는 분께 당신 자신을 맡기셨습니다.

24 그분께서는 우리의 죄를 당신의 몸에 친히 지시고 십자 나무에 달리시어, 죄에서
는 죽은 우리가 의로움을 위하여 살게 해 주셨습니다. 그분의 상처로 여러분은 병
이 나았습니다.

25 여러분이 전에는 양처럼 길을 잃고 헤매었지만, 이제는 여러분 영혼의 목자이시며
보호자이신 그분께 돌아왔습니다.

1 Therefore, rid yourselves of all malice and all deceit, hypocrisy, envy, and slander of every kind.

2 Like newborn babies, crave pure spiritual milk, so that by it you may grow up in your salvation,

3 now that you have tasted that the Lord is good.

4 As you come to him, the living Stone--rejected by men but chosen by God and precious to him--

5 you also, like living stones, are being built into a spiritual house to be a holy priesthood, offering spiritual sacrifices acceptable to God through Jesus Christ.

6 For in Scripture it says: "See, I lay a stone in Zion, a chosen and precious cornerstone, and the one who trusts in him will never be put to shame."

7 Now to you who believe, this stone is precious. But to those who do not believe, "The stone the builders rejected has become the capstone,"

Vox populi, vox Dei.

8 and, "A stone that causes men to stumble and a rock that makes them
fall." They stumble because they disobey the message—which is also
what they were destined for.
9 But you are a chosen people, a royal priesthood, a holy nation, a people
belonging to God, that you may declare the praises of him who called
you out of darkness into his wonderful light.
10 Once you were not a people, but now you are the people of God; once
you had not received mercy, but now you have received mercy.
11 Dear friends, I urge you, as aliens and strangers in the world, to abstain
from sinful desires, which war against your soul.
12 Live such good lives among the pagans that, though they accuse you of
doing wrong, they may see your good deeds and glorify God on the day
he visits us.
13 Submit yourselves for the Lord's sake to every authority instituted among
men: whether to the king, as the supreme authority,
14 or to governors, who are sent by him to punish those who do wrong and
to commend those who do right.
15 For it is God's will that by doing good you should silence the ignorant
talk of foolish men.
16 Live as free men, but do not use your freedom as a cover-up for evil; live
as servants of God.
17 Show proper respect to everyone: Love the brotherhood of believers, fear
God, honor the king.
18 Slaves, submit yourselves to your masters with all respect, not only to
those who are good and considerate, but also to those who are harsh.
19 For it is commendable if a man bears up under the pain of unjust suffer-
ing because he is conscious of God.
20 But how is it to your credit if you receive a beating for doing wrong and
endure it? But if you suffer for doing good and you endure it, this is com-

mendable before God.

21 To this you were called, because Christ suffered for you, leaving you an example, that you should follow in his steps.

22 "He committed no sin, and no deceit was found in his mouth."

23 When they hurled their insults at him, he did not retaliate; when he suffered, he made no threats. Instead, he entrusted himself to him who judges justly.

24 He himself bore our sins in his body on the tree, so that we might die to sins and live for righteousness; by his wounds you have been healed.

25 For you were like sheep going astray, but now you have returned to the Shepherd and Overseer of your souls.

1 ですから, あなたがたは, すべての悪意, すべてのごまかし, いろいろな偽善やねたみ, すべての悪口を捨てて,

2 生まれたばかりの乳飲み子のように, 純粋な, みことばの乳を慕い求めなさい。それによって成長し, 救いを得るためです。

3 あなたがたはすでに, 主がいつくしみ深い方であることを味わっているのです。

4 主のもとに來なさい。主は, 人には捨てられたが, 神の目には, 選ばれた, 尊い, 生ける石です。

5 あなたがたも生ける石として, 靈の家に築き上げられなさい。そして, 聖なる祭司として, イエス・キリストを通して, 神に喜ばれる靈のいけにえをささげなさい。

6 なぜなら, 聖書にこうあるからです。「見よ。わたしはシオンに, 選ばれた石, 尊い 礎石を置く。彼に信頼する者は, 決して失望させられることがない。」

7 したがって, より頼んでいるあなたがたには尊いものですが, より頼んでいない人々にとっては, 「家を建てる者たちが捨てた石, それが礎の石となった。」のであって,

Vox populi, vox Dei.

8 「つまずきの石, 妨げの岩。」なのです。彼らがつまずくのは, みことばに従
わないからですが, またそうなるように定められていたのです。
9 しかし, あなたがたは, 選ばれた種族, 王である祭司, 聖なる國民, 神の所有
とされた民です。それは, あなたがたを, やみの中から, ご自分の驚くべき光
の中に招いてくださった方のすばらしいみわざを, あなたがたが宣べ傳える
ためなのです。
10 あなたがたは, 以前は神の民ではなかったのに, 今は神の民であり, 以前は
あわれみを受けない者であったのに, 今はあわれみを受けた者です。
11 愛する者たちよ。あなたがたにお勸めします。旅人であり寄留者であるあな
たがたは, たましいに戰いをいどむ肉の欲を遠ざけなさい。
12 異邦人の中にあって, りっぱにふるまいなさい。そうすれば, 彼らは, 何かの
ことであなたがたを惡人呼ばわりしていても, あなたがたのそのりっぱな行
ないを見て, おとずれの日に神をほめたたえるようになります。
13 人の立てたすべての制度に, 主のゆえに從いなさい。それが主權者である王
であっても,
14 また, 惡を行なう者を罰し, 善を行なう者をほめるように王から遣わされた
總督であっても, そうしなさい。
15 というのは, 善を行なって, 愚かな人々の無知の口を封じることは, 神のみこ
ころだからです。
16 あなたがたは自由人として行動しなさい。その自由を, 惡の口實に用いない
で, 神の奴隷として用いなさい。
17 すべての人を敬いなさい。兄弟たちを愛し, 神を恐れ, 王を尊びなさい。
18 しもべたちよ。尊敬の心を込めて主人に服從しなさい。善良で優しい主人に
對してだけでなく, 横暴な主人に對しても從いなさい。
19 人がもし, 不當な苦しみを受けながらも, 神の前における良心のゆえに, 悲し
みをこらえるなら, それは喜ばれることです。
20 罪を犯したために打ちたたかれて, それを耐え忍んだからといって, 何の譽
れになるでしょう。けれども, 善を行なっていて苦しみを受け, それを耐え忍
ぶとしたら, それは, 神に喜ばれることです。

21 あなたがたが召されたのは, 實にそのためです。キリストも, あなたがたのた
めに 苦しみを受け, その足跡に従うようにと, あなたがたに模範を殘されま
した。
22 キリストは罪を犯したことがなく, その口に何の僞りも見いだされませんで
した。
23 ののしられても, ののしり返さず, 苦しめられても, おどすことをせず, 正しく
さばかれる方にお任せになりました。
24 そして自分から十字架の上で, 私たちの罪をその身に負われました。それは,
私たちが罪を離れ, 義のために生きるためです。キリストの打ち傷のゆえに,
あなたがたは, いやされたのです。
25 あなたがたは, 羊のようにさまよっていましたが, 今は, 自分のたましいの牧
者であり監督者である方のもとに歸ったのです。

Vox populi, vox Dei.

교회 모퉁잇돌

자료: mybiblenotes.tistory.com

人語

베드로의 첫째 서간 개요

주 예수 그리스도와 사도 바오로의 증거대로, 성경은 하느님의 말씀이다. 성경이 하느님의 말씀이며 우리의 신앙과 행위에 있어서 정확무오正確無誤한 유일의 법칙이라는 고백은 우리의 신앙생활에 있어서 매우 기본적이고 중요하다.

성경 원본은 하느님의 영감으로 기록되었고 그 본문은 그의 독특한 배려와 섭리로 모든 시대에 순수하게 보존되었다고 본다. 이러한 교회의 전통적 견해를 버릴 타당한 이유는 없다. 그러므로 신약성경의 헬라어 비잔틴 다수 사본들의 본문은 순수하게 보존된 성경 원본의 본문에 가장 가까운 것으로 채택되어야 할 것이다.

성경은 성도 개인의 신앙생활뿐만 아니라, 교회의 모든 활동들에도 유일한 규범이다. 오늘날처럼 다양한 풍조와 운동이 많은 영적 혼란의 시대에, 우리는 성

성경은 하느님의 말씀이다.

자료: m.pauline.or.kr

모든 성경은 하느님의 영감을 받은 것

자료: catholicworker.kr

경으로 돌아가 성경이 무엇을 말하는지 묵상하기를 원하며 성경에 계시된 하느님의 모든 뜻을 알기를 원한다.

성경을 가지고 설교할지라도 그것을 바르게 해석하고 적용하지 않으면, 하느님 말씀의 기근이 올 것이다. 오늘날 하느님 말씀의 기근이 오고 있다. 많은 설교와 성경강해가 있지만, 순수한 기독교 신앙 지식과 입장은 더 흐려지고 있는 것 같기 때문이다.

그러므로 오늘날 요구되는 성경 해석과 강해는 복잡하고 화려한 말잔치보다 성경 본문의 바른 뜻을 간단명료하게 해석하고 적절히 적용하는 것일 것이다. 사실상, 우리는 성경책 한 권으로 충분하다. 성경주석이나 강해는 성경 본문의 바른 이해를 위한 작은 참고서에 불과하다. 성도는 각자 성령의 도우심을 구하며 성경을 읽어야 하고, 성경주석과 강해는 오직 참고로만 사용해야 할 것이다.

베드로의 첫째 서간의 저자는 전술한 바와 같이 사도 베드로이다1:1. 그는 본 서신의 내용을 실바누스에게 불러주어 대서代書하게, 혹은 아마도 번역하게 하였다5:12. 베드로 둘째 서간 3:1은 베드로의 첫째 서간을 가장 먼저 인용한 구절이다. 폴리캅[1], 터툴리안[2], 알렉산드리아의 클레멘트[3]는 본 서신을 인용하였고,

1 폴리카르포스 혹은 폴리캅(Polýkarpos, 폴리카르포나 폴리카르푸스라고도 부른다, 69-155년)은 초대 그리스도교 신학자이자 사도 요한의 제자이다. 로마 가톨릭교회와 성공회에서 성인으로 공경하며, 축일은 두 교파 모두 동일한 2월 23일이다. 이름의 의미는 그리스어로 '많은 열매'이다.

Vox populi, vox Dei.

흩어진 나그네

자료: gyusikjung.blogspot.com

이레네우스[4]는 본 서신을 인용하면서 베드로의 첫째 서간이라고 언급하였다.

본 서신의 수신자는 '흩어진 나그네'라고 표현되는데, 그들은 주로 소아시아 지방에 살았던 이방인 신자들이었다. 베드로의 첫째 서간 2:10, "여러분은 한때 하느님의 백성이 아니었지만 이제는 그분의 백성입니다." 4:3, "지난날 여러분은 오랫동안 이교인들이 즐기는 것을 하면서 지냈습니다."

2 퀸투스 셉티미우스 플로렌스 테르툴리아누스(Quintus Septimius Florens Tertullianus, 약 155~240년경) 또는 터툴리안(Tertulian)은 기독교의 교부이자, 평신도 신학자이다. '삼위일체'라는 신학 용어를 가장 먼저 사용한 이로 알려져 있으며, 그의 라틴어 문체는 중세교회 라틴어의 표본으로 간주되고 있다.

3 알렉산드리아의 클레멘트(Clement, 150~215년)는 알렉산드리아 학파의 기독교 신학자(Christian theologian)였으며 유명한 알렉산드리아 교리문답 신학교의 수장이었다. 또한 그는 오리게네스(Origen)의 스승이었다. 클레멘트는 개종(改宗)하기 전에 각지를 편력하며 철학과 기독교를 배웠다. 알렉산드리아에서는 판타이노스에게 사사하여, 그의 뒤를 이어 알렉산드리아 교리문답 신학교의 수장이 되었다.

4 이레네우스 혹은 이레네오(추정 생존연대 130~202년)는 로마 제국의 영토였던 갈리아 지방 루그두눔(오늘날의 프랑스 리옹)의 주교이자 초대교회 신학사상을 구축한 교부이다. 현재 기독교계에서 유명한 신학자로 알려졌으며, 천주교회, 동방 정교회, 성공회에서 성인으로 공경하는 인물이다. 기독교의 교부이자 변증가로서 초기 그리스도교 신학을 발전시키는 데 지대한 공헌을 하였다.

본서의 저작 연대는 사도 바오로의 옥중 서신들에베소서, 빌립보서, 골로새서, 빌레몬서보다 후이며 사도 베드로의 순교 전인 대략 기원후 65년 내지 66년일 것이다.

본 서신의 특징적 주제는 그리스도인의 고난이다. 본서는 고난받는 성도들에게 소망과 위로를 주는 서신이다.

베드로의 첫째 서간 2장(성도의 시련) 각 절 해석[5]

1-3절 '모든 … 모든 … 모든 …'이라는 표현은 '온갖 종류의'라는 뜻이다. '악의'는 악한 생각과 뜻을 가리키며, '거짓'은 궤휼詭譎과 속임을 가리킨다. '위선'은 겉으로 선하게 보이나 마음속에는 악한 것이요, '시기'는 다른 사람이 잘되는 것을 싫어하고 그를 깎아내리고 미워하는 것이다. '중상'은 다른 사람에 대해 정당하지 않게, 악하게 비난하는 것을 가리킨다. 성도들은 이런 악의, 거짓, 위선, 시기, 중상을 다 버려야 한다. 그런 것들은 옛사람의 성질들이며 마귀적인 성질들이다. 구원받은 성도들 속에도 이러한 죄성들이 남아 있고 그들도 이런 악들에 떨어질 수 있다. 그러나 성도들은 이런 악들을 다 버려야 한다.

구원받은 성도는 갓난아이들같이 순전하고 신령한 젖을 사모해야 한다. 갓난아이들은 배가 고플 때 엄마의 젖을 먹고 싶어 운다. 아기는 몸이 안 좋으면 젖을 안 먹으려 하지만 정상적이면 엄마의 젖을 사모한다. 아기는 엄마의 젖을 잘 먹을 때 건강하게 잘 자라게 된다. 이와 같이, 구원받은 성도들은 하느님의 말씀을 사모해야 한다. '영적이고 순수한 젖'이라는 원어토 로기콘 아돌론 갈라는 '거짓 없는, 순수한 말씀의 젖'이라는 뜻이다. 하느님의 말씀을 젖에 비유한 것이다. 그것을 '순수한 말씀'이라고 말한 것은 이단사설들, 인본주의적 생각들이나 말들, 사람의 귀를 즐겁게 하는 흥미 위주의 말들과 구별된다. 성도들은 하느님의 순수한 말씀을 사모해야 하며 성경의 바른 교훈을 늘 읽고 듣고 연구하고 묵상해야 한다.

5 김효성 목사, 베드로전서 강해, 2019년 5월 2일 수정.

Vox populi, vox Dei.

구원이란, 하느님께서 인간들을 죄와 불합리에서 건지시는 모든 일들을 의미한다.

자료: data-tong.tistory.com

성도들이 하느님의 말씀을 사모해야 할 이유는 영적으로, 인격적으로 자라기 위해서이다. "그러면 그것으로 자라나 구원을 얻을 것입니다." 사도 바오로는 에페소[6] 신자들에게 보낸 서간에서 "우리가 모두 하느님의 아드님에 대한 믿음과 지식에서 일치를 이루고 성숙한 사람이 되며 그리스도의 충만한 경지에 다다르게 됩니다. 그러면 우리는 더 이상 어린아이가 아닐 것입니다. 어린아이들은 사람들의 속임수나 간교한 계략에서 나온 가르침의 온갖 풍랑에 흔들리고 이리저리 밀려다닙니다. 우리는 사랑으로 진리를 말하고 모든 면에서 자라나 그분에게까지 이르러야 합니다. 그분은 머리이신 그리스도이십니다. 그분 덕분에, 영양을 공급하는 각각의 관절로 온몸이 잘 결합되고 연결됩니다. 또한 각 기관이 알맞게 기능을 하여 온몸이 자라나게 됩니다. 그리하여 사랑으로 성장하는 것입니다."라

6 에페소스(라틴어: Ephesus, 공동번역성서에서는 에페소, 한글 개역판에서는 에베소로 표기)는 서부 소아시아의 에게해 연안에 위치한(현재의 튀르키예), 고대 그리스의 아테네에 의해 기원전 9세기에 건립된 식민도시다. 에페소스는 주변 도시 혹은 국가, 스파르타, 페르시아, 페르가몬, 로마 등의 흥망성쇠에 따라 식민지화되는 역사로 얼룩져 있다. 하지만 이러한 식민지의 역사에도 불구하고 에페소스는 상업을 통해 막대한 부를 축적했다.

에페소 도서관

자료: ko.wikipedia.org

고 말하였다에페 4:13-16. 히브리인들에게 보낸 서간은 영적으로 어린아이와 장성한 자를 구별했다히브 5:13-14. 우리는 주 안에서 순수한 말씀을 읽고 묵상함으로 자라야 한다. 바오로는 "성경은 전부 하느님의 영감으로 쓰인 것으로, 가르치고 꾸짖고 바로잡고 의롭게 살도록 교육하는 데에 유익합니다. 그리하여 하느님의 사람이 온갖 선행을 할 능력을 갖춘 유능한 사람이 되게 해 줍니다."라고 말했다2티모 3:16-17.

'자라나 구원을 얻을 것입니다'라는 말이 고대 사본들과 역본들에는 있으나 전통사본들에는 없다. '자라나 구원을 얻을 것입니다'라는 말은 구원이 우리의 노력으로 이루어지는 것으로 오해되어서는 안 된다.

구원에는 세 단계가 있다. 중생重生, 거듭남과 칭의稱義는 구원의 과거적 단계이다. 우리는 이미 하느님의 은혜로 거듭났고 의롭다 하심을 얻었다. 베드로의 첫째 서간 1:23, "여러분은 썩어 없어지는 씨앗이 아니라 썩어 없어지지 않는 씨앗, 곧 살아 계시며 영원히 머물러 계시는 하느님의 말씀을 통하여 새로 태어났습니다." 로마 신자들에게 보낸 서간 3:24, "그리스도 예수님 안에서 이루어진 속량을 통하여 그분의 은총으로 거저 의롭게 됩니다." 칭의는 법적인 구원이라고 한다. 예수님을 믿은 자들은 이미 구원을 얻었다. 그러므로 에페소 신자들에게 보낸 서간

Vox populi, vox Dei.

성화(聖化, sanctification)는 성령께서 우리를 거룩하게 만드시는 것을 말한다. 성화는 본래 죄인이었던 우리를 죄의 오염에서 깨끗하게 하시고 하느님 자녀의 성품을 하느님의 형상으로 새롭게 하시는 작업이다. 이 결과 죄인은 선한 일을 할 수 있게 된다. 성화는 신체와 영혼뿐 아니라 전 인격이 날마다 하느님의 형상을 닮아가게 되는 것을 뜻한다.

자료: koreacreationtheology.tistory.com

2:8-9는, "여러분은 믿음을 통하여 은총으로 구원을 받았습니다. 이는 여러분에게서 나온 것이 아니라 하느님의 선물입니다. 인간의 행위에서 나오는 것이 아니니 아무도 자기 자랑을 할 수 없습니다."라고 말했다.

성화聖化는 구원의 현재적 단계이다. 이것은 성도가 이미 얻은 의義를 실제로 그의 인격과 삶에서 나타내는 것이다. 이것은 필리피 신자들에게 보낸 서간 2:12에서 "여러분 자신의 구원을 위하여 힘쓰십시오."라는 말로 표현되었다. 이미 받은 구원, 장차 영화롭게 완성될 구원을 현재의 삶에서 드러내라는 것이다. 즉 온전한 경건과 의와 선과 진실을 실천하라는 뜻이다. 이것이 성화聖化이다. 이것은 우리가 순수한 성경 말씀을 주야로 묵상하고 그 말씀을 믿고 실천함으로써 거룩한 인격으로 자라가는 것이다.

영화(Glorification)는 이사야서 11:6의 이미지를 암시한다. "늑대가 새끼 양과 함께 살고 표범이 새끼 염소와 함께 지내리라. 송아지가 새끼 사자와 더불어 살쪄 가고 어린아이가 그들을 몰고 다니리라."

자료: en.wikipedia.org

영화榮化, Glorification[7]는 구원의 미래적 단계이다. 영화의 일차적인 목적은 완전한 정결함을 통해서 천국에 살기에 합당한 존재가 되기 위함이다. 천국에는 죄가 없는 거룩한 사람들만이 들어갈 수 있고, 영생을 누리기 위하여 예수님의 완전한 의로움을 받아야만 한다. 그것은 예수께서 재림하실 때에 이루어질 일이다. 우리는 소망으로 구원을 얻었다. 예수님 믿고 의롭다 하심을 얻은 자들은 다 장차 영화롭게 될 것이다. 로마 신자들에게 보낸 서간 8:30, "그렇게 미리 정하신 이들을 또한 부르셨고, 부르신 이들을 또한 의롭게 하셨으며, 의롭게 하신 이들을 또한 영광스럽게 해 주셨습니다." '영광스럽게 해 주셨습니다'라는 과거시제는 확실한 미래를 가리킨다. 예정하신 자들은 다 중생하고 의롭다 하심을 받고 이 법적인 구원을 받은 모든 성도들은 다 영광에 이를 것이다. 하느님께서는 참으로 우리의 유일한 구주이시다. 구원은 하느님의 전적인 은혜이다.

베드로는 "주님께서 얼마나 인자하신지 여러분은 이미 맛보았습니다."라고 말한다. '주님의 인자하심'은 주 예수 그리스도의 구원의 은혜를 가리킨다. 우리의

7 영화는 오르도 살루티스의 마지막 단계이며 기독교 구원론과 기독교 종말론의 한 측면이다. 그것은 죽음과 심판 이후의 신자들의 본성, 구속(기독교인을 죄에서 구출하는 것)의 적용 마지막 단계.

구원은 하느님과 우리 주 예수 그리스도의 크신 긍휼과 은혜와 자비로 된 것이다. 그러므로 우리가 주의 인자하심을 통해 의롭다 하심을 받았을진대 우리는 실제적으로도 의로운 자, 죄 없는 자, 도덕적으로 온전한 자가 되기를 힘써야 마땅하다는 뜻이다.

4-5절 사람들은 예수 그리스도를 거룩하시고 의로우신 하느님의 아들로 알아보지 못하고 배척하고 버렸다. 그러나 사람들에게 배척과 버림을 당하신 예수 그리스도께서는 만세 전에 하느님의 택하심을 입은 자이셨다. 하느님께서는 창세 전부터 예수님을 사랑하셨고 인류의 구속자救贖者로 택하셨다. 예수 그리스도께서는 하느님 앞에서 우리의 보배로운 살아 있는 돌이시다. '살아 있는 돌'이란 그가 영원한 생명을 소유하시고 그 영원한 생명을 우리에게 주시는 구주이심을 뜻한다고 본다.

예수님을 믿고 구원받은 신약성도들은 보배로운 살아 있는 돌이신 예수께 나아와 살아 있는 돌같이 '영적 집'으로 세워진다. '영적 집'이라는 말오이코스 프뉴마티코스은 성도들이 모여 건립되는 교회를 가리킨다. 교회는 돌들로 지은 건물에 비유

살아 있는 돌

자료: dreamingpastor.pe.kr

된다. '영적'이라는 말은 교회가 단지 물질적 건물이나 사람들의 모임이 아니고 성령께서 거하시는 집, 곧 성령의 전인 것을 나타낸다. 사도 바오로도 코린토 신자들에게 보낸 첫째 서간 3:16에서 "여러분이 하느님의 성전이고 하느님의 영께서 여러분 안에 계시다는 사실을 여러분은 모릅니까?"라고 말했다.

신약교회는 하느님께서 구원받은 성도들 한 사람, 한 사람과 그들의 연합 속에 거하시는 하느님의 성전이다. 에페소 신자들에게 보낸 서간 2:21-22, "그리스도 안에서 전체가 잘 결합된 이 건물이 주님 안에서 거룩한 성전으로 자라납니다. 여러분도 그리스도 안에서 성령을 통하여 하느님의 거처로 함께 지어지고 있습니다." 신약교회는 지금도 하느님께서 거하시는 집으로 건축되고 있다. 이것은 온 세계에 흩어져 사는 모든 성도들을 포함하는 거대한 교회이다. 지금도 이 교회의 건축 소리가 온 세계 곳곳에서 요란하게 들려오고 있다. 한 명의 영혼 구원을 통하여 벽돌 한 장이 쌓여 가는 이 건축은 예배당 건축보다 수천 배 더 큰 의미와 중요성이 있는 일이다. 우리 모두는 비록 물질적으로는 유여하지 못해도, 이 영적 건축, 곧 전도와 성화의 일을 크게 여기고 힘써야 한다.

또 우리는 신약교회라는 이 성전에서 예수 그리스도로 말미암아 하느님께서

하느님의 성전

자료: www.jw.org

Vox populi, vox Dei.

기쁘게 받으실 영적 제사를 드릴 거룩한 사제단이 되어야 한다. '사제단'이라는 원어히에라튜마는 '사제들의 집단'을 가리킨다. 구원받은 성도들은 다 하나님의 거룩한 사제단이다. 우리는 하나님의 거룩한 사제들로서 하나님께서 기쁘게 받으실 영적 제사들을 드려야 한다. 그 영적인 제사란 우리의 거룩하고 의롭고 선한 헌신과 봉사의 삶을 가리킨다. 우리는 모든 악의와 거짓과 위선과 시기와 증상을 버리고 경건하고 거룩하고 의로운 생활을 함으로써 하나님을 기쁘시게 하여야 한다.

6-8절 예수 그리스도께서는 그를 믿는 자들에게는 보배이시다. 이 세상에 주 예수님보다 더 귀한 분은 없고 더 귀한 것도 없다. 그러나 그는 믿지 않는 자들에게는 '내버린 돌, 차여 넘어지게 하는 돌, 걸려 비틀거리게 하는 바위'가 되셨다. 많은 이들이 그 돌에 부딪혀 넘어졌다. 이와 같이 우리는 예수 그리스도의 복음 진리와 하나님의 모든 말씀을 열심히 전하고 가르치고 권면할지라도, 예

건축하는 사람들이 내버린 돌이, 집 모퉁이의 머릿돌이 되었다.

자료: egloos.zum.com

수 그리스도를 믿는 자들이 있고 믿지 않는 자들이 있다. 하느님께서는 창세 전에 어떤 이들은 영생에 이르게, 또 다른 이들은 그들의 죄 가운데 버려두셔서 영원한 형벌에 이르게 정하셨다. 죄 가운데서 멸망받을 자들도 하느님께서 그렇게 정하신 것이다.

9-10절 우리가 하느님의 선택을 받아 예수 그리스도의 피로 죄씻음 받고 의롭다 하심을 얻고 영생을 얻은 것은 이 세상에서 가장 큰 복이다. 하느님의 구원과 영생은 하느님의 큰 은혜요 사랑이다.

본문은 구원받은 성도들의 특권들을 몇 가지로 증거한다. 첫째로, 성도들은 하느님이 택하신 족속이다. 이 세상의 많은 사람들 가운데서 우리는 하느님의 택하심을 받았다. 선택받은 증거는 우리의 참된 회개와 믿음과 순종이다. 둘째로, 성도들은 임금의 사제단이다. '임금의'라는 원어바실레이오스는 '높은 특권을 가진'이라는 뜻이다. 성도는 거룩하신 하느님의 보좌 앞에 담대히 나아가 그를 섬기는 특권이 있다. 셋째로, 성도들은 하느님의 거룩한 나라이다. 세상 나라들은 죄와 불의와 불법이 가득하며 우상숭배적이요 음란하고 부도덕한 나라이지만, 하느님의 나라는 경건과 의로움과 진리와 사랑과 평안의 나라이다. 성도들이 그 나라이다. 넷째로, 성도들은 하느님의 소유가 된 백성이다. 우리는 돈으로 계산할 수 없는 하느님의 독생자의 핏값으로 사신 바 된 보배들이다. 또 하느님의 특별한 소유물

죄로부터의 구원

자료: blessingofgod.org

Vox populi, vox Dei.

은 아무도 그의 손에서 빼앗을 수 없이 안전한 보호를 받는다.

하느님께서 우리에게 이런 귀한 특권을 가지는 구원을 주신 목적은 '어둠에서 불러내어 당신의 놀라운 빛 속으로 이끌어 주시기' 위함이다. '놀라운 빛'이란 하느님께서 우리에게 주신 지식과 의와 행복을 가리킨다. 심히 무지하고 불경건했던 우리가 살아계시고 참되신 하느님을 알게 되었고, 죄악들 가운데 살았던 우리가 예수 그리스도의 십자가 보혈 공로로 값없이 죄씻음과 의롭다 하심을 얻었고, 허무와 불행과 영원한 죽음 아래 살았던 우리가 기쁨과 평안과 영원한 생명을 얻게 되었다. 이 지식과 의로움과 행복은 참으로 놀랍고 놀라운 빛이다. 그러므로 구원받은 성도들은 하느님께서 주신 이 놀라운 은혜와 사랑, 이 지식과 의로움과 행복을 마땅히 찬송하며 말과 행위로 증거해야 한다.

우리는 전에 하느님의 백성이 아니었고 하느님의 긍휼도 얻지 못했었으나 지금 하느님의 백성이 되었고 하느님의 크신 긍휼을 입은 자가 되었다. 그러므로 우리는 하느님의 백성답게 거룩하고 의롭게 살면서 하느님을 찬송하고 말과 행위로 증거하는 자가 되어야 한다.

11-12절 인생은 '이방인과 나그네' 같은 존재이다. 모든 영혼은 죽을 때 하느님 앞에서 선악 간에 판단을 받아 천국 혹은 지옥에 들어갈 것이다. 물론 그

하느님께서는 우리의 몸을 예수님의 영광스런 부활의 몸과 같이 부활시키실 것이다. 몸의 죽음은 인류에게 가장 큰 적이다. 장례식은 인생에 가장 슬픈 시간이나 하느님께서 예수 그리스도를 죽음에서 다시 살리셨다.

자료: www.newsjesus.net

것은 장차 부활할 몸이 들어가는 천국과 지옥과는 구별된다. 인생은 나그넷길이며 돌아갈 영원한 처소가 있다. 그러므로 지혜로운 자는 내세를 준비한다. 구원은 꼭 받아야 하며 성화聖化도 중요하다.

구원받은 성도들은 영혼의 거룩한 성향을 거스르는 몸의 욕망들을 제어해야 한다. 그들은 교만과 미움과 음란과 거짓 등의 죄성을 따라 살지 말고 경건하고 거룩하고 선하고 진실하게 살아야 한다.

사람은 몸과 영 혹은 영혼의 두 실체로 구성되어 있다. 영과 영혼은 한 실체에 대한 다른 두 용어이다. 어떤 이들은 사람이 영과 혼과 몸의 세 실체로 구성되었다고 말하지만, 그것은 성경과 전통적 개혁신학에 맞지 않는다. 성경에서 영 혹은 혼이라는 말은 분명히 구별 없이 교대적으로 사용된다. 몸은 물질적 실체이며 거기에는 생각과 감정과 의지가 없다. 생각과 감정과 의지는 영의 활동이다.

중생한 영 혹은 영혼은 범죄하는가? 중생한 영이 몸과 분리된 상태 즉 죽을 때에는 즉시 천국에 올라가며 그렇다면 그 영은 죄성이 없다고 볼 수 있다. 그러나 중생한 성도는 살아 있는 동안 범죄한다. 그것은 생각과 감정과 의지의 죄이며 그것은 다 영의 기능이다. 그러므로 중생한 영은, 비록 그 자체로는 죄성이 없다

고대 아나톨리아의 지방들, 갈라티아(Galatia)는 가운데 위쪽에 위치한다.

자료: namu.wiki

고 할지라도, 몸과 결합되어 있는 동안 한 인격체로 죄를 짓는다고 보아야 할 것이다.

그러면 죄성은 사람의 영과 몸 중 어디에 자리를 하는가? 죄성은 사람의 몸에 자리를 하며 그러므로 성도가 죽으면 그 영은 즉시 천국에 올라갈 수 있다. 그러나 몸에 죄성이 있다고 해서 몸을 죄악시하거나 천시해서는 안 된다. 왜냐하면 성경은 우리가 우리의 몸을 하느님께 거룩한 산 제물로 드려야 한다고 가르치기 때문이다.

그러면 성화의 이치는 무엇인가? 성화는 중생한 영이 몸의 죄성을 극복하는 것이라고 보인다. 개혁신학은 중생 즉 거듭남을, 죽었던 영이 다시 살아나서 그 '지배적 성향'이 거룩해지는 것이라고 표현한다. 이것은 범죄할 수 없는 성향이라고 보인다. 그러나 이것만으로는 몸에 남은 죄성을 이기기 어렵다. 여기에 성령께서 우리 안에 거하시는 이유가 있다. 그러므로 우리의 마음속에 몸의 남은 죄성과의 싸움이 있지만, 우리는 성령의 도우심으로 성화를 이룬다. 로마 신자들에게 보낸 서간 8:13-14, "여러분이 육에 따라 살면 죽을 것입니다. 그러나 성령의 힘으로 몸의 행실을 죽이면 살 것입니다. 하느님의 영의 인도를 받는 이들은 모두 하느님의 자녀입니다." 갈라티아[8] 신자들에게 보낸 서간 5:16, "성령의 인도에 따라 살아가십시오. 그러면 육의 욕망을 채우지 않게 될 것입니다."

성도들은 이 세상에 믿지 않는 사람들 가운데서 선하게 삶으로써 그들에게 바르고 선한 생활의 본을 보여야 한다. 그러므로 주께서는 "이와 같이 너희의 빛이

8 고대 갈라디아는 현재 튀르키예(전 이름은 터키)의 중앙 아나톨리아 고지대 지역이다. 갈라티아는 고대 소아시아의 영역으로 트라키아에서 이주해 온 갈리아(Gauls)족의 이름을 따라서 명명되었다. 그들은 지금의 튀르키예 중부 고원지대에 정착하고 기원전 3세기에는 그 지배 계급이 되었다. 그곳은 동쪽의 갈리아라 불리어 왔으며 로마 작가들은 그 주민을 '갈리'라 불렀다. 갈라티아는 아나톨리아 반도 중부의 고대 지명으로 현 튀르키예 앙카라 도, 크륵칼레 도, 콘야 도 북부, 요즈가트 도 서부, 에스키셰히르 도 동부에 해당한다. 주요 도시, 유적으로 앙카라(안키라), 고르디온, 발르히사르(페시노스), 뷔윅네페스(타비온) 등이 있다. 본래 프리기아와 카파도키아의 경계 정도였으나 기원전 270년대 켈트(갈라타이)인들이 대거 정착하여 갈라티아라 불리게 되었다. 갈라트인들은 한세기 동안 아나톨리아 반도에서 침략과 용병 활동으로 위세를 떨쳤으나 셀레우코스 왕조와 페르가몬 왕국에게 패배한 후 점차 갈라티아에 정착하였고, 기원전 189년 갈라티아 전쟁에서 로마군에 패배하였다. 그 후 갈라티아 왕국으로 편성되어 로마의 속국으로 지내다가 기원전 25년 결국 로마 제국의 속주로 병합되었다. 신약성경의 갈라디아서가 갈라티아 지역민들에게 보낸 서신에서 비롯된 것이다.

흑백으로 처리된 성벽은 다윗과 솔로몬 시대의 성이고, 컬러로 처리된 부분은 느헤미야가 재건한 성벽이다. 느헤미야가 성벽을 쌓을 때에 다윗시대의 성 안쪽 마을 조차도 다 둘러쌀 수 없었다. 느헤미야의 성벽 재건은 그만큼 급박했다.

자료: biblia.co.il

사람들 앞을 비추어, 그들이 너희의 착한 행실을 보고 하늘에 계신 너희 아버지를 찬양하게 하여라."고 말씀하셨다마태 5:16. 물론, 세상 사람들은 성도들을 부당하게 비방하는 일이 적지 않다. 느헤미야[9]는 예루살렘 성을 건축하려 할 때, 바사왕 아닥사스다[10]를 모반하여 스스로 왕이 되려 한다는 비난을 받았었다느헤 6:6. 사도 바오로는 교인들을 거짓으로 교묘히 자기 사람을 삼는다는 비난을 받았었다. 그러나 느헤미야와 바오로는 하느님 앞에서 바르고 충성된 종들이었다. 그러므로 성도들은 세상에서 빛이 되어 선을 행함으로 믿지 않는 자들이 하느님의 긍휼의 날에 깨닫고 하느님께로 돌아와 그에게 영광을 돌리게 해야 할 것이다.

13-15절 이 세상에서 성도들의 선한 삶은 사람이 만든 모든 제도를 순종하는 데서, 예컨대, 옛날에는 왕과 방백들에게, 오늘날에는 나라의 통치자들과 나라의 법에 순종하는 데서 나타난다. 성도들은 주 예수 그리스도를 믿고 따르

9 느헤미야는 아케메네스 왕조 페르시아 왕 아르타크세르크세스 1세의 술 관원이었던 유대인이다. 그가 기록했다고 전해지는 구약성경의 책을 가리키기도 한다. 느헤미야기는 구약성경의 한 책으로서, 페르시아 제국의 고위관리였던 느헤미야가 '하느님의 도성' 예루살렘의 성벽을 52일 만에 재건한 이야기를 담은 기록이다.

10 아닥사스다는 구약 인물로 바사(Parsia)의 왕이다. 아하수에로 왕의 아들로 BC 465-424년 동안 바사를 통치하였으며 당시 유배 중이던 에스라와 느헤미야를 예루살렘으로 귀환시킨 인물이다.

아프리카 톤즈의 아이들과 함께한 제2의 슈바이처 이태석 신부

자료: hani.co.kr

는 자들이라는 주의 이름 때문에 또 세속 사회 즉 국가의 질서를 원하시는 하느님의 뜻 때문에 그렇게 해야 한다. 사도 바오로는 로마 신자들에게 보낸 서간 13장에서, "사람은 누구나 위에서 다스리는 권위에 복종해야 합니다. 하느님에게서 나오지 않는 권위란 있을 수 없고, 현재의 권위들도 하느님께서 세우신 것입니다. 그러므로 권위에 맞서는 자는 하느님의 질서를 거스르는 것이고, 그렇게 거스르는 자들은 스스로 심판을 불러오게 됩니다." "지배자는 그대의 이익을 위하여 일하는 하느님의 일꾼입니다. 그러나 그대가 악을 행할 경우에는 두려워하십시오. 그들은 공연히 칼을 차고 있는 것이 아닙니다. 그들은 악을 저지르는 자에게 하느님의 진노를 집행하는 그분의 일꾼입니다." "여러분이 조세를 바치는 것도 이 때문입니다. 그들은 바로 이러한 일에 정성을 다하는 하느님의 심부름꾼입니다."라고 말했다1-2, 4, 6절. 하느님을 모르거나 하느님을 싫어하는 자들은 성도들을 비난하기를 좋아하고 심지어 거짓말로도 그렇게 하려고 할 것이지만, 성도들은 범사에 선하게 말하고 행동함으로써 세상 사람들로 하여금 그들을 비난할 아무런 말이 없게 하는 것이 하느님의 뜻이다. 그러므로 성도는 범사에 선해야 하고 흠 잡힐 데가 없어야 한다.

16-17절 성도는 예수 그리스도의 의로움으로 말미암아 죄와 율법에서 자유를 얻었다. 이것은 로마 신자들에게 보낸 서간 7장의 진리이며 갈라티아 신자들에게 보낸 서간의 중심 진리이기도 하다. 로마 신자들에게 보낸 서간 7:6, "우리가 이제는, 우리를 사로잡고 있던 율법과 관련해서는 죽음으로써 그것에서 벗어났습니다. 그리하여 법전이라는 옛 방식이 아니라 성령이라는 새 방식으로 하느님을 섬기게 되었습니다." 갈라티아 신자들에게 보낸 서간 5:1, "그리스도께서는 우리를 자유롭게 하시려고 해방시켜 주셨습니다. 그러니 굳건히 서서 다시는 종살이의 멍에를 메지 마십시오." 예수 그리스도 안에 있는 자에게는 결코 정죄함이 없다. 그러나 우리는 그 자유를 악을 변명하고 정당화시키는 데 쓰지 말고 오직 하느님의 종과 같이 해야 한다. 사도 바오로도 갈라티아 신자들에게 보낸 서간 5:13에서, "형제 여러분, 여러분은 자유롭게 되라고 부르심을 받았습니다. 다만 그 자유를 육을 위하는 구실로 삼지 마십시오. 오히려 사랑으로 서로 섬기십시오."라고 말했다.

성도의 선한 삶은 모든 인간관계에서 나타난다. '모든 사람을 존경하라'는 말씀은 '뭇사람을 존중하라'는 뜻이다. 사람은 누구나 하느님의 형상으로 지음 받은 자이기 때문에, 특히 주께서 피흘려 사신 자들이 누구인지 우리가 모르기 때문에, 우리는 모든 사람들을 존중해야 한다. 우리의 눈에 보잘것없어 보이는 자라

허리를 굽혀 섬기는 자는 위를 보지 않는다

자료: www.newsm.com

Vox populi, vox Dei.

할지라도, 우리는 그를 존중해야 한다. 또 우리는 형제들을 사랑하고 하느님을 두려워하고 위정자를 공경해야 한다. 부모를 공경하라는 계명은 이웃의 노인들과 교회의 노인들, 학교의 선생님들, 직장의 상사들, 나라의 대통령을 존경해야 함을 포함한다. 이것이 하느님의 뜻이다.

18-20절 베드로는 구원받은 종들에게도 선한 삶을 교훈한다. 그것은 주인들을 온전히 두려워함으로 순종하라는 교훈이다. 또 종들은 선하고 친절한 주인에게만 아니라 까다로운 주인에게도 순종해야 한다. 종이 어떤 잘못을 행하여 주인에게 지적을 받고 책망을 듣고 심지어 매를 맞는다면 그것은 당연한 일이다. 그가 자기의 잘못 때문에 고난을 당하는 것이므로 그때 참는 것은 칭찬할 일이 못된다.

그러나 그가 선하게 행하는 데도 애매하게 고난을 받고 그 고난과 그 슬픔을 잘 참으면 이것은 하느님 앞에서 아름다운 일이다. '하느님을 생각하는 양심 때문에'라는 말은 '주인에게 순종하는 것이 하느님의 뜻이라는 선한 양심 때문에'라는 뜻이라고 본다. 종이 애매하게 당하는 고난을 잘 참는 것은 좋은 일이다. 하느님께서 그 일을 기억하실 것이다.

그리스도인들은 어려움이 올 때
하느님을 향해 달려가는 법을 배워야 한다.
그는 전지전능하고 편재하며 전능한
유일한 분이시다.
아무도 우리 하느님처럼 강력하지 못하다.
무엇보다도, 그는 우리를 대단히
사랑하신다.

자료: jesuslife.tistory.com

21-25절 성도는 이런 고난을 당하도록 하느님의 부르심을 입었다. 그리스도께서는 우리를 위해 이런 고난을 받으심으로 우리에게 본이 되셨고 우리로 그의 발자취를 따라오게 하셨다. 그러므로 선을 행하면서 고난을 당하는 삶은 성도들이 세상에서 각오해야 할 삶이다.

주 예수께서는 죄가 없으셨고 그 입에 거짓이 없으셨으나 고난을 당하셨다. 그러나 그는 욕을 받으시되 욕하지 않으셨고 고난을 받으시되 위협하지 않으셨고 오직 공의의 심판자 하느님 아버지께 부탁하셨다. 그는 마침내 친히 십자가에 달려 그 몸으로 우리의 죄를 담당하셨다. 그는 우리를 위해 대속代贖의 제물이 되신 것이다. 이로써 우리가 죄에 대해 죽고 의로움에 대해 살게 하셨다. 그가 채찍에 맞으심으로 우리는 죄라는 병에서 나음을 입었다. 예수께서는 선을 행하면서 고난당하는 삶의 본을 우리에게 보여주셨다.

우리는 과거에 길 잃은 양들과 같았었다. 우리는 목자이신 하느님 아버지를 멀리 떠나 방황했었다. 하느님을 모르는 사람들은 인생의 의미와 가치와 목적을 찾아 방황할 수밖에 없다. 그러나 이제 우리는 하느님을 발견했고 그에게로 돌아왔다. 그는 우리의 목자와 감독이 되셨다. 우리는 그의 인도와 간섭, 그의 보호와 돌보심을 받게 되었다. 성도의 삶은 하느님 중심의 삶이며 하느님께 순종하는 삶이다.

예수께서는 친히 고난을 당하셨고 길 잃은 양 같은 우리의 죄를 담당하셨다.

자료: pray.osulgil.com

Vox populi, vox Dei.

베드로의 첫째

서간 3장

天聲

아내와 남편

1 마찬가지로 아내들도 남편에게 순종해야 합니다. 그렇게 하여 말씀에 순종하지 않는 남편들도 아내인 여러분의 말 없는 처신으로 감화를 받게 하십시오.

2 그들은 여러분이 경건하고 순결하게 처신하는 것을 지켜보다가 그리될 것입니다.

3 머리를 땋아 올리거나 금붙이를 달거나 좋은 옷을 차려입거나 하는 겉치장을 하지 말고,

4 온유하고 정숙한 정신과 같이 썩지 않는 것으로, 마음속에 감추어진 자신을 치장하십시오. 이것이야말로 하느님 앞에서 귀중한 것입니다.

5 전에 하느님께 희망을 두고 살던 거룩한 부인들도 남편에게 순종하며 이렇게 자신을 치장하였습니다.

6 예컨대 사라도 아브라함을 주인이라고 부르며 그에게 순종하였습니다. 여러분도 선을 행하고 아무리 무서운 일이라도 두려워하지 않으면, 사라의 딸이 되는 것입니다.

7 마찬가지로 남편들도 자기보다 연약한 여성인 아내를 존중하면서, 이해심을 가지고 함께 살아가야 합니다. 아내도 생명의 은총을 함께 상속받을 사람이기 때문입니다. 그렇게 해야 여러분의 기도가 가로막히지 않습니다.

참다운 신앙 공동체

8 끝으로, 여러분은 모두 생각을 같이하고 서로 동정하고 형제처럼 사랑하고 자비를 베풀며 겸손한 사람이 되십시오.

Vox populi, vox Dei.

9 악을 악으로 갚거나 모욕을 모욕으로 갚지 말고 오히려 축복해 주십시오. 바로 이렇게 하라고 여러분은 부르심을 받았습니다. 그것은 여러분이 복을 상속받게 하려는 것입니다.
10 "생명을 사랑하고 좋은 날을 보려는 이는 악을 저지르지 않도록 혀를 조심하고 거짓을 말하지 않도록 입술을 조심하여라.
11 악을 멀리하고 선을 행하며 평화를 찾고 또 추구하여라.
12 주님의 눈은 의인들을 굽어보시고 그분의 귀는 그들의 간구를 들으신다. 그러나 주님의 얼굴은 악을 행하는 자들에게 맞서신다."

박해에 맞선 확신

13 여러분이 열심히 선을 행하는데 누가 여러분을 해치겠습니까?
14 그러나 의로움 때문에 고난을 겪는다 하여도 여러분은 행복합니다. 사람들이 여러분을 두렵게 하여도 두려워하지 말고 무서워하지 마십시오.
15 다만 여러분의 마음속에 그리스도를 주님으로 거룩히 모시십시오. 여러분이 지닌 희망에 관하여 누가 물어도 대답할 수 있도록 언제나 준비해 두십시오.
16 그러나 바른 양심을 가지고 온유하고 공손하게 대답하십시오. 그러면 그리스도 안에서 이루어지는 여러분의 선한 처신을 비방하는 자들이, 여러분을 중상하는 바로 그 일로 부끄러운 일을 당할 것입니다.
17 하느님의 뜻이라면, 선을 행하다가 고난을 겪는 것이 악을 행하다가 고난을 겪는 것보다 낫습니다.

그리스도의 승리

18 사실 그리스도께서도 죄 때문에 단 한 번 고난을 겪으셨습니다. 여러분을 하느님께 이끌어 주시려고, 의로우신 분께서 불의한 자들을 위하여 고난을 겪으신 것입니다. 그러나 육으로는 살해되셨지만 영으로는 다시 생명을 받으셨습니다.
19 그리하여 감옥에 있는 영들에게도 가시어 말씀을 선포하셨습니다.

20 옛날에 노아가 방주를 만들 때 하느님께서는 참고 기다리셨지만 그들은 끝내 순
종하지 않았습니다. 몇몇 사람 곧 여덟 명만 방주에 들어가 물로 구원을 받았습
니다.
21 이제는 그것이 가리키는 본형인 세례가 여러분을 구원합니다. 세례는 몸의 때를
씻어 내는 일이 아니라, 예수 그리스도의 부활에 힘입어 하느님께 바른 양심을 청
하는 일입니다.
22 예수 그리스도께서는 하늘에 오르시어 하느님 오른쪽에 계시는데, 그분께 천사들
과 권력들과 권능들이 복종하게 되었습니다.

1 Wives, in the same way be submissive to your husbands so that, if any of them do not believe the word, they may be won over without words by the behavior of their wives,

2 when they see the purity and reverence of your lives.

3 Your beauty should not come from outward adornment, such as braided hair and the wearing of gold jewelry and fine clothes.

4 Instead, it should be that of your inner self, the unfading beauty of a gentle and quiet spirit, which is of great worth in God's sight.

5 For this is the way the holy women of the past who put their hope in God used to make themselves beautiful. They were submissive to their own husbands,

6 like Sarah, who obeyed Abraham and called him her master. You are her daughters if you do what is right and do not give way to fear.

7 Husbands, in the same way be considerate as you live with your wives, and treat them with respect as the weaker partner and as heirs with you of the gracious gift of life, so that nothing will hinder your prayers.

8 Finally, all of you, live in harmony with one another; be sympathetic, love as brothers, be compassionate and humble.

9 Do not repay evil with evil or insult with insult, but with blessing, be-
cause to this you were called so that you may inherit a blessing.
10 For, "Whoever would love life and see good days must keep his tongue
from evil and his lips from deceitful speech.
11 He must turn from evil and do good; he must seek peace and pursue it.
12 For the eyes of the Lord are on the righteous and his ears are attentive to
their prayer, but the face of the Lord is against those who do evil."
13 Who is going to harm you if you are eager to do good?
14 But even if you should suffer for what is right, you are blessed. "Do not
fear what they fear; do not be frightened."
15 But in your hearts set apart Christ as Lord. Always be prepared to give
an answer to everyone who asks you to give the reason for the hope that
you have. But do this with gentleness and respect,
16 keeping a clear conscience, so that those who speak maliciously against
your good behavior in Christ may be ashamed of their slander.
17 It is better, if it is God's will, to suffer for doing good than for doing evil.
18 For Christ died for sins once for all, the righteous for the unrighteous, to
bring you to God. He was put to death in the body but made alive by
the Spirit,
19 through whom also he went and preached to the spirits in prison
20 who disobeyed long ago when God waited patiently in the days of Noah
while the ark was being built. In it only a few people, eight in all, were
saved through water,
21 and this water symbolizes baptism that now saves you also-not the re-
moval of dirt from the body but the pledge of a good conscience toward
God. It saves you by the resurrection of Jesus Christ,
22 who has gone into heaven and is at God's right hand-with angels, author-
ities and powers in submission to him.

1 同じように，妻たちよ。自分の夫に服従しなさい。たとい，みことばに従わない
夫であっても，妻の無言のふるまいによって，神のものとされるようになるため
です。

2 それは，あなたがたの，神を恐れかしこむ清い生き方を彼らが見るからです。

3 あなたがたは，髪を編んだり，金の飾りをつけたり，着物を着飾るような外面的な
ものでなく，

4 むしろ，柔和で穏やかな靈という朽ちることのないものを持つ，心の中の隠れた
人がらを飾りにしなさい。これこそ，神の御前に價値あるものです。

5 むかし神に望みを置いた敬虔な婦人たちも，このように自分を飾って，夫に従っ
たのです。

6 たとえばサラも，アブラハムを主と呼んで彼に従いました。あなたがたも，どんな
ことをも恐れないで善を行なえば，サラの子となるのです。

7 同じように，夫たちよ。妻が女性であって，自分よりも弱い器だということをわき
まえて妻とともに生活し，いのちの恵みをともに受け繼ぐ者として尊敬しなさい。
それは，あなたがたの祈りが妨げられないためです。

8 最後に申します。あなたがたはみな，心を一つにし，同情し合い，兄弟愛を示し，
あわれみ深く，謙遜でありなさい。

9 悪をもって悪に報いず，侮辱をもって侮辱に報いず，かえって祝福を與えなさい。
あなたがたは祝福を受け繼ぐために召されたのだからです。

10 「いのちを愛し，幸いな日々を過ごしたいと思う者は，舌を押えて悪を言わず，くち
びるを閉ざして僞りを語らず，

11 悪から遠ざかって善を行ない，平和を求めてこれを追い求めよ。

12 主の目は義人の上に注がれ，主の耳は彼らの祈りに傾けられる。しかし主の顔は，
悪を行なう者に立ち向かう。」

13 もし，あなたがたが善に熱心であるなら，だれがあなたがたに害を加える
でしょう。

Vox populi, vox Dei.

14 いや, たとい義のために苦しむことがあるにしても, それは幸いなことです。彼ら
の 脅かしを恐れたり, それによって心を動揺させたりしてはいけません。
15 むしろ, 心の中でキリストを主としてあがめなさい。そして, あなたがたのうちにあ
る希望について説明を求める人には, だれにでもいつでも弁明できる用意をして
いなさい。
16 ただし, 優しく, 慎み恐れて, また, 正しい良心をもって弁明しなさい。そうすれば,
キリストにあるあなたがたの正しい生き方をののしる人たちが, あなたがたをそし
ったことで恥じ入るでしょう。
17 もし, 神のみこころなら, 善を行なって苦しみを受けるのが, 悪を行なって苦しみ
を 受けるよりよいのです。
18 キリストも一度罪のために死なれました。正しい方が悪い人々の身代わりとなっ
たのです。それは, 肉においては死に渡され, 靈においては生かされて, 私たちを
神のみもとに導くためでした。
19 その靈において, キリストは捕われの靈たちのところに行ってみことばを宣べられ
たのです。
20 昔, ノアの時代に, 箱舟が造られていた間, 神が忍耐して待っておられたときに,
従わなかった靈たちのことです。わずか八人の人々が, この箱舟の中で, 水を通っ
て 救われたのです。
21 そのことは, 今あなたがたを救うバプテスマをあらかじめ示した型なのです。バプ
テスマは肉體の汚れを取り除くものではなく, 正しい良心の神への誓いであり, イ
エス・キリストの復活によるものです。
22 キリストは天に上り, 御使いたち, および, もろもろの權威と權力を従えて, 神の
右の座におられます。

人語

베드로의 서간 저술 시기

전통적인 관점

베드로의 첫째 서간과 베드로의 둘째 서간 모두 베드로가 순교하기 직전인 AD 61~63년경에 쓰였을 것으로 본다.

성서비평학[1]의 관점

각 서간이 담고 있는 상황과 사상을 어떻게 보느냐에 따라 집필연대가 달라지는데 이때 베드로의 첫째 서간 5장 13절에 '바빌론'이라는 표현이 나오는 것으로 보아, 로마 당국에 의해 예루살렘이 파괴된 70년 이후에 집필되었으며 70년에 예루살렘이 파괴된 후 로마는 구약시대 때 이스라엘을 멸망시킨 바빌론과 동일시되었고 그리고 125년경에 파피아스가 이 서간을 인용했던 것으로 보아 90년대 초를 넘지 않은 것으로 보인다. 그래서 기원후 70-92년경에 쓰인 것으로 추정하고 있다.

1 성서비평학(Biblical criticism)이란 문학으로서 성서를 어떻게 해석해야 하는지에 대하여 연구하는 학문이다. 즉 그리스도교 경전인 성서를 하나의 문헌(literature)으로 간주하고 인간의 이성에 기반한 합리적인 방법을 사용하여 성서를 해석하는 행위를 말한다. 성서비평학은 성서 해석인 동시에 현대 신학의 한 갈래에 속하며, 이전의 신학 및 성서 해석과 달리 성서에 대한 비평학적 접근, 즉 성서의 역사적 배경과 사실성, 양식과 문학적인 요소, 저자가 사용한 자료, 자료의 편집 구조, 저자가 사용한 수사학 등을 통해서 분석하는 방법론을 취한다.

Vox populi, vox Dei.

베드로의 둘째 서간의 경우 베드로의 첫째 서간을 언급하면서도 초기 교부들에게는 베드로의 첫째 서간만 알려진 경우가 많았다는 점, 유다 서간에 종속적이라고 여겨지는 점, 늦어지는 재림에 대한 변호, 영지주의적 영향 등으로 인해 신약성경 중에서도 가장 늦은 2세기 중반으로 연대를 추측하고 있다.

성서비평학에서는 첫째 편지의 기록 연대를 AD 75-90년경, 둘째 편지의 기록 연대를 AD 110년경이라고 주장하기도 한다.

베드로의 첫째 서간 3장(선행에 힘쓰라) 각 절 해석[2]

1-2절 아내들은 자기 남편들에게 순종해야 한다. '순종하다'는 원어휘포탓소는 '순복하다, 복종하다'는 의미이다. 아내들은 자기 남편들에게 순종하며 복종해야 한다. 사도 바오로도 에페소 신자들에게 보낸 서간에서 "아내는 주님께 순종하듯이 남편에게 순종해야 합니다. 남편은 아내의 머리입니다. 이는 그리스도께서 교회의 머리이시고 그 몸의 구원자이신 것과 같습니다."라고 말하였고에페 5:22-23, 또 콜로새 신자들에게 보낸 서간에서도 "아내 여러분, 남편에게 순종하십시오. 주님 안에 사는 사람은 마땅히 그래야 합니다."라고 말했다콜로 3:18. 아내들이 자기의 남편들에게 복종하는 것은 하느님의 뜻과 명령이다. 그것은 아내들의 의무이다. 거기에는 이의異意가 있어서는 안 된다. 세상은 이 교훈을 거부할지라도 하느님을 경외하고 주 예수 그리스도를 믿고 구원받은 성도들은 다 받아들여야 한다.

아내들이 자기 남편들에게 복종해야 할 목적은 복음을 순종하지 않는 자, 즉 믿지 않는 남편이라도 아내의 말로가 아니고 그의 행위로 말미암아 구원을 얻게 하기 위함이다. 그것은 말로 구원하기 힘든 남편들이 그의 행위에 감동을 받아

2 김효성 목사, 베드로전서 강해, 2019년 5월 2일 수정.

"나는 여자가 남을 가르치거나 남자를
다스리는 것을 허락하지 않습니다.
여자는 조용해야 합니다."(1티모 2:12)
그림은 한스 큉의 〈그리스도교 여성사〉
(분도출판사, 2011) 표지 일부

자료: catholicnews.co.kr

회개하고 하느님께로 돌아오게 된다는 뜻이다. 말로 전도해서 안 되면 행위로 보여주어야 한다는 것이다. 같은 원리로, 우리는 이웃 사람들을 말로 구원하기 어려울 때 우리의 선한 행위로 그들을 구원할 수 있게 힘써야 한다.

남편을 구원시킬 아내의 행위는 '경건하고 순결하게 처신하는 것'을 말한다. '경건하게 처신한다'는 말은 하느님을 경건하게 대함과 남편을 경건하게 대함을 다 포함하는 것 같다. 아내들은 자기 남편들을 자기 주인과 같이 생각하여 경건하게 대함으로 순종해야 할 것이다. '순결한'이라는 원어하그노스는 '정결한, 거룩한'이라는 뜻이다. 아내들은 특히 음란한 세상 속에서 단정하고 순결하며 거룩한 행실을 가져야 한다.

3-6절 아내들의 선한 인격은 그들의 겉치장에서 나타난다. 그들은 머리를 땋아 올리고 금은보석의 목걸이, 귀걸이 등의 장신구를 차고 값비싼 아름다운 옷을 입는 것 같은 외적인 겉치장에 치중하지 말아야 한다. '머리를 땋아 올

"사실 아담이 먼저 빚어졌고 그다음에 하와가 빚어졌습니다. 그리고 아담이 속은 것이 아니라 여자가 속아 넘어가서 죄를 지었습니다."(1티모 2:13-14) 그림은 윌리엄 블레이크의 〈이브의 유혹과 타락〉(1808)

자료: catholicnews.co.kr

린다'는 원어엠플로케스 트리콘는 '땋은 머리'라는 뜻이다. 이 말씀은, 머리 단장이 죄악이므로 머리 단장을 도무지 하지 말라는 뜻은 아니라고 본다. 머리털은 헝클어져 있는 것보다 감아서 깨끗하고 단정하게 할 필요가 있다. 또 금은보석의 장신구들과 아름다운 옷들도 그 자체가 악한 것은 아니다. 단지, 성도들은 겉치장에 시간과 돈을 많이 쓰며 사치해서는 안 된다는 뜻이다. 겉치장은 가치가 극히 작은 것이기 때문이다.

그 대신에, 아내들의 겉치장은 내면적이어야 한다. '마음속에 감추어진 자신'은 자신의 내면적 인격성을 가리킨다. 여인의 내면적 인격은 온유하고 정숙한 정신으로 치장되어야 한다. '정숙한'이라는 원어헤쉬키오스는 '조용한'이라는 뜻이다. 여성도들은 온유하고 조용한 정신으로 자신을 치장해야 한다. 사람의 몸은 세월이 갈수록 쇠해지지만, 이러한 고상한 인격성은 그 성질상 썩지 않고 없어지지 않는

아브라함과 그의 아내 사라

자료: m.blog.naver.com

다. 이런 것이야말로 하느님 앞에서 값진 것이다. 하느님 앞에서는 겉치장이 가치 있는 것이 아니고, 내면적 치장, 곧 고상한 인격성이 가치 있는 것이다. 그것은 장차 주 예수 그리스도의 재림 때 우리가 받을 하느님의 아들의 형상인 것이다.

사도 베드로의 교훈은 새삼스러운 것이 아니다. 여성도女聖徒의 이러한 덕은 예전부터 경건한 여성도들이 가졌던 덕이었다. 하느님을 알지 못하는 자들은 유행하는 이 세상 풍조에 따라 산다. 그러나 하느님을 경외하고 하느님께 소망을 둔 거룩한 여인들은 자기 남편에게 순종하였고 이런 내면적 덕으로 자신들을 치장하였던 것이다. 그 대표적 예가 아브라함의 아내 사라였다. 그는 자기 남편 아브라함을 '주인'이라고 불렀다. 창세기 18:12에 보면, 그는 속으로 웃으며 말하기를, "이렇게 늙어 버린 나에게 무슨 육정이 일어나랴? 내 주인도 이미 늙은 몸인데." 라고 하였다. 이것은 남편에 대한 그의 순종하는 태도를 나타낸다. 오늘날도 여성도들은 사라처럼 남편에게 순종하며 선하게 살아야 한다.

7절 사도 베드로는 아내들의 의무를 교훈한 후 남편들의 의무도 교훈한다. 남편들은 지식에 따라 아내들과 동거해야 한다. 여기서 말하는 지식은 결

결혼에 있어서 남편의 의무는 사랑이다.

자료: www.magnesol.pe

혼에 대한 하느님의 뜻에 관한 지식을 가리킬 것이다. 결혼은 남녀가 연합하여 한 인격처럼 사는 것이다. 그것은 이 세상에서 가장 밀접한 관계이다. 결혼의 세 가지 목적은 첫째, 남녀가 외롭지 않도록 함께 살게 하기 위함이며, 둘째, 자녀 출산을 위함이며, 셋째, 음행 방지를 위함이다.

결혼에 있어서 남편의 의무는 사랑이다. 바오로는 남편이 그리스도께서 교회를 사랑하셔서 자신을 주심같이 아내를 사랑해야 한다고 교훈하였다. 그리스도께서 교회를 사랑하신 사랑은 무조건적, 희생적 사랑이었다. 우리 속에는 그의 사랑을 받을 만한 아무런 선한 것이 없었다. 남편들은 그런 무조건적, 희생적 사랑으로 아내들을 사랑해야 한다. 남편들의 따뜻한 말 한마디와 얼굴 표정과 행위는 단조로운 집안일로 피곤한 아내에게 위로와 기쁨을 줄 것이다.

성性에 대한 바른 지식도 필요하다. 인간의 성은 더럽고 죄악된 것이 아니고 아름다운 것이다. 창세기 2:24-25에 보면 "남자는 아버지와 어머니를 떠나 아내와 결합하여, 둘이 한 몸이 된다. 그러므로 사람과 그 아내는 둘 다 알몸이면서도 부끄러워하지 않았다."고 되어 있다. 그것은 부부의 사랑을 증진시킨다. 그러나 성은 단지 부부 관계에서만 사용되도록 명령되었고, 그렇지 못한 행위는 하느님의 진노를 가져온다. 음행淫行하는 자나 간음하는 자는 참으로 하느님의 진노의 심판과 벌을 피하지 못할 것이다.

특히, 남편들은 아내들을 귀히 여겨야 한다. 아내는 남편의 갈빗대이며, 남편의 뼈 중의 뼈요 살 중의 살이다. 사도 베드로는 남편들이 아내들을 귀히 여겨야 할 이유로 첫째, 아내들이 더 연약한 그릇이며, 둘째, 그들이 생명의 은혜를 유업으로 함께 받을 자라는 것을 들었다.

여성은 대체로 남성보다 몸이 연약하고 마음도 약하고 예민하다. 그렇지 않다면 옛날부터 전쟁에 남자들만 아니고 여자들도 참여했을 것이다. 이런 연약한 아내들이 남편들과 자녀들을 위해 노동과 같이 힘든 집안일을 하며 늙어 가는 것이다. 그러므로 남편들은 그들을 외롭게 하거나 마음 아프게 하거나 슬프게 하지 말고, 귀하게 여기고 보호하고 편안하고 행복하게 해주기 위해 노력해야 할 것이다.

인생에서 가장 아름다운 것은 보이거나 만져지지 않고, 오직 느낄 수만 있다.

자료: wonderfulmind.co.kr

배우자의 소중함을 느껴라.

자료: www.mindgil.com

또 아내들은 생명의 은혜, 즉 영생과 천국을 유업으로 함께 받을 자들이다. 아내들은 이 세상에서만 아는 관계가 아니고 천국에까지 같이 갈 반려자들인 것이다. 물론 천국에서는 부부로서의 짝이 아닐 것이다. 그러나 아내들은 천국에서도 함께 기쁨과 영광을 누릴 영원한 동료들이다. 그러므로 남편들은 아내들을 귀히 여겨야 한다.

남편들은 지식에 따라 아내들과 동거하고 그들을 귀히 여길 때 그들의 기도가 막히지 않을 것이다. 부부의 사이가 좋아야 기도도 잘 통하지, 부부가 서로 다투고 나면 기도의 문이 막힌다. 왜냐하면 부부 사이가 좋지 않은 것도 죄가 되기 때문이다. 죄는 우리의 기도의 문을 가로막는다. 요한의 첫째 서간 3:21-22, "사랑하는 여러분, 마음이 우리를 단죄하지 않으면 우리는 하느님 앞에서 확신을 가지게 됩니다. 그리고 우리가 청하는 것은 다 그분에게서 받게 됩니다. 우리가 그분의 계명을 지키고 그분 마음에 드는 것을 하기 때문입니다." 우리의 선한 생활은 가정에서부터 시작되어야 한다. 성도들은 가정에서부터 그리고 결혼한 이들은 부부 사이에서부터 성경의 교훈대로 바르고 선하게 행해야 한다.

8-9절 사도 베드로는 마지막으로 몇 마디 권면하고 마치려 했던 것 같다. 그러나 성령께서는 그의 권면과 교훈을 좀더 계속되게 하셨다.

첫째로, 그는 우리에게 다 마음을 같이하라고 권면하였다. '생각을 같이하라'는 원어호모프론는 '마음을 같이하라'는 뜻이다. 성도들의 교제는 생각의 일치에서 이루어진다. 생각이 서로 같아야 하느님을 함께 섬길 수 있다. 생각이 서로 다르면 다투고 분열한다. 그러므로 우리는 생각이 하나 되도록 힘써야 한다.

둘째로, 그는 우리에게 서로 동정하라고 권면하였다. '동정하다'의 원어쉼파테스는 '같은 감정을 가지다, 동정심同情心을 가지다'는 뜻이다. 사람은 생각이 첫째로 중요하지만, 또 감정도 중요하다. 감정이 같은 것이 좋다. 어떤 이는 무엇을 좋아하고 어떤 이는 그것을 싫어하면 서로 사랑으로 단합하기 어려울 것이다. 성도들이 어떤 일에 대해 좋아하는 같은 감정을 가지고 다른 일에 대해 싫어하는 같은 감정을 가질 때 일치 단합하여 하느님의 일을 잘할 수 있다.

셋째로, 그는 우리에게 형제를 사랑하라고 권면했다. 그것은 성도의 기본적인 덕목이다. 예수께서는 친히 "서로 사랑하라"는 새 계명을 주셨다. 사도 바오로는 "사랑은 참고 기다립니다. 사랑은 친절합니다. 사랑은 시기하지 않고 뽐내지 않으며 교만하지 않습니다. 사랑은 무례하지 않고 자기 이익을 추구하지 않으며 성을 내지 않고 앙심을 품지 않습니다. 사랑은 불의에 기뻐하지 않고 진실을 두고 함께 기뻐합니다. 사랑은 모든 것을 덮어 주고 모든 것을 믿으며 모든 것을 바라고 모든 것을 견디어 냅니다."라고 말했다1코린 13:4-7.

예수님처럼 서로 사랑하라!

자료: 4669101.tistory.com

Vox populi, vox Dei.

서는 온 세상을 임의로 다스리시되 사람들을 공의로 통치하시고 악인들에게 보응하시는 자이다. 그러므로 우리는 악인들의 위협과 핍박을 두려워할 것이 없다.

또 우리는 우리 속에 있는 소망에 관한 이유를 묻는 모든 자에게 대답할 바를 온유와 두려움으로 항상 예비해야 한다. 우리의 소망은 예수님의 재림과 천국과 영생이다. 우리가 이런 것들을 소망하는 것은 예수 그리스도께서 대속 사역으로 우리를 구원하셨고 하느님께서 기적들과 성령의 은사들로 확증해주셨기 때문이다. 하느님께서는 창세 전에 우리를 택하셨고 하느님의 아들 예수 그리스도께서는 우리를 위해 십자가에 죽으셨고 성령께서는 우리의 심령을 밝혀 죄를 회개하고 예수 그리스도를 믿게 하셨다. 천국 소망은 하느님의 구원의 결과이다. 그러므로 우리는 우리를 구원하신 하느님과 우리의 구원과 하느님께서 주신 내세의 소망에 대해 간증해야 한다.

우리가 우리의 소망의 이유를 묻는 사람에게 온유와 두려움으로 대답해야 하는 까닭은 우리가 오직 하느님의 은혜와 긍휼로 구원을 얻었기 때문이다. 우리는 다 하느님 앞에서 부족하고 연약한 죄인들이었다. 그러므로 우리는 잠시라도 교

겸손과 온유

자료: revkimgl.tistory.com

만한 마음을 가져서는 안 된다. 하느님의 은혜가 아니었다면 우리는 하느님을 알지 못하고 죄 가운데 살았을 것이며 또 지금도 언제든지 넘어질 수 있기 때문이다. 우리는 오직 하느님의 은혜 때문에 바르게 살고 새 힘을 얻는다. 그러므로 우리는 항상 온유함과 두려운 마음을 가져야 한다.

16-17절 우리는 선한 양심을 가져야 한다. 사람은 마음에 가득한 것을 말과 행동으로 나타낸다. 마태 복음서 12:35에, "선한 사람은 선한 곳간에서 선한 것을 꺼내고, 악한 사람은 악한 곳간에서 악한 것을 꺼낸다."고 했다. 우리가 악한 것과 거짓과 음란한 일을 많이 생각하면 우리의 말과 행위는 악하고 거짓되고 음란하게 될 것이다. 그러나 우리가 거룩하고 선한 일을 많이 생각하면 우리는 거룩하고 선한 말과 행위를 가질 것이다. 그러므로 우리는 항상 선한 양심을 가지고 살아가야 선한 삶을 살 수 있다.

성도가 그리스도 안에서 선을 행함에도 불구하고 그릇된 비난을 받을 때가 있으나 선한 양심을 가지고 끝까지 선하게 말하고 선하게 행동하면, 예수 그리스도를 믿는 우리의 선행을 욕하는 자들은 부끄러움을 당하게 될 것이다. 그것은, 우리가 악을 행한다고 비난했던 그들의 악한 비난이 거짓임이 드러날 것이기 때문이다.

선을 행함으로 고난받는 것은 하느님의 뜻이다. 그것은 악을 행함으로 고난받는 것보다 낫다. 악을 행함으로 고난받는 것은 당연히 받을 고난이지만, 선을 행함으로 고난받는 것은 하느님의 기쁘신 뜻이다. 예수께서는 이런 고난을 당하셨다. 바오로와 그 외의 사도들도 그러하였다. 우리도 이런 고난을 각오해야 할 것이다.

13절부터 17절까지는 성도가 선과 의로움을 행하다가 고난과 핍박을 당하면 복 있는 자이며 그렇게 고난받는 것이 하느님의 뜻이라고 말한다. 우리는 이런 고난을 당할 때 어떻게 대처해야 하겠는가?

첫째로, 우리는 의로움과 선을 행하다가 핍박과 고난을 당할 때 핍박자들을 두려워하거나 근심하지 말고 오직 하느님을 주님으로 삼아야 한다. 하느님께서는

Vox populi, vox Dei.

예수님의 고난

자료: www.glkpc.org

인류의 역사와 우리 개개인의 생사화복을 주관하시는 주님이시다. 하느님께서는 끝까지 우리를 지키실 것이다.

둘째로, 우리는 우리의 소망의 이유에 대한 대답을 항상 온유함과 두려움으로 예비해야 한다. 우리가 구원을 받았고 장차 천국에서 영생을 누릴 것이라는 소망은 성경에 증거된 하느님의 약속과 하느님의 긍휼과 은혜 때문이므로 우리는 항상 온유와 두려움을 가져야 한다.

셋째로, 우리는 항상 선한 양심을 가져야 한다. 우리는 고난 중에서도 끝까지 선한 양심을 품고 선한 말과 선한 행동을 해야 한다. 그것이 성도다운 말과 행동이다. 우리는 선으로 악을 이겨야 한다.

18절 주 예수께서는 우리를 위하여 대속의 죽음을 맞이하셨다. 그는 우리를 하느님 앞으로 인도하시기 위해 한 번 죄를 위하여 고난을 받으시고 의인으로서 불의한 자를 대신하셨다. '한 번'이라는 원어하팍스는 예수 그리스도의 죽음이 단번에 완전한 속죄를 이루셨고 다시 반복될 필요가 없음을 나타낸다. 히브인들에게 보낸 서간에, "그분께서는 다른 대사제들처럼 날마다 먼저 자기 죄 때문에 제물을 바치고 그다음으로 백성의 죄 때문에 제물을 바칠 필요가 없으십니다. 당신 자신을 바치실 때에 이 일을 단 한 번에 다 이루신 것입니다."7:27, "염소와 송아지의 피가 아니라 당신의 피를 가지고 단 한 번 성소로 들어가시어 영원한 해방을 얻으셨습니다."9:12, "만일 그렇다면 세상 창조 때부터 여러 번 고난을 받으셔야 했을 것입니다. 그러나 이제 그분께서는 마지막 시대에 당신 자신을 제물로 바쳐 죄를 없애시려고 단 한 번 나타나셨습니다."9:26, "이 '뜻'에 따라, 예수 그리스도의 몸이 단 한 번 바쳐짐으로써 우리가 거룩하게 되었습니다."10:10, "그리스도께서는 죄를 없애시려고 한 번 제물을 바치시고 나서, 영구히 하느님의 오른쪽에 앉으셨습니다."10:12라고 되어 있다. 예수 그리스도의 고난과 죽음은 우리의 구원을 위하심이었고 우리로 하여금 하느님과의 연합과 화목을 얻게 하려 하심이었다.

죽임을 당하셨던 예수 그리스도께서는 다시 살리심을 받으셨다. 그는 육체로는 죽임을 당하시고 영으로는 살리심을 받으셨다. 18절은 난해구절이다. 그러나 본문에서 육체와 영을 인간 예수님의 육체와 영으로 보는 것RSV, NASB은 정당하지

예수님의 부활

자료: www.good-faith.net

않은 것 같다. 왜냐하면 영이 살리심을 받으려면 영도 죽임을 당하셨어야 할 것이지만, 예수님의 영은 죽임을 당했다고 말할 수 없기 때문이다. 그러므로 본문에서 '육체'사르크스는 예수님의 인성, 즉 인간으로서의 영육을 가리키고, '영'은 하느님의 영 곧 성령을 가리킨다고 보는 것이 타당하다KJV, NIV. 즉 본절은 예수께서 인간으로는 죽으셨으나 하느님의 영의 능력으로 삼 일 만에 부활하셨다는 뜻이라고 본다.

19절 '감옥에 있는 영들'은 다음 절의 말씀대로 노아 시대에 홍수로 멸망당한 자들의 영들이다. 본절도 성경에서 난해구절들 중 하나이다. 예수께서는 언제, 어디에서, 그리고 왜 저 영들에게 가셨고 또 무엇을 전파하셨는가?

여러 가지 해석들이 있다. 천주교회는 예수께서 죽으신 후 구약 성도들이 거하고 있던 '림보''지옥의 변두리'라는 뜻에 내려가셔서 그들에게 복음을 전파하시고 그들을 이끌어 천국에 들여보내셨다고 말한다. 그러나 본문은 죽은 악인들의 구원의 가능성을 보이는 것으로 해석되어서는 안 된다고 본다. 왜냐하면 그것은 루카 복음서 16장의 부자와 나사로의 이야기에 나타난 진리에 배치되기 때문이다. 그 이야기에서 예수께서는 아브라함의 입을 통해 "우리와 너희 사이에는 큰 구렁이 가로놓여 있어, 여기에서 너희 쪽으로 건너가려 해도 갈 수 없고 거기에서 우리 쪽으로 건너오려 해도 올 수 없다."라고 분명히 말씀하셨다루카 16:26. 루터교회는 본절을 예수께서 부활 직전 혹은 직후에 지옥의 영들에게 가 승리의 영광을 선포하셨음을 뜻한다고 해석했다. 그러나 그리스도께서 부활 전에 지옥에서 승리의 행진을 하신다는 것은 적당한 생각이 아닐 것이고, 부활 후에 가셨다면 영으로 가셨다는 것이 적당하지 않을 것이다.

또 다른 이들은 본절을 예수께서 부활 승천하신 것이 지옥에 있는 영들에게 하나의 승리의 선포 사건이 되었음을 상징적으로 의미하는 것이라고 해석하였다. 그러나 어거스틴을 비롯하여 기타 많은 정통적 성경학자들은 본절을 예수 그리스도께서 지금 지옥에 있는 저 영들에게 옛날 노아 시대에 성령으로 노아를 통

노아의 방주

자료: www.gndaily.kr

해 복음을 전파하셨음을 의미하는 것이라고 해석한다. 아마 이 마지막 해석이 가장 적절한 해석일 것이다.

20절 노아 시대에 사람들이 음란하고 강포하였음에도 불구하고, 하느님께서는 죄인들을 오래 참으셨고 심판을 120년간 유보하셨었다고 보고, 그동안 노아는 그의 가족들과 함께 하느님의 명령에 온전히 순종하여 방주를 지었다. 그러나 노아의 8식구들 외의 모든 사람들은 하느님께 불순종하였다. 하느님의 은총을 입어 구원받는 자들의 수는 매우 적었다. 오늘날도 그러하다. 예수께서는 넓은 문으로 들어가 넓은 길로 가다가 마침내 멸망할 자들은 수가 많으나, 좁은 문으로 들어가 좁은 길로 가다가 영생에 이를 자들은 수가 적다고 말씀하셨다마태 7:13-14. 구원받는 자들의 수는 비교적 적을 것이다. 그러나 우리는 하느님의 긍휼로 그 적은 수에 들기를 원하며 감히 그 수에 든 것을 감사한다.

Vox populi, vox Dei.

노아의 방주와 홍수 심판

자료: m.blog.naver.com

21절 노아 시대의 홍수 심판의 물은 오늘날 예수 그리스도의 부활로 우리를 구원하는 표가 되는 세례에 비교할 수 있다. 세례는 죄씻음을 통해 우리의 옛사람이 죽고 새사람이 사는 것을 상징하고 확증한다. 물론, 물로 받는 세례가 '몸의 때를 씻어 내는 일'은 아니다. 우리는 세례를 받은 후에도 부족하고 연약할 때가 없지 않다. 그러므로 본문에는 세례가 '하느님께 바른 양심을 청하는 일'이라고 표현되었다. 주 예수 그리스도께 대한 믿음을 고백하고 세례받은 자들은 바른 양심을 가지고 하느님을 영접하고 의지하고 하느님을 향해 나아가는 자들인 것이다.

22절 본문은 예수님의 승천과 하느님 우편에 계심을 증거한다. 고난의 주께서는 부활하셔서 영광의 천국에 올리셨고 하느님의 오른편에서 영광을 누리고 계신다. 주 예수 그리스도의 승천과 하느님 보좌 오른편에 앉으심은 성경

예수님의 승천

자료: ko.wikipedia.org

의 여러 곳에서 증거하는 바이다. 마르코 복음서 16:19, "주 예수님께서는 제자들에게 말씀하신 다음 승천하시어 하느님 오른쪽에 앉으셨다." 사도행전 1:9, "예수님께서는 이렇게 이르신 다음 그들이 보는 앞에서 하늘로 오르셨는데, 구름에 감싸여 그들의 시야에서 사라지셨다." 로마 신자들에게 보낸 서간 8:34, "누가 그들을 단죄할 수 있겠습니까? 돌아가셨다가 참으로 되살아나신 분, 또 하느님의 오른쪽에 앉아 계신 분, 그리고 우리를 위하여 간구해 주시는 분이 바로 그리스도 예수님이십니다." 히브리인들에게 보낸 서간 1:3, "아드님은 하느님 영광의 광채이시며 하느님 본질의 모상으로서, 만물을 당신의 강력한 말씀으로 지탱하십니다. 그분께서 죄를 깨끗이 없애신 다음, 하늘 높은 곳에 계신 존엄하신 분의 오른쪽에 앉으셨습니다." 히브리인들에게 보낸 서간 12:2, "우리 믿음의 영도자이시며 완성자이신 예수님을 바라봅시다. 그분께서는 당신 앞에 놓인 기쁨을 내다보시면서, 부끄러움도 아랑곳하지 않으시고 십자가를 견디어 내시어, 하느님의 어좌 오른쪽에 앉으셨습니다." 또한 모든 선한 천사들은 그에게 순종하고 있다. 그것은 주 예수 그리스도께서 하느님 아버지와 동등한 왕권, 영계와 물질계에 행사하시는 왕권을 가지고 계심을 나타낸다.

노아의 방주

개요

노아의 방주Noah's Ark는 히브리 경전 또는 구약성경에 기록된 설화에 등장하는 배로, 아브라함 계통의 종교의 전승기록 속에 등장하는 직육면체 모양에 문이 옆에 있고, 뚜껑이 위에 달린 물에 뜨는 구조물이다. 구약성경 또는 히브리 경전의 모세오경의 창세기에 실려 있으며, 노아와 관련된 일련의 이야기 속에 등장하기 때문에 노아의 방주로 통칭된다. 주로 기독교 전승의 이해가 널리 알려져 있으나, 히브리 경전을 수용하는 종교들인 유대교, 이슬람교, 만다야교에서는 독자적인 본문 이해와 전승의 이해를 지닌다. 따라서 종교와 전승에 따라서는 받아들이는 해석에 조금씩 차이가 있다.

〈노아의 방주〉(1846). 미국의 민속 화가 에드우드 힉스 작

자료: ko.wikipedia.org

노아의 방주는 히브리 정경 또는 구약성경 중 첫째 책인 창세기의 기록인 『노아의 홍수 이야기』창세 6:5~9:29에 나오는 방주를 칭하는 명칭이다. 기록된 방주는 선박도 아니며 특정한 이름도 없다. 인류 창조 이후 인류의 선조들이 나날이 포악해지므로 하느님은 홍수를 내려서 인류를 멸망시키려 하였다. 다만 의로운 사람, 즉 하느님의 길을 따르는 사람인 노아와 그 가족만이 심판에서 면하게 되었다.

성경의 족보를 바탕으로 한 연대기 상으로는 노아의 대홍수가 BC 3043년경, BC 2853년경 또는 BC 2455년경에 발생했다고 한다.

노아 가족과 구별된 생명체

노아는 하느님의 명령에 따라 배를 만들고 가족과 정결한 짐승 암수 일곱 마리씩, 부정한 짐승 암수 한 마리씩혹은 두 마리씩, 창세기에는 2개의 내용을 병행으로 기록하였음, 그리고 새 암수 일곱 마리씩을 싣고 밀어닥친 홍수를 피하였다. 모든 사람들이 타락한 생활에 빠져 있어 하느님이 홍수로 심판하려 할 때 홀로 바르게 살던 노아는 하느님의 특별한 계시로 홍수가 올 것을 미리 알게 된다. 그는 길이 300규빗[3], 너비 50규빗, 높이 30규빗, 상·중·하 3층으로 된 방주를 만들어 8명의 가족과 한 쌍씩의 여러 동물을 데리고 이 방주에 탄다. 대홍수를 만나 모든 생물물고기 제외이 전멸하고 말았지만, 이 방주에 탔던 노아의 가족과 동물들은 살아남았다고 한다.

노아 방주의 크기

창세기 6장 14-16절에 보면 길이 300규빗약 135m, 폭 50규빗약 22.5m, 높이 30규

3 고대 중동의 길이 단위 중 하나로 1규빗은 팔꿈치에서 가운데 손가락 끝까지의 길이로 정의된다. 하지만 사용 시기, 지역, 장소에 따라 길이가 다양하다. 흔히 약 45~46cm나 50~55cm 정도로 본다.

Vox populi, vox Dei.

미 켄터키주서 '노아의 방주' 공원 개장, 성경 그대로 재현

자료: www.kidoknews.net

빗약 13.5m인 이 배는 지붕과 문을 달고 배 안은 3층으로 만들어져 있었다. 선체船體는 직육면체의 형태로 고페르나무잣나무로 건조하였고, 방수를 위해 안쪽에는 역청[4]을 칠하여 굳혔다고 기록하고 있다.

기독교계의 신학적 의미

방주와 관련된 인물인 창세기의 노아는 히브리어로 안식, 평안이라는 뜻이다. 흔히 노아의 방주와 관련하여 신앙적인 상식으로 노아는 신앙의 모범, 대홍수는 하느님의 심판을 상징한다고 여긴다. 초대교회 이래 기독교 예술 소재로 활용된다. 신학자들에 따르면, 길가메쉬 서사시와 성경의 창세기, 즉 홍수와 주인공을 비롯한 많은 설정들이 일치하나, 구약성경의 기록은 다른 설화와 차별적으로 갈등과 싸움을 통한 권력이 중심이 아니라 물을 통한 심판과 정의에 대해 다룬다. 방주는 이 심판과 정의의 언약 과정을 이해하는 매개로 이해한다.

현대 주류 기독교계인 개신교, 천주교, 정교회의 구약성서신학의 정론에서는

4 중동 지역 자연산 유전(油田)에서 흘러나오는 아스팔트와 비슷한 성분

미켈란젤로 〈천지창조〉

자료: m.dongascience.com

창세기의 1-11장까지 이른 구약성경의 세계관과 세계를 이해하는 방식을 보여주는 창세기 전반부의 중요한 전환점이 되는 설화형태의 신학적 사건의 기록이다. 노아와 그 방주는 하느님의 구원의 과정과 사회악에 대한 기독교적 관점의 이해를 돕는 역할을 하며, 방주는 단순한 선박이 아니라 죄로 가득 찬 세상에서 하느님의 정의를 따르는 이들을 보호하는 하느님의 활동에 대한 히브리 정경 시대의 신학적 이해로 봐야 한다.

중동의 서사시와 설화

중동 지역의 고전 서사시인 길가메쉬 서사시에서는 노아의 방주 이야기와 비슷한 홍수가 등장한다. 홍수의 기간으로 상정된 기간은 성경에서 이야기하는 것과 비슷하며, 방주의 형태나 특정 인물에 대한 선택 등 비슷한 부분이 상당히 많다.

노아의 방주, 세계적인 홍수

자료: ko.wikipedia.org

이 이외에도 아트라하시스 서사시기원전 1600년경에서 창세기 홍수 장면과 매우 유사하다. 수메르 판본에서도 비슷한 홍수 설화가 등장한다. 라스 시므로 문헌기원전 1400년경에서도 길가메쉬 서사시보다 더 오래된 홍수 설화가 나타난다. 이들 설화도 전환점의 시기로 홍수를 묘사하였으며, 노아의 홍수 이야기는 중동 지역에서 히브리 경전의 기록 시 영향을 주었다고 본다.

노아의 방주의 실존 여부

물론 노아의 방주가 신학과 신앙에서 중요한 영향을 차지하는 것은 사실이나, 현재 노아의 방주가 역사적으로 실존한다는 주장은 그 증거가 존재하지 않기에 관련 학계로부터 전혀 인정받지 못하고 있으며, 그 실존과 안정성에 대한 수많은 논란이 있다. 한국창조과학회 등의 사이비과학 집단에서는 제칠일안식교를 기반으로 한 홍수지질학적 주장들을을 내어놓고 있지만, 사실과 다른 근거들을 바탕으로 주장하기에 신뢰하기 힘든 것들이 많다.

과학계에서는 노아의 방주가 실제로 존재할 수 없는 설화 속 이야기라는 데에 동의하고 있으며, 종교학계에서 역시 노아의 방주는 실존하지 않는 것이라고 판단한다. 즉 과학과 신학 양측 모두에서 노아의 방주의 실존 여부는 실존하지 않음으로 동의하는 부분이다. 다만 노아의 방주가 실존한다고 주장하는 일부 주장에 의해 마치 노아의 방주가 실존하거나, 실존 여부에 대해 학계에서 다수의 논란이 있다고 착각하게 되는 경향이 있어 몇몇 오해들을 소개하고자 한다.

튀르키예 아라랏 산에 노아의 방주가 존재한다는 주장

일반적으로 튀르키예의 아라랏 산의 경우, 실제 성경 속에 등장하는 아라랏 산은 지금 아라랏이라 불리는 하나의 산이 아니라 당시 아라랏이라고 불리던 광대한 지역의 산들을 모두 가리키는 표현이라는 주장도 나와 있다. 또한 목재로 만들어진 방주가 현재까지 남아 있을 수는 없다는 비판도 받고 있다. 예를 들어, 1955년 프랑스의 탐험가인 Fernand Navarra가 발견한 목재 파편의 경우, 스페인의 임업 연구소에서 목재의 특성을 토대로 5,000년 전의 것이라고 밝히긴 했다. 그러나 그 신빙성에 문제점이 있었고 후에 방사성 동위원소 측정법 등의 첨단 과학의 도움을 받은 5개 연구소에서 모두 기원 이후의 시기로 연대를 측정했다. 2009년뿐 아니라 거의 수년에 한 번씩 어디선가 노아의 방주를 발견했다는 주장들이 제시되었지만, 심지어 같은 창조과학을 주장하는 사람들에게조차 비판받을 정도였다. 노아의 방주가 다른 여러 지방에서 발견되었다는 주장이 있으나 너무나 다양한 지방중국, 튀르키예, 인도 등에 걸쳐있고, 그 주장도 각각 제각각이므로 신빙성이 없다. 예를 들자면, 중국 BTV에서는 2012년에 중국에서 노아의 방주가 발견되었다는 보도를 하였는데, 이것은 창조과학회에서 주장하는 장소와는 전혀 다른 곳이기도 하다. 화석화가 진행되지 않은 나무의 존재 등으로 가짜임이 밝혀

아라랏산 노아의 방주 유적지

자료: m.blog.naver.com

졌다. 때때로 일부 '학자'라 칭하는 사람들이 이를 찾기 위해 노력한다고 주장하지만, 이는 학계에서 유사지질학으로 평가되고 있다.

노아의 방주가 안정한 형태라는 주장

창조과학회에서는 또한 노아의 방주가 안정적인 구조였다고 주장하지만, 이와는 달리 노아의 방주는 항해가 불가능한 설계에 가깝다. 실제로 창조과학에서 주장하는 방주의 크기와 철제 부품을 사용하지 않은 목재 선박 중에서 가장 큰 수준의 선박들을 비교하면 배수량이 두 배 이상 차이가 난다. 그리고 목재 선박은 강도 상의 문제 때문에 통상 길이 100m, 배수량 2,000톤 정도가 한계로 여겨져 왔다. 창조과학회에서는 노아의 방주의 안정성을 실험하기 위한 연구가 있다고 주장하기도 하나, 그 자체의 불합리성에 대한 비판을 받고 있다. 관련 주요 연구자는 지질학 석사학위, 생물학 학사학위를 가진 초등학교 교사로서, 주류 학계의 학회나 저널 등에 발표한 적이 없으며 또한 정당한 피어 리뷰[5]에 의해 검증받지 않았다.

미 켄터키주 '노아의 방주' 모형의 안팎

자료: m.blog.naver.com

5 동료평가(Peer Review)는 논문을 비롯한 학문 연구에서 같은 분야의 전문가들이 저자의 연구물을 심사하는 과정이다. 동료평가는 중립적인 평가를 할 수 있는 자격을 갖춘 특정 분야의 전문가가 모인 공동체가 있어야 가능하다. 학술논문 평가에서 동료평가 과정은 필수적이지만 비효율적인 과정 때문에 많은 비판을 받고 있다.

베드로의 첫째

서간 4장

天聲

참그리스도인

1 그러므로 그리스도께서 육으로 고난을 겪으셨으니, 여러분도 같은 각오로 무장하
십시오. 육으로 고난을 겪는 이는 이미 죄와 관계가 끊어진 것입니다.
2 그러니 남은 지상 생활 동안, 더 이상 인간의 욕망을 따르지 말고 하느님의 뜻을
따라야 합니다.
3 지난날 여러분은 오랫동안 이교인들이 즐기는 것을 하면서 지냈습니다. 방탕, 욕
정, 주정, 흥청대는 술잔치, 폭음, 불경스러운 우상 숭배에 빠져 살아왔습니다.
4 그래서 그들은 이제 여러분이 자기들과 함께 무모한 방종에 휩쓸리지 않는 것을
놀라워하며 여러분을 비방합니다.
5 그들은 산 이들과 죽은 이들을 심판하시려고 준비를 갖추신 분께 셈을 해 드려야
할 것입니다.
6 그래서 죽은 이들에게도 복음이 전해졌습니다. 그들이 육으로는 다른 모든 사람처
럼 심판을 받았지만, 영으로는 하느님처럼 살게 하시려는 것이었습니다.

종말과 공동체 생활

7 만물의 종말이 가까웠습니다. 그러므로 마음을 가다듬고 정신을 차려 기도하십
시오.
8 무엇보다도 먼저 서로 한결같이 사랑하십시오. 사랑은 많은 죄를 덮어 줍니다.
9 불평하지 말고 서로 잘 대접하십시오.
10 저마다 받은 은사에 따라, 하느님의 다양한 은총의 훌륭한 관리자로서 서로를 위
하여 봉사하십시오.

Vox populi, vox Dei.

11 말하는 이는 하느님의 말씀을 전하고, 봉사하는 이는 하느님께서 주신 힘으로 봉사해야 합니다. 그리하면 하느님께서 무슨 일에서든지 예수 그리스도를 통하여 영광을 받으실 것입니다. 그분께서는 영원무궁토록 영광과 권능을 누리십니다. 아멘.

그리스도인이 받는 고난

12 사랑하는 여러분, 시련의 불길이 여러분 가운데에 일어나더라도 무슨 이상한 일이나 생긴 것처럼 놀라지 마십시오.

13 오히려 그리스도의 고난에 동참하는 것이니 기뻐하십시오. 그러면 그분의 영광이 나타날 때에도 여러분은 기뻐하며 즐거워하게 될 것입니다.

14 그리스도의 이름 때문에 모욕을 당하면 여러분은 행복합니다. 영광의 성령 곧 하느님의 성령께서 여러분 위에 머물러 계시기 때문입니다.

15 여러분 가운데 아무도 살인자나 도둑이나 악한이나 모략꾼으로서 고난을 겪어서는 안 됩니다.

16 그러나 그리스도인으로서 고난을 겪으면 부끄러워하지 말고, 오히려 그 이름으로 하느님을 찬양하십시오.

17 사실 심판이 하느님의 집에서부터 시작될 때가 되었습니다. 심판이 우리에게서 먼저 시작된다면, 하느님의 복음에 순종하지 않는 자들의 종말이야 어떠하겠습니까?

18 "의인이 가까스로 구원을 받는다면 불경한 자와 죄인은 어떻게 되겠습니까?"

19 그러므로 하느님의 뜻에 따라 고난을 겪는 이들은 선을 행하면서 자기 영혼을 성실하신 창조주께 맡겨야 합니다.

1 Therefore, since Christ suffered in his body, arm yourselves also with the same attitude, because he who has suffered in his body is done with sin.

2 As a result, he does not live the rest of his earthly life for evil human desires, but rather for the will of God.

3 For you have spent enough time in the past doing what pagans choose to do--living in debauchery, lust, drunkenness, orgies, carousing and detestable idolatry.

4 They think it strange that you do not plunge with them into the same flood of dissipation, and they heap abuse on you.

5 But they will have to give account to him who is ready to judge the living and the dead.

6 For this is the reason the gospel was preached even to those who are now dead, so that they might be judged according to men in regard to the body, but live according to God in regard to the spirit.

7 The end of all things is near. Therefore be clear minded and self-controlled so that you can pray.

8 Above all, love each other deeply, because love covers over a multitude of sins.

9 Offer hospitality to one another without grumbling.

10 Each one should use whatever gift he has received to serve others, faithfully administering God's grace in its various forms.

11 If anyone speaks, he should do it as one speaking the very words of God. If anyone serves, he should do it with the strength God provides, so that in all things God may be praised through Jesus Christ. To him be the glory and the power for ever and ever. Amen.

12 Dear friends, do not be surprised at the painful trial you are suffering, as though something strange were happening to you.

13 But rejoice that you participate in the sufferings of Christ, so that you may be overjoyed when his glory is revealed.

14 If you are insulted because of the name of Christ, you are blessed, for the Spirit of glory and of God rests on you.

15 If you suffer, it should not be as a murderer or thief or any other kind of criminal, or even as a meddler.

16 However, if you suffer as a Christian, do not be ashamed, but praise God that you bear that name.

17 For it is time for judgment to begin with the family of God; and if it begins with us, what will the outcome be for those who do not obey the gospel of God?

18 And, “If it is hard for the righteous to be saved, what will become of the ungodly and the sinner?”

19 So then, those who suffer according to God’s will should commit themselves to their faithful Creator and continue to do good.

1 このように, キリストは肉體において苦しみを受けられたのですから, あなたがたも同じ心構えで自分自身を武裝しなさい。肉體において苦しみを受けた人は, 罪とのかかわりを斷ちました。

2 こうしてあなたがたは, 地上の殘された時を, もはや人間の欲望のためではなく, 神のみこころのために過ごすようになるのです。

3 あなたがたは, 異邦人たちがしたいと思っていることを行ない, 好色, 情欲, 醉酒, 遊興, 宴會騷ぎ, 忌むべき偶像禮拜などにふけったものですが, それは過ぎ去った時で, もう十分です。

4 彼らは, あなたがたが自分たちといっしょに度を過ごした放蕩に走らないので不思議に思い, また惡口を言います。

5 彼らは, 生きている人々をも死んだ人々をも, すぐにもさばこうとしている方に對し, 申し開きをしなければなりません。

6 というのは, 死んだ人々にも福音が宣べ傳えられていたのですが, それはその人々が 肉體においては人間としてさばきを受けるが, 靈においては神によって生きるためでした。

7 万物の終わりが近づきました。ですから, 祈りのために, 心を整え身を愼みなさい。

8 何よりもまず, 互いに熱心に愛し合いなさい。愛は多くの罪をおおうからです。

9 つぶやかないで, 互いに親切にもてなし合いなさい。

10 それぞれが賜物を受けているのですから, 神のさまざまな惠みの良い管理
者として, その賜物を用いて, 互いに仕え合いなさい。
11 語る人があれば, 神のことばにふさわしく語り, 奉仕する人があれば, 神が豊
かに 備えてくださる力によって, それにふさわしく奉仕しなさい。それは, す
べてのことにおいて, イエス · キリストを通して神があがめられるためです。
榮光と支配が世々限りなくキリストにありますように。アーメン。
12 愛する者たち。あなたがたを試みるためにあなたがたの間に燃えさかる火
の試練を, 何か思いがけないことが起こったかのように驚き怪しむことなく,
13 むしろ, キリストの苦しみにあずかれるのですから, 喜んでいなさい。それ
は, キリストの榮光が現われるときにも, 喜びおどる者となるためです。
14 もしもキリストの名のために非難を受けるなら, あなたがたは幸いです。な
ぜなら, 榮光の御靈, すなわち神の御靈が, あなたがたの上にとどまってくだ
さるからです。
15 あなたがたのうちのだれも, 人殺し, 盜人, 惡を行なう者, みだりに他人に干
涉する者として苦しみを受けるようなことがあってはなりません。
16 しかし, キリスト者として苦しみを受けるのなら, 恥じることはありません。か
えって, この名のゆえに神をあがめなさい。
17 なぜなら, さばきが神の家から始まる時が來ているからです。さばきが, ま
ず私たちから始まるのだとしたら, 神の福音に從わない人たちの終わりは, ど
うなることでしょう。
18 義人がかろうじて救われるのだとしたら, 神を敬わない者や罪人たちは, い
ったいどうなるのでしょう。
19 ですから, 神のみこころに從ってなお苦しみに會っている人々は, 善を行なう
にあたって, 眞實であられる創造者に自分のたましいをお任せしなさい。

Vox populi, vox Dei.

人語

베드로의 서간 저자 베드로에 대하여

개요

베드로고대 그리스어: Π τρο 페트로스, 라틴어: Petrus 페트루스, 이탈리아어: Pietro 피에트로, 1년경? - 66년경?는 기독교의 열두 사도로서 예수의 열두 제자 가운데 한 사람이며, 초대 로마의 교황재위: 33년 4월 1일 - 67년 6월 29일이다. 특히 신약성경의 복음서와 사도행전에서 중요한 인물로 등장한다. 베드로는 요나 또는 요한의 아들로서 갈릴래아 지방 베싸이다 마을 태생이다. 또한 베드로는 사도 안드레아와 형제이다. 원래 이름은 시므온이었으나, 예수가 그에게 아람어로 반석이라는 뜻의 케파 kepa, Cepha라는 새 이름을 지어주었으며, 이를 소리 나는 대로 고대 그리스어 문자로 '케파스'Κηφα 로 적고, 낱말 뜻을 고대 그리스어 단어인 페트로스돌, 바위로 표기한 이름이다.

베드로는 주님의 제자 훈련과 지도가 없었다면 그는 결코 어부를 벗어나지 못했을 것이다. 그러나 진정한 지도자는 또한 타고난 재능이 필요하다. 그것은 리더십의 타고난 재질이라고 생각할 수 있다, 베드로는 처음부터 하느님께서 주신 리더십의 기질이 자신의 성격과 엮어졌다.

자료: gracetokorea.org

예수 승천 후 베드로는 예수를 대신하여 교회의 새로운 지도자가 되었으며 공동체를 구성하여 소유를 공동으로 할 때 자신의 소유를 속인 사람이 죽음에 이르게 하기도 했다. 이후 헤로데 1세에게 붙들렸다가 도망하여 소아시아 및 안티오키아에서 전도하였다. 기독교 전승에 따르면, 그는 로마에서 교회를 지도하던 중 네로 황제의 박해에 휘말려 거꾸로 된 십자가에 못박혀 순교하였다고 한다. 바티칸 시국의 성 베드로 대성전 아래 그의 무덤이 있다고 전해진다. 베드로는 예수에게서 하느님의 나라의 열쇠를 부여받았기 때문마르코의 복음서 16장 19절이라고 주장하며 천주교회만이 현재까지 베드로의 후계자인 교황을 선출하고 있다. 가톨릭교회에서는 사도 바오로와 같은 날짜인 6월 29일을 베드로 사도의 대축일로 기념하고 있다.

Vox populi, vox Dei.

신약성경의 기술

베드로의 행적은 신약성경에 있는 네 복음서와 사도행전, 편지, 초대 교회 문헌 등에 기반을 두고 있다. 신약성경에 따르면, 베드로는 예수의 부름을 받고 따라나선 첫 번째 제자이다. 그리고 예수와 같이 동행하였으며, 그로부터 반석이라는 뜻의 베드로라는 새 이름도 받았다. 베드로는 동생 안드레아에 의해 예수님을 알게 되었고 제자가 되었다.

공관복음서를 보면, 베드로는 요르단 강에서 그리 멀지 않은 갈릴래아 호수의 북쪽 연안에 있는 베싸이다[1]라는 마을 출신으로, 본래 이름은 시몬이었다. 그의 아버지는 요나 또는 요한이라는 이름을 가졌던 것으로 보인다. 베드로는 동생 안드레아와 제베대오의 두 아들인 대야고보 그리고 요한과 같이 어부로 살았었다. 요한의 복음서에는 예수의 죽음으로 낙심한 베드로가 다시 티베리아스 호숫가에서 어부일을 하다가 부활한 예수의 지시에 따라 그물을 던져 물고기 153마리를 잡은 일화가 나온다.

1 로마 시대에 갈릴리 호수로 흘러드는 요르단 강의 북동쪽에 있던 어촌이다.

어부 베드로

자료: m.blog.naver.com

마태오의 복음서와 마르코의 복음서에서 예수는 시몬과 그의 동생 안드레아를 불러 "내가 너희를 사람을 낚는 어부로 만들어 주겠다."라고 이야기하는 장면이 등장한다.

루카의 복음서에 기술된 바에 따르면, 예수가 겐네사렛 호숫가에 정박한 베드로의 배에 타서 "깊은 데로 저어 나가서 그물을 내려 고기를 잡아라." 하고 일렀

베드로의 고향 갈릴래아 호수의 북쪽 연안에 있는 베싸이다

자료: terrasanta.tistory.com

다. 예수의 말대로 하자 베드로는 그물이 찢어질 만큼 매우 많은 물고기를 잡게 되었다. 이에 놀란 베드로가 예수 앞에 엎드렸으며 예수는 베드로에게 "두려워하지 마라. 이제부터 너는 사람을 낚을 것이다."라고 말하였다. 그날 이후 베드로는 물론 동업자들인 야고보와 요한도안드레아는 언급되어 있지 않음 자신의 모든 것을 버리고 예수를 따라나섰다고 전해진다.

요한의 복음서에서는 베드로가 예수를 만나 따라나서게 된 계기를 다르게 기술하고 있다. 요한 복음서에 따르면, 세례자 요한이 예수를 보고는 "보라. GOD의 어린양이시다."라고 말한 것을 듣고 그의 두 제자가 예수를 따라나섰는데, 그중의 한 사람이 베드로의 동생 안드레아였다. 안드레아는 곧장 자기 형 베드로에게 찾아가 "우리는 메시아를 만났다."라며 그를 예수 앞에 데리고 가 제자가 된 것으로 나온다.

Vox populi, vox Dei.

교회의 반석

제자로 부름받은 후 베드로는 예수를 따라 여기저기 돌아다니며 점차 열두 제자 중 수제자의 자리를 차지하게 되었다. 마태오 복음서 16장 13절에서 20절을 보면 다음과 같은 장면이 나온다. 하루는 예수가 제자들에게 "사람의 아들을 누구라고들 하느냐?" 하고 질문하였다. 제자들은 세례자 요한이나 엘리야[2], 기타 다른 예언자 가운데 한 사람 등 여러 가지 대답을 하였다. 그러자 예수가 또다시 "그러면 너희는 나를 누구라고 하느냐?" 하고 물어보았다. 이에 시몬 베드로는 "선생님은 살아 계신 하느님의 아들, 그리스도이십니다." 하고 대답하였다. 예수는 그의 믿음을 칭찬하며 베드로아람어로 게파라고도 하며, 반석이라는 뜻라는 새로운 이름을

2 엘리야(Elijah)는 구약성서 열왕기상에 나오는 야훼(여호와)의 예언자로 구약성서에서 모세, 사무엘 등과 함께 위대한 예언자로 꼽힌다. 당시의 북왕국은 오므리 왕조의 최전성기에 해당하며, 아합왕은 페니키아(성경의 베니게)로부터 왕비를 맞아 양국 간에 우호적인 관계가 성립됨과 동시에 경제적·정치적인 이로움이 많았다. 그러나, 이와 동시에 페니키아의 종교가 공공연히 이스라엘에 침투하게 되었던 것 또한 피할 수 없는 일이었다. 예언자 엘리야의 행적 가운데 가장 뚜렷한 것은 이교신(異敎神) 바알과 아세라 숭배자들과의 대결에 있었다.

피에트로 페루지노가 그린 〈천국의 열쇠를 받는 성 베드로〉

자료: upload.wikimedia.org

부여하며 다음과 같이 말하였다. "너는 베드로이다. 내가 이 반석 위에 내 교회를 세울 터인즉, 저승의 세력도 그것을 이기지 못할 것이다. 또 나는 너에게 천국의 열쇠[3]를 주겠다. 그러니 네가 무엇이든지 땅에서 매면 하늘에서도 매일 것이고, 네가 무엇이든지 땅에서 풀면 하늘에서도 풀릴 것이다."

이 말은 수세기에 걸쳐 전해 내려왔고, 베드로 이후의 모든 교황이 자신들의 수위권을 주장하는 토대가 된다.

3 가톨릭은 이 구절을 상당히 중요하게 여긴다. 이 구절을 근거로 베드로가 예수로부터 천국 문의 권한을 부여받았다고 여겨지며, 여러 전승에서 천국 문의 열쇠를 가진 문지기로 등장한다. 가톨릭에서는 예수의 부활과 승천 후 기독교의 종교적 지도자 중 한 명이 된 그를 초대 교황으로 추대하는 근거가 되었으며, 이후 교황들의 갖는 권리는 여기서 근거한다. 반면 개신교에서는 '반석'이 베드로를 지칭하는 것이 결코 아니라 '주는 그리스도시요 살아계신 하느님의 아들이십니다'라고 고백한 것을 지칭한다고 해석한다. 궁극적인 의미로 반석은 믿음의 근원인 예수 그리스도로 본다. 그리고 뒤에 나오는 천국의 열쇠는 '복음'으로 본다. 연약한 인간 베드로를 기반으로 교회를 짓는 것을 말이 안 된다고 여긴다. 이 부분은 종교개혁이 교황의 수위권에 대한 반발에서 비롯된 만큼, 그 기원이 되는 베드로의 권위를 부정하려는 것이기도 하다.

베드로의 첫째 서간 4장(그리스도인다운 생활) 각 절 해석[4]

1-2절 '육으로 고난을 겪는 이'는 성도를 가리켰다고 본다. 그리스도께서 우리를 위해, 우리의 죄 때문에 고난을 받으시고 죽으셨기 때문에 우리도 같은 마음과 생각으로 무장해야 한다. 즉 우리도 죄에 대해 죽은 자로 여겨야 한다. 로마 신자들에게 보낸 서간 6:6-7, "우리는 압니다. 우리의 옛 인간이 그분과 함께 십자가에 못 박힘으로써 죄의 지배를 받는 몸이 소멸하여, 우리가 더 이상 죄의 종노릇을 하지 않게 되었습니다. 죽은 사람은 죄에서 벗어나기 때문입니다."

대속의 고난

자료: www.pyungkang.com

4 김효성 목사, 베드로전서 강해, 2019년 5월 2일 수정.

그리스도께서 우리를 위해 대속의 고난을 받으신 목적은 우리로 하여금 다시는 사람의 정욕을 좇지 않고 오직 하느님의 뜻을 좇아 육체의 남은 때를 살게 하려 하심이었다. 사람의 욕심은 죄를 만드는 원인이다. 그러므로 구원받은 우리는 사람의 욕심을 따라 살지 말고 오직 하느님의 뜻을 따라 거룩하고 선한 생활을 해야 한다. 에페소 신자들에게 보낸 서간 4:22-24, "곧 지난날의 생활 방식에 젖어 사람을 속이는 욕망으로 멸망해 가는 옛 인간을 벗어 버리고, 여러분의 영과 마음이 새로워져, 진리의 의로움과 거룩함 속에서 하느님의 모습에 따라 창조된 새 인간을 입어야 한다는 것입니다." 갈라티아 신자들에게 보낸 서간 5:16-17, "내 말은 이렇습니다. 성령의 인도에 따라 살아가십시오. 그러면 육의 욕망을 채우지 않게 될 것입니다. 육이 욕망하는 것은 성령을 거스르고, 성령께서 바라시는 것은 육을 거스릅니다. 이 둘은 서로 반대되기 때문에 여러분은 자기가 원하는 것을 할 수 없게 됩니다." 로마 신자들에게 보낸 서간 12:1-2, "그러므로 형제 여러분, 내가 하느님의 자비에 힘입어 여러분에게 권고합니다. 여러분의 몸을 하느님 마음에 드는 거룩한 산 제물로 바치십시오. 이것이 바로 여러분이 드려야 하는 합당한 예배입니다. 여러분은 현세에 동화되지 말고 정신을 새롭게 하여 여러분 자신이 변화되게 하십시오. 그리하여 무엇이 하느님의 뜻인지, 무엇이 선하고 무엇이 하느님 마음에 들며 무엇이 완전한 것인지 분별할 수 있게 하십시오."

3절 성도가 하느님의 뜻을 따라 살아야 할 이유는 이방인의 뜻을 좇아 죄악된 생활을 한 것이 지나간 때로 족하기 때문이다. 지금도 하느님을 알지 못하는 세상 사람들은 방탕, 욕정, 주정, 흥청대는 술잔치, 폭음, 불경스러운 우상 숭배에 빠져 있다. 그러나 구원받은 우리는 지난날의 죄악된 삶으로 족하다. 그 죄악된 삶도 부끄러운 것뿐이다. 구원받은 성도는 더 이상 죄 가운데 살지 말고 죄의 낙을 누리며 살지 말아야 한다. 더 이상 죄악된 일에 기웃거리지도 말아야 한다. 사도 바오로는 경고하기를, "여러분이 육에 따라 살면 죽을 것입니다. 그러나 성령의 힘으로 몸의 행실을 죽이면 살 것입니다."라고 하였다로마 8:13. 성도에게도 죄의 충동은 있으나 성도는 더 이상 죄에 빠져서는 안 된다. 죄악된 삶은 지나간 때로 족하다!

불경스러운 우상 숭배

자료: post.naver.com

3절에서 사도는 공평성에 대해서 논하고 있다. "너희가 지금까지 너희의 이전 모든 생활이 죄와 사탄을 섬긴 것과 같이 지금은 너희가 마땅히 살아계신 하느님을 섬겨야 한다고 하는 것은 당연하고 공평하며 합당한 것이다."라고 말한다.[5] 사도 베드로의 편지를 받은 유대인들일지라도 그들은 이방인들 중에 살면서 그들의 길을 배웠다. 여기에서 중요한 점을 주시해 보자.

- 한 인간이 참으로 중생되었을 경우, 그의 지난날의 삶을 어떻게 보냈는가를 생각해 보는 일은 그에게 있어서 대단히 서글픈 일이 된다. 곧 그는 많은 해를 운명의 장난으로 보냈으며 다른 사람들에게 해를 끼쳤고, 하느님께 부끄러움을 행했으며, 손해를 유지해 왔다. 이 모든 것들은 그에게 몹시 괴로운 것이었다.

5 메튜 헨리 주석, 베드로전서 04장, 성경주석.

예수와 간음한 여인

자료: wpalss.tistory.com

- 인간의 의지가 성화되지 못하고 부패되어 있는 한 그는 계속 사악한 길을 걷게 된다. 그는 사악한 것을 그의 선택과 기쁨으로 그의 일과 사업으로 삼는다. 그리함으로 그는 매일매일 악화 일로의 조건을 만들어낸다.
- 허용된 하나의 죄는 또 다른 죄를 이끌어 온다. 여기에 여섯 가지의 죄가 있는데 그 죄목들은 상호 간 연관과 의존의 관계에 놓여 있다.
- 크나큰 죄를 금하는 것뿐만 아니라 일반적인 죄와 악의 모양이라도 금하는 것이 그리스도인의 의무이다. '술 취함'이나 과도한 잔치는 정욕과 우상숭배와 같이 금지된 것이다.

4-5절 성도가 세상 친구들과 같이 극한 방탕의 생활을 하지 않으면 그들은 그를 이상히 여기며 비난할 것이다. 그러나 성도는 세상 친구들을 두려워할 것이 없다. 주께서는 마지막 날 산 자와 죽은 자를 심판하실 심판주이시다. 티모테오에게 보낸 둘째 서간 4:1-2, "나는 하느님 앞에서, 또 산 이와 죽은 이를 심판하실 그리스도 예수님 앞에서, 그리고 그분의 나타나심과 다스리심을 걸고 그대에게 엄숙히 지시합니다. 말씀을 선포하십시오. 기회가 좋든지 나쁘든지 꾸준

프라 안젤리코 〈최후의 심판〉

자료: pds.catholic.or.kr

히 계속하십시오. 끈기를 다하여 사람들을 가르치면서, 타이르고 꾸짖고 격려하십시오." 의인들과 악인들은 마지막 날에 다 부활하여 하느님의 심판대 앞에 서게 될 것이다. 요한 복음서 5:29, "그들이 무덤에서 나와, 선을 행한 이들은 부활하여 생명을 얻고 악을 저지른 자들은 부활하여 심판을 받을 것이다." 사도행전 24:15, "나도 바로 저들이 품고 있는 것과 똑같은 희망을 하느님께 두고 있습니다. 의로운 이들이나 불의한 자들이나 모두 부활하리라는 것입니다." 마지막 날에 그들은 하느님의 심판대 앞에서 심판자이신 주 예수 그리스도께 자기들의 죄들을 다 직접 고백하게 될 것이다.

6절 사람은 육신의 죽음으로 끝나는 것이 아니다. 장차 죽은 자들이 다 부활하여 하느님의 심판대 앞에 서게 된다.[6] 현재 죽은 자들에게도 그들이 살아 있었을 때 복음이 전파되었다. 비록 그들이 죽었지만 그들 중 어떤 이들

6 죽은 자의 부활(resurrection of the dead)은 문자적으로 죽은 자가 일어나는 것을 의미한다. 성경에서는 그리스도가 부활하였고, 나사로와 같은 사람이 부활하였고, 또 신자들도 미래 마지막날에 부활할 기사를 기록하고 있다.

1390년 작 〈마지막 나팔〉

자료: upload.wikimedia.org

은 그 영이 영생의 생명이므로 살아 있다. 육체로는 사람들이 받는 것처럼 심판을 받아 죽었지만, 영으로는 하느님의 뜻을 따라 영원한 생명을 얻은 것이다.

어떤 사람은 이해하기 어려운 6절의 이 장면을 이와 같이 이해한다. "이를 위하여 그리스도 안에서 죽은 옛 성도들에게 복음이 전파되었는데, 이는 사람들의 격분이 육체를 지니고 있는 그들 위에 임하게 한 불의한 심판과 핍박을 참도록 가르치고 격려하기 위함이었으며, 뿐만 아니라 하느님의 영 가운데 살게 하기 위함이다." 또 다른 사람들은 "육으로는 다른 모든 사람처럼 심판을 받았지만"이라는 말씀을 다음과 같이 영적인 면으로 생각하고 있다. 즉 복음은 그들을 심판하고 정죄하기 위하여 전파되었고 그들이 이교도와 그리고 단순한 인간의 본성에 의하여 살아오는 동안 이룩된 본성의 부패와 그들의 생활이 악함을 비난하기 위하여 전파되었다는 것이다. 그러므로 이와 같이 그들의 죄에 대해 고행을 겪게 함으로써 그들로 하여금 하느님을 따라 새롭고 영적인 삶을 살도록 하기 위함이라는 것이다.[7]

[7] 메튜 헨리 주석, 베드로전서 04장, 성경주석.

7절 이 세상의 만물은 시작과 끝이 있다. 하느님께서 천지만물을 창조하신 때가 그 시작이요 하느님께서 세상을 심판하시는 때가 그 끝이다. 구약성경의 문자적 연대 계산에 의하면, 하느님께서 천지만물과 인간을 창조하신 지 4천년이 지난 때에 예수께서 오셨고 신약시대가 시작되었다. 사도들은 이 세상의 종말에 대해 말했다. 코린토 신자들에게 보낸 첫째 서간 10:11, "이 일들은 본보기로 그들에게 일어난 것인데, 세상 종말에 다다른 우리에게 경고가 되라고 기록되었습니다." 요한의 첫째 서간 2:18, "자녀 여러분, 지금이 마지막 때입니다. '그리스도의 적'[8]이 온다고 여러분이 들은 그대로, 지금 많은 '그리스도의 적들'이

적그리스도에게 속삭이는 악마

자료: ko.wikipedia.org

8 적그리스도, 그리스도의 적(Antichrist, anti-Christ) 또는 가그리스도(假~)는 일반적으로 기독교에서 그리스도(메시아)를 사칭하는 악의 화신으로 간주된다.

Vox populi, vox Dei.

나타났습니다. 그래서 우리는 지금이 마지막 때임을 압니다." 신약시대는 종말의식을 가지고 살아야 할 시대이다.

이 세상 만물의 마지막이 가까웠기 때문에 성도는 하느님의 뜻에 합한 생활을 힘써야 한다. 본문은 그런 삶을 서너 가지로 증거한다.

첫째로, 우리는 정신을 차리고 근신하여 기도해야 한다. 그것은 세상의 일과 쾌락에 빠져 있거나 술 취하고 방탕하지 말고 하느님을 가까이 하고 깨어 기도하기를 힘쓰는 것을 말한다. 기도는 하느님과의 교제이다. 우리는 기도할 때 하느님께서 이미 주신 은혜의 일들에 대해 그에게 감사하며 우리의 부족과 잘못을 고백하고 하느님의 뜻을 더욱 이해하고 그 뜻을 행할 힘을 간구하여 얻는다.

8절 둘째로, 우리는 열심으로 서로 사랑해야 한다. 베드로의 첫째 서간 1:22, "여러분은 진리에 순종함으로써 영혼이 깨끗해져 진실한 형제애를 실천하게 되었으니, 깨끗한 마음으로 서로 한결같이 사랑하십시오." 이것은 주께서 제자들에게 주신 '서로 사랑하라'는 새 계명을 순종하는 일이다. 사랑은 모든 율법의 완성이다. "사랑은 이웃에게 악을 저지르지 않습니다. 그러므로 사랑은 율법의 완성입니다."로마 13:10 또 사랑은 허다한 죄를 덮는다. 주께서는 새 계명을 주시기 전 친히 제자들의 발을 씻겨주심으로 서로 용서하는 본을 보여주셨다. 사도 바오로도 사랑은 오래 참고 모든 것을 견딘다고 말했다. 하느님의 뜻은 바로 우리가 서로 사랑하고 오래 참고 용서하며 사는 것이다.

여기에 기독교의 황금률[9]이 있다. 그리스도인들은 서로가 사랑해야 한다. 이러한 사랑은 그들의 인품에 대한 애정, 그들의 복지에 대한 열망, 그리고 그들의 복지 증진을 위한 마음으로부터의 노력 등을 암시하고 있다. 이러한 상호 간의 애정은 차가워서는 안 되며, 뜨거워야 한다. 사랑은 진실하고 강렬하며, 영원해야 한다. 이러한 진실한 애정은 무엇보다 우선적으로 권고되고 있다. 이는 무엇보다

9 황금률(黃金律)은 수많은 종교와 도덕, 철학에서 볼 수 있는 원칙의 하나로, '다른 사람이 해 주었으면 하는 행위를 하라'는 윤리 원칙이다. 영어로는 골든룰(Golden Rule)이라고 한다.

기독교의 황금률

자료: ko.wikipedia.org

사랑의 중요성을 보여주는 것이다. 사랑은 믿음이나 소망보다 더 위대한 것이다. 즉 "이제 믿음과 희망과 사랑 이 세 가지는 계속됩니다. 그 가운데에서 으뜸은 사랑입니다." 1코린 13:13 사랑의 놀라운 효과는 사랑이 "많은 죄를 덮어 준다."는 점이다. 여기서 우리는 다음과 같은 것들을 배울 수 있다.[10]

갈보리 언덕 십자가 사건은 하느님이 영원 전 당신의 아들을 통해 계획하셨던 당신의 영광이요 작품이었다. 예수님의 갈보리 십자가, 우리의 모든 죄와 과거의 아픔을 다 덮어 준다!

자료: m.blog.naver.com

10 메튜 헨리 주석, 베드로전서 04장, 성경주석.

- 더 많은 뜨거운 사랑이 다른 사람들에게 대해서보다 모든 그리스도인 상호 간에 있어야 한다. "너희 가운데 사랑을 가지라." 사도 베드로는 이교도들이나 우상숭배자들을 위함도 아니요, 혹은 배교자들을 위해서 한 말이 아니라 "너희 가운데서 사랑을 베풀라"고 한다. "형제애를 계속 실천하십시오."히브 13:1 모든 신실한 그리스도인들과 그들 안에 있는 온후한 마음과 사랑 사이에는 특별한 관계가 있다. 즉 각별한 애정을 요구한다.
- 악의를 품지 않는다든지 피차 간에 일반적인 존경을 하는 것만으로는 그리스도인들에게 만족하지 못한다. 그들은 강렬하게, 그리고 뜨겁도록 피차 간 사랑해야 한다.
- "많은 죄를 덮어 준다."는 것은 참된 사랑이 가지고 있는 재산이다. 사랑은 사람들로 하여금 상대방의 죄를 용서하고 잊게 해주며, 다른 사람의 죄를 악화시키거나 퍼뜨리기보다는 그들의 죄를 가리워 주고 감싸주도록 한다. 사랑은 우리로 하여금 연약한 자를 사랑하고, 사람들이 회개하기 전에 무수한 악한 죄를 범한 그들을 사랑하도록 가르친다. 그리고 사랑은 다른 사람들을 용서한 자들을 용서하시기로 약속하신 하느님의 손길에 긍휼을 준비케 한다마태 6:14.

9-10절 셋째로, 우리는 서로 원망하지 말고 대접해야 한다. 대접하는 것은 서로를 마음으로나 말로 너그럽게 대하며 상대가 아프거나 어려운 일을 당했을 때 방문하고 물질로 돕는 것이다. 성도가 서로 대접하는 것은 받을 것을 예상하고 베푸는 것이 아니고 그냥 베푸는 것이다. 계산적이지 않게 대접하는 자는 상대가 자신을 위하지 않을 때라도 마음이 상하거나 원망하거나 불평하지 않을 것이다.

또 하느님의 각양 은혜를 받은 선한 청지기같이 서로 봉사해야 한다. 하느님께서는 우리 각 사람에게 재능과 건강과 재물을 주셨다. 우리가 처한 가정 환경이

성경적인 예수님 신앙은 오직 하나님의 은혜입니다.

자료: www.good-faith.net

나 사회 환경도 하느님께서 주신 은혜이다. 이 모든 것들은 다 하느님께서 우리에게 은혜로 주신 것들이기 때문에 우리는 그것들을 우리의 것인 양 우리 마음대로 쓰지 말고, 하느님의 것들을 맡은 선한 청지기로서 하느님의 영광과 서로의 유익과 교회 전체의 유익을 위해 사용해야 하는 것이다. 그러므로 언제든지 하느님의 영광과 교회의 유익을 위해 필요하다면, 우리는 기꺼이 드리는 심정으로 서로 봉사해야 할 것이다.

11절 말하는 자들은 하느님의 주신 말씀으로 말하는 것처럼 하고 봉사하는 자들은 하느님의 주신 힘으로 하는 것같이 해야 한다. 이렇게 함으로 하느님께서 범사에 영광을 받으셔야 한다. 영광과 권능은 우리에게 있지 않고 오직 영원히 하느님께만 있다. 주께서 가르쳐주신 기도의 마지막에도 "하느님께서 무슨 일에서든지 예수 그리스도를 통하여 영광을 받으실 것입니다. 그분께서는 영원무궁토록 영광과 권능을 누리십니다."라는 내용이 있다.

12-13절 성도들에게는 이 세상에서 이런저런 고난들이 있다. 그것은 때때로 금광석을 제련하는 용광로의 불같이 고통스러운 것도 있다. 용광로에 넣어진 금광석에서 불순물이 제거되고 마침내 순금이 나오듯이, 성도들이 당하는 불시험도 성도의 죄악성과 연약성을 제거하고 더욱 경건하고 거룩하며 선하고 진실한 인격이 되게 한다.

그러므로 성도는 세상에서 불시험을 당할 때 이상한 일 당하는 것같이 이상히 여기지 말아야 한다. 욥기 23:10-11, "그분께서는 내 길을 알고 계시니 나를 시금해 보시면 내가 순금으로 나오련마는. 내 발은 그분의 발자취를 놓치지 않았고 나는 그분의 길을 지켜 빗나가지 않았네." 사도행전 14:22, "우리가 하느님의 나라에 들어가려면 많은 환난을 겪어야 합니다." 성도에게 닥친 고난이 자신의 잘못에 대한 하느님의 징계이든지, 순수한 시련의 고난이든지 간에, 고난은 성도에게 이상한 일이 아니다.

성도의 고난은 그리스도의 고난에 참여하는 것이다. 그리스도의 대속의 고난은 2천 년 전 십자가 위에서 이미 완성되었으나, 그리스도 안에서 받는 고난들은 성도에게 남아 있다. 그리스도께서는 아무 죄가 없으셨고 의로우셨으나 우리의 죄 때문에 고난을 당하셨다. 이와 같이 성도는 의롭고 선하게 살지라도 고난을 당할 수 있다. 마태오 복음서 5:11, "사람들이 나 때문에 너희를 모욕하고 박해

"시련의 불길이 여러분 가운데에 일어나더라도 무슨 이상한 일이나 생긴 것처럼 놀라지 마십시오."(1베드 4:12)

자료: m.blog.naver.com

하며, 너희를 거슬러 거짓으로 온갖 사악한 말을 하면, 너희는 행복하다!" 콜로새 신자들에게 보낸 서간 1:24, "이제 나는 여러분을 위하여 고난을 겪으며 기뻐합니다. 그리스도의 환난에서 모자란 부분을 내가 이렇게 그분의 몸인 교회를 위하여 내 육신으로 채우고 있습니다."

그러므로 성도는 의로움의 고난을 당할 때 그리스도의 고난을 생각하며 그의 고난에 참여하는 것인 줄 알고 즐거워해야 한다. 그 이유는 그리스도께서 영광 중에 재림하실 때 우리가 참 성도로서 그를 영접하며 즐거워하고 기뻐할 수 있기 때문이다.

14-16절 우리가 그리스도의 이름으로 욕을 받으면 복 있는 자들이다. 그리스도인들은 하느님의 영 곧 성령께서 그들 위에 계심으로 하느님의 특별한 소유임이 확인된 자들이다. 세상 사람들은 성도를 핍박하고 욕할 때 그들 위에 계신 성령도 비난하고 욕한 것이다. 그러나 성도는 주 하느님과 성령님을 믿고 의지하고 섬기며 그에게 영광 돌렸다. 성도는 확실히 하느님의 사랑받는 백성이 되었다.

성도는 자기 잘못 때문에 고난을 당해서는 안 된다. 즉 그는 살인하거나 도적질하거나 악을 행하거나 남의 일에 참견하다가 고난을 받아서는 안 된다. 그러나 성도가 그리스도인으로 고난을 당할 때는 부끄러워하지 말고 도리어 하느님께 영

고난을 피하지 마라! 생명 잉태하는 은혜를 배워라!

자료: www.chpress.net

Vox populi, vox Dei.

광을 돌려야 한다.

사도 베드로는 14절의 이러한 종류의 고난은 그들의 몫으로 임하게 되는 것으로 생각한다. 즉 그들이 비방을 받고 욕을 당하며 중상을 당하게 된다. 이러한 경우에 사도 베드로는 "너희는 기뻐하라"고 강조한다. 기뻐할 이유는 이러하다. "너희들을 격려하고 위로하기 위하여 하느님의 영이 너희와 함께 계시기 때문이다. 그리고 하느님의 영은 영광의 영으로서 너희를 고난 중에 보호하시고 영광 중에 부르시어 영원한 영광을 준비하사 너희를 인치실[11]것이다. 이 영광의 영이 너희 위에 임하고 너희와 함께 있고 너희 안에 거하시며 너희를 돕고, 너희와 함께 기뻐하시리라. 이것은 말할 수 없는 놀라운 특권이 아니겠는가? 고난을 받고 있는 그리고 너희의 인내와 견인분발로 인해서, 하느님의 약속을 의지하며, 성령께서 나타내신 바 말씀을 믿음으로써 그리스도는 너희를 대신해서 영광을 받고 그러신다. 그러나 너희 위에 임했던 비난과 보복, 그리고 힐책으로 인해서 영 자체는 비방을 받고 또한 훼방을 받고 있다."[12]

알곡과 쭉정이를 구별하는 불시험

자료: theworldview.co.kr

[11] 인치다라는 말은 도장으로 확인하다라는 뜻으로 어떤 서류에 법적 효력을 나타낸다는 말과 같다. 그러므로 성경이 말하는 인치다라는 것은 성령으로 보증을 해주다와 같은 말이다.

[12] 메튜 헨리 주석, 베드로전서 04장, 성경주석.

사도 베드로는 고난당하는 성도들에게 악을 행하는 자들같이 마땅한 고난을 받지 않도록 주의하라고 권고한다15절. 어떤 사람은 이처럼 훌륭한 그리스도인들에게는 그러한 주의가 필요 없는 것이라고 생각한다. 그러나 그들의 원수들은 이러한 죄나 또는 다른 어리석은 죄목으로 그들을 씌운다. 그러므로 사도 베드로는 그가 기독교의 종교 강령을 제정할 때 그들 중 누구라도 다른 사람의 생명이나 재산이나 소유물을 해치는 일이라든가, 어떠한 종류의 죄를 행하는 것이나, 아무런 요청이나 필요성이 없는데도 다른 사람을 대신해서 '감독권을 행사하는 일' 혹은 다른 사람의 일을 간섭하는 일을 금지하는 것이 필요함을 알았다. 이 주의에 사도 베드로는 한 가지 지시를 더 첨가하고 있다. 누구든지 기독교 신앙 때문에 고난을 받으며, 인내하는 그리스도인의 영으로서 고난을 당한다면 그는 이를 부끄럽게 여겨서는 아니 되며, 하느님께 영광을 돌려야 하며, 그를 존귀하게 한 하느님께 영광을 돌려야 한다16절.

17-18절 하느님의 집 곧 교회 안에서 심판이 시작된다는 것은 엄밀한 의미에서는 교회 안에 섞여 있는 가라지와 염소 같은 자들에게 해당되는 말씀일 것이다. 성도에게는 단지 하느님의 징계나 단련이 있을 뿐이다. 히브리인들에게 보낸 서간 12:8, "모든 자녀가 다 받는 훈육을 받지 않는다면, 여러분은 사생아지 자녀가 아닙니다." 그러나 현재 성도에게 엄한 징계나 단련이 있다면, 복음을 복종치 않는 자에게 마지막 날에 내려질 심판은 얼마나 더 엄중하겠는가? 또 의인이 고난 중에 겨우 구원을 얻는다면, 경건치 않은 죄인들은 마지막 날 하느님 앞에 어떻게 설 수 있겠는가?

사도 베드로는 그들에게 "심판이 하느님의 집에서부터 시작될 때가" 이르렀다고 말한다. 하느님이 내리시는 심판의 일반적인 방법은 이러한 것이다. 즉 하느님께서 큰 재난과 혹독한 심판을 만국에 내리실 때 대체로 심판을 그의 백성들로부터 시작한다. "그때에 사람들이 너희를 환난 속에 몰아넣고 죽일 것이다. 너희는 내 이름 때문에 모든 민족들에게 미움을 받을 것이다. 그러면 많은 사람이 떨어져 나가 서로 팔아넘기고 서로 미워하며, 거짓 예언자들이 많이 나타나 많은

Vox populi, vox Dei.

하느님의 심판은 하느님의 집에서부터 시작된다!

자료: m.cafe.daum.net

이를 속일 것이다." 마태 24:9-11 이는 너희에게 필요한 인내에 대해 앞서 언급한 권고를 상기하게 하는 것이다.

8절의 말씀은 잠언 11장 31절로부터 인용된 것이다. "의인이 세상에서 갚음을 받는데 악인과 죄인이야 오죽하랴!" 이 세상에서 선량한 사람들이 당하는 마음 아픈 고난은 회개할 줄 모르는 죄인들 위에 임하게 될 과중한 심판의 슬픈 전조이다. 선한 사람들도 그들의 구원을 얻기 위하여 해야 할 일들이 많다. 고통과 유혹, 그리고 극복되어야 할 고난, 억제되어야 할 죄가 너무도 많다. 문은 좁고 길은 협착하므로 의인이라도 구원을 성취하기 위해서 해야 할 일은 많다. 구원의 절대 필요성과 그 구원의 어려움은 평행한다. 이런 점을 생각해 보자. 너희의 어려움이 우선 대단하다. 그러나 하느님은 그의 은혜와 도움을 허락하신다. 따라서 싸움은 오래 지속하지 않는다. "네가 앞으로 겪을 고난을 두려워하지 마라. 보라, 이제 악마가 너희 가운데 몇 사람을 감옥에 던져, 너희가 시험을 받게 될 것이다. 너희는 열흘 동안 환난을 겪을 것이다. 너는 죽을 때까지 충실하여라. 그러면 내가 생명의 화관을 너에게 주겠다." 묵시 2:10 경건치 아니한 자와 죄인은 말할 것도 없이 저주를 받는다. "죄인은 어떻게 되겠습니까?" 어찌 그들이 그들의 심판에 견딜 수 있겠는가? 어디에서 그들이 머리를 들 수 있을까? "의인이 가까스로 구원을 받는다면" 사악한 사람들은 확실히 멸망을 받게 된다.

예수 그리스도가 걸어가신 십자가 고난의 길에 동참하자!

자료: texaschristiannews.com

19절 하느님의 뜻대로 받는 고난이란 앞에서 '시련의 불길이 여러분 가운데에 일어나더라도'12절, '그리스도의 고난에 동참하는 것'13절, '그리스도의 이름 때문에 모욕을 당하면'14절, '그리스도인으로서 고난을 겪으면'16절 등으로 표현되었다. 성도의 고난은 아무리 불같은 시험일지라도 성도를 단련시키는 것이며 하느님의 뜻대로 받는 고난이다.

고난 중에서 성도가 취해야 할 또 하나의 태도는, 끝까지 선을 행하는 자로서 처신하면서 자신의 영혼을 신실하신 조물주께 부탁하는 것이다. 하느님께서는 우리를 결코 버리지 않으실 것이다.

"하느님의 뜻에 따라" 고난을 받도록 부름을 받았을 경우 그들은 그들의 영혼의 안전을 기쁨으로 쳐다볼 수 있어야 한다. 그들의 영혼을 책임지고 보호해 주실 하느님께 맡기지 않고 다른 방법으로는 구원을 얻을 수가 없다. 이는 그가 그들의 창조자이시며 그들에게 영원한 구원의 친절한 약속을 은혜로 말미암아 이룩하신 분이기 때문이다. 하느님은 그들을 위한 영원한 약속으로 말미암아 하느님 자신이 미쁘시고 진실하심을 보여주실 것이다.

선한 사람에게 임할 모든 고난은 하느님의 뜻에 따라 그들에게 임하게 된다. 그들의 모든 고난 가운데서 그리스도인들은 그들의 육신의 보존보다 그들의 영혼의 유지를 더욱 주시해야 한다. 영혼은 최대의 가치가 있는 것이나 아직 크나큰 위험에 놓여 있다. 만일 불안감, 짜증, 그리고 마음속에 잠재해 있는 다른 죄와 괴로움을 느끼는 가운데 고통을 받고 있다면 그 영혼은 매우 어려운 고통 중에 있다고 할 것이다. 만일 그의 영혼이 잘 보존되어 있지 못하면 박해는 그 사람을 배교자로 만들어 버릴 것이다. 영혼을 잘 보존하는 유일한 방법은 하느님께 그 영혼을 맡기는 일이다. 너희의 영혼을 절대적인 헌신과 기도, 그리고 참고 선행을 지속하는 가운데 그 하느님께 맡겨라 하셨다. 선한 사람들이 고통 중에 있을 때 그들의 영혼을 하느님께 맡길 수 있도록 큰 격려를 받는 것은 하느님이 그들의 창조주이시며 그의 모든 약속을 이루시는 데 신실하신 분이기 때문이다.

하느님께 영혼을 맡겨라!

자료: maria.catholic.or.kr

베드로와 유다

베드로의 첫째

서간 5장

天聲

지도자들의 의무

1 그러므로 나는 여러분 가운데에 있는 원로들에게 같은 원로로서, 또 그리스도께서 겪으신 고난의 증인이며 앞으로 나타날 영광에 동참할 사람으로서 권고합니다.
2 여러분 가운데에 있는 하느님의 양 떼를 잘 치십시오. 그들을 돌보되, 억지로 하지 말고 하느님께서 원하시는 대로 자진해서 하십시오. 부정한 이익을 탐내서 하지 말고 열성으로 하십시오.
3 여러분에게 맡겨진 이들을 위에서 지배하려고 하지 말고, 양 떼의 모범이 되십시오.
4 그러면 으뜸 목자께서 나타나실 때, 여러분은 시들지 않는 영광의 화관을 받을 것입니다.

겸손과 깨어 있음

5 젊은이 여러분, 여러분도 마찬가지로 원로들에게 복종하십시오. 여러분은 모두 겸손의 옷을 입고 서로 대하십시오. "하느님께서는 교만한 자들을 대적하시고 겸손한 이들에게는 은총을 베푸십니다."
6 그러므로 하느님의 강한 손 아래에서 자신을 낮추십시오. 때가 되면 그분께서 여러분을 높이실 것입니다.
7 여러분의 모든 걱정을 그분께 내맡기십시오. 그분께서 여러분을 돌보고 계십니다.
8 정신을 차리고 깨어 있도록 하십시오. 여러분의 적대자 악마가 으르렁거리는 사자처럼 누구를 삼킬까 하고 찾아 돌아다닙니다.

9 여러분은 믿음을 굳건히 하여 악마에게 대항하십시오. 여러분도 알다시피, 온 세상에 퍼져 있는 여러분의 형제들도 같은 고난을 당하고 있습니다.

10 여러분이 잠시 고난을 겪고 나면, 모든 은총의 하느님께서, 곧 그리스도 예수님 안에서 당신의 영원한 영광에 참여하도록 여러분을 불러 주신 그분께서 몸소 여러분을 온전하게 하시고 굳세게 하시며 든든하게 하시고 굳건히 세워 주실 것입니다.

11 그분의 권능은 영원합니다. 아멘.

끝인사

12 나는 성실한 형제로 여기는 실바누스의 손을 빌려 여러분에게 간략히 이 글을 썼습니다. 이것은 여러분을 격려하고, 또 하느님의 참된 은총임을 증언하려는 것입니다. 그 은총 안에 굳건히 서 있도록 하십시오.

13 여러분과 함께 선택된 바빌론 교회와 나의 아들 마르코가 여러분에게 인사합니다.

14 여러분도 사랑의 입맞춤으로 서로 인사하십시오. 그리스도 안에 있는 여러분 모두에게 평화가 있기를 빕니다.

1 To the elders among you, I appeal as a fellow elder, a witness of Christ's sufferings and one who also will share in the glory to be revealed:

2 Be shepherds of God's flock that is under your care, serving as overseers--not because you must, but because you are willing, as God wants you to be; not greedy for money, but eager to serve;

3 not lording it over those entrusted to you, but being examples to the flock.

4 And when the Chief Shepherd appears, you will receive the crown of glory that will never fade away.

5 Young men, in the same way be submissive to those who are older. All of you, clothe yourselves with humility toward one another, because, "God opposes the proud but gives grace to the humble."

6 Humble yourselves, therefore, under God's mighty hand, that he may lift you up in due time.

7 Cast all your anxiety on him because he cares for you.

8 Be self-controlled and alert. Your enemy the devil prowls around like a roaring lion looking for someone to devour.

9 Resist him, standing firm in the faith, because you know that your brothers throughout the world are undergoing the same kind of sufferings.

10 And the God of all grace, who called you to his eternal glory in Christ, after you have suffered a little while, will himself restore you and make you strong, firm and steadfast.

11 To him be the power for ever and ever. Amen.

12 With the help of Silas, whom I regard as a faithful brother, I have written to you briefly, encouraging you and testifying that this is the true grace of God. Stand fast in it.

13 She who is in Babylon, chosen together with you, sends you her greetings, and so does my son Mark.

14 Greet one another with a kiss of love. Peace to all of you who are in Christ.

1 そこで, 私は, あなたがたのうちの長老たちに, 同じく長老のひとり, キリストの苦難の證人, また, やがて現われる榮光にあずかる者として, お勧めします。

2 あなたがたのうちにいる, 神の羊の群れを, 牧しなさい。强制されてするのではなく, 神に従って, 自分から進んでそれをなし, 卑しい利得を求める心からではなく, 心を 込めてそれをしなさい。

3 あなたがたは, その割り當てられている人たちを支配するのではなく, むしろ群れの模範となりなさい。

4 そうすれば, 大牧者が現われるときに, あなたがたは, しぼむことのない榮光の冠を受けるのです。

Vox populi, vox Dei.

5 同じように, 若い人たちよ。長老たちに從いなさい。みな互いに謙遜を身に
着けなさい。神は高ぶる者に敵對し, へりくだる者に恵みを與えられるから
です。

6 ですから, あなたがたは, 神の力強い御手の下にへりくだりなさい。神が, ち
ょうど良い時に, あなたがたを高くしてくださるためです。

7 あなたがたの思い煩いを, いっさい神にゆだねなさい。神があなたがたのこ
とを心配してくださるからです。

8 身を愼み, 目をさましていなさい。あなたがたの敵である惡魔が, ほえたける
ししのように, 食い盡くすべきものを搜し求めながら, 步き回っています。

9 堅く信仰に立って, この惡魔に立ち向かいなさい。ご承知のように, 世にある
あなたがたの兄弟である人々は同じ苦しみを通って來たのです。

10 あらゆる恵みに滿ちた神, すなわち, あなたがたをキリストにあってその永遠
の榮光の中に招き入れてくださった神ご自身が, あなたがたをしばらくの苦
しみのあとで完全にし, 堅く立たせ, 強くし, 不動の者としてくださいます。

11 どうか, 神のご支配が世々限りなくありますように。アーメン。

12 私の認めている忠實な兄弟シルワノによって, 私はここに簡潔に書き送り, 勸
めをし, これが神の眞の恵みであることをあかししました。この恵みの中に,
しっかりと立っていなさい。

13 バビロンにいる, あなたがたとともに選ばれた婦人がよろしくと言っていま
す。また私の子マルコもよろしくと言っています。

14 愛の口づけをもって互いにあいさつをかわしなさい。キリストにあるあなた
がたすべての者に, 平安がありますように。

人語

베드로의 서간 저자 베드로에 대하여

사도들의 으뜸

4대 복음서와 사도행전에 기록된 열두 사도의 목록에서 베드로는 항상 맨처음으로 언급된다. 또한, 베드로는 대야고보와 그의 동생 요한과 더불어 열두 사도 안에서도 특별히 예수의 신임을 가장 많이 받은 애제자로 언급된다. 한 예로, 예수의 변모[1] 때 스승인 예수가 특별히 산으로 따로 데리고 간 제자는 베드로와 대야고보, 요한이었다. 베드로는 예수한테 공개적으로 그를 메시아로 생각한다는 자신의 강한 믿음을 고백하기도 하였다.

복음서에는 또한 베드로가 전체 사도들을 대표하는 대변인 내지는 사도들 가운데서 지도자 역할을 수행하는 것으로 묘사되어 있다. 이를 두고 가톨릭교회와 동방 정교회 그리고 오리엔트 정교회 등에서는 그가 사도들의 으뜸 역할을 수행한 것으로 보고 있다. 콥트 정교회에서는 베드로를 '특출난 사도', '사도들의 머리'라고 호칭한다.

1 예수의 변모는 예수가 베드로와 사도 요한, 야고보 앞에서 자기의 모습을 바꾼 사건을 가리킨다. 루카 복음서에 의하면 예수는 베드로와 사도 요한과 야고보를 데리고 기도하러 헬몬산으로 올라갔는데, 그 모습이 변하고 옷이 눈부시게 빛났다고 한다. 그리고 모세와 엘리야와 함께 자신의 죽음에 대해서 이야기했으며, 하늘에서 "이는 내 아들, 내가 택한 아들이니 그의 말을 들어라!" 하는 소리가 들려왔다.

사도들의 으뜸 베드로

자료: ko.wikipedia.org

물 위를 걷다

마태오, 마르코, 루카, 요한 등 네 복음서를 보면 예수가 물 위를 걷는 기적 이야기가 등장한다. 여기에 마태오 복음서에는 특별히 베드로가 예수의 말을 믿고 그를 따라 물 위를 걸었으나, 도중에 믿음이 약해져 물속에 가라앉아 결국 예수로부터 구조되는 이야기가 등장한다.

발을 씻다

최후의 만찬을 들기 전, 예수는 겉옷을 벗고 수건을 들어 허리에 두른 다음, 대야에 물을 부어 제자들의 발을 씻어주었다. 베드로는 자기 차례가 되자 처음에는 극구 사양하였다. 그러자 예수는 "내가 하는 일을 네가 지금은 알지 못하지만 나중에는 깨닫게 될 것이다. 내가 너를 씻어주지 않으면 너는 나와 함께 아무

베드로의 발을 씻는 예수님

자료: m.blog.naver.com

런 몫도 나누어 받지 못한다."라고 대답하였다. 그러자 베드로가 예수에게 말하였다. "주님, 제 발만 아니라 손과 머리도 씻어 주십시오." 가톨릭교회에서는 예수가 자기 제자들의 발을 직접 씻어준 이 의식을 기념하고자 성목요일에 '세족례'라는 이름으로 이를 재현하고 있다.

예수가 체포당하다

공관복음서 세 권은 모두 예수가 겟세마니에서 기도를 마친 후 수석사제들과 율법학자들이 보낸 성전 경비병들에게 사로잡혀 끌려가는 사건에 대하여 상세하게 설명하고 있다. 이때 베드로는 예수를 지키려고 가지고 있던 칼을 뽑아 경비병 가운데 수석사제의 종을 내리쳐서 그의 오른쪽 귀를 잘라 버렸다. 요한 복음서는 그 종의 이름을 말코스라고 기록하고 있다. 그러자 예수는 베드로를 말리며 "칼을 칼집에 도로 꽂아라. 칼을 잡는 자는 모두 칼로 망한다. 너는 내가 내 아버지께 청할 수 없다고 생각하느냐? 청하기만 하면 당장에 열두 군단이 넘는 천사들을 내 곁에 세워 주실 것이다. 그러면 일이 이렇게 되어야 한다는 성경 말씀이

말코스의 귀를 내리치는 성 베드로

자료: ko.wikipedia.org

어떻게 이루어지겠느냐?" 하고 나무랐다. 루카 복음서는 예수가 말코스의 귀에 손을 대어 고쳐 주었다고 기록하고 있다.

예수를 모른다고 하다

4복음서 모두 최후의 만찬 당시 예수가 베드로가 자신을 모른다고 예고한 사실에 대하여 이야기하고 있다. 예수가 제자들이 모두 자신을 버리고 도망갈 것이라고 말하자 베드로는 자신은 결코 예수를 버리지 않겠노라고 맹세하였다. 그러자 예수가 그에게 말하였다. "내가 진실로 너에게 말한다. 오늘 밤 닭이 울기 전에 너는 세 번이나 나를 모른다고 할 것이다." 마르코 복음서에는 "오늘 이 밤, 닭이 두 번 울기 전에 너는 세 번이나 나를 모른다고 할 것이다."라고 말한 것으로 나온다. 그러자 베드로는 더욱 힘주어 죽는 한이 있더라도 결코 예수를 모른다고 하지 않겠다고 강조하였다. 다른 제자들도 모두 이에 동조하였다.

예수가 성전 경비병들에게 끌려가 최고의회에서 심문받을 때, 베드로는 최고의회 안뜰 아래쪽에서 불을 쬐고 있었다. 이후 베드로가 자신은 예수를 알지 못한다고 거짓말한 사건에 대해 4대 복음서에서는 각각 다음과 같이 설명하고 있다.

예수를 알지 못한다고 거짓말하는 베드로

자료: m.blog.naver.com

마태오 복음서 26장 69-75절

베드로는 안뜰 바깥쪽에 앉아 있었는데 하녀 하나가 그에게 다가와 말하였다. "당신도 저 갈릴래아 사람 예수와 함께 있었지요?" 마태 26:69

그러자 베드로는 모든 사람 앞에서, "나는 당신이 무슨 말을 하는지 모르겠소." 하고 부인하였다. 마태 26:70

그가 대문께로 나가자 다른 하녀가 그를 보고 거기에 있는 이들에게, "이이는 나자렛 사람 예수와 함께 있었어요." 하고 말하였다. 마태 26:71

그러자 베드로는 맹세까지 하면서 "나는 그 사람을 알지 못하오." 하고 다시 부인하였다. 마태 26:72

그런데 조금 뒤에 거기 서 있던 이들이 베드로에게 다가와, "당신도 그들과 한패임이 틀림없소. 당신의 말씨를 들으니 분명하오." 하고 말하였다. 마태 26:73

그때에 베드로는 거짓이면 천벌을 받겠다고 맹세하기 시작하며, "나는 그 사람을 알지 못하오." 하였다. 그러자 곧 닭이 울었다. 마태 26:74

베드로는 "닭이 울기 전에 너는 세 번이나 나를 모른다고 할 것이다." 하신 예수님의 말씀이 생각나서, 밖으로 나가 슬피 울었다. 마태 26:75

안톤 로버트 라인베버의 〈베드로의 부인〉. 예수를 세 번 부인하고 괴로워하는 베드로를 그렸다.

자료: m.hankookilbo.com

마르코 복음서 14장 66-72절

베드로가 안뜰 아래쪽에 있는데 대사제의 하녀 하나가 와서, 마르 14:66

불을 쬐고 있는 베드로를 보고 그를 찬찬히 살피면서 말하였다. "당신도 저 나자렛 사람 예수와 함께 있던 사람이지요?" 마르 14:67

그러자 베드로는, "나는 당신이 무슨 말을 하는지 알지도 이해하지도 못하겠소." 하고 부인하였다. 그가 바깥뜰로 나가자 닭이 울었다. 마르 14:68

베드로의 세 번 부인

자료: m.blog.naver.com

그 하녀가 베드로를 보면서 곁에 서 있는 이들에게 다시, "이 사람은 그들과 한패예요." 하고 말하기 시작하였다. 마르 14:69

그러나 베드로는 또 부인하였다. 그런데 조금 뒤에 곁에 서 있던 이들이 다시 베드로에게, "당신은 갈릴래아 사람이니 그들과 한패임에 틀림없소." 하고 말하였다. 마르 14:70

베드로는 거짓이면 천벌을 받겠다고 맹세하기 시작하며, "나는 당신들이 말하는 그 사람을 알지 못하오." 하였다. 마르 14:71

그러자 곧 닭이 두 번째 울었다. 베드로는 예수님께서, "닭이 두 번 울기 전에 너는 세 번이나 나를 모른다고 할 것이다." 하신 말씀이 생각나서 울기 시작하였다. 마르 14:72

루카 복음서 22장 54-62절

그들은 예수님을 붙잡아 끌고 대사제의 집으로 데려갔다. 베드로는 멀찍이 떨어져 뒤따라갔다. 루카 22:54

사람들이 안뜰 한가운데에 불을 피우고 함께 앉아 있었는데, 베드로도 그들 가운데 끼어 앉았다. 루카 22:55

그런데 어떤 하녀가 불가에 앉은 베드로를 보고 그를 주의 깊게 살피면서 말하였다. "이이도 저 사람과 함께 있었어요." 루카 22:56

그러자 베드로는 "이 여자야, 나는 그 사람을 모르네." 하고 부인하였다. 루카 22:57

얼마 뒤에 다른 사람이 베드로를 보고, "당신도 그들과 한패요." 하고 말하였다. 그러나 베드로는 "이 사람아, 나는 아닐세." 하였다. 루카 22:58

한 시간쯤 지났을 때에 또 다른 사람이, "이이도 갈릴래아 사람이니까 저 사람과 함께 있었던 게 틀림없소." 하고 주장하였다. 루카 22:59

베드로는 "이 사람아, 나는 자네가 무슨 말을 하는지 모르겠네." 하고 말하였다. 그가 이 말을 하는 순간에 닭이 울었다. 루카 22:60

Vox populi, vox Dei.

닭이 세 번 울자 베드로는 밖으로 나가 슬피 울었다.

자료: m.blog.naver.com

그리고 주님께서 몸을 돌려 베드로를 바라보셨다. 베드로는 주님께서 "오늘 닭이 울기 전에 너는 나를 세 번이나 모른다고 할 것이다." 하신 말씀이 생각나서, 루카 22:61

밖으로 나가 슬피 울었다. 루카 22:62

요한 복음서 18장 25-27절

시몬 베드로는 서서 불을 쬐고 있었다. 사람들이 그에게 "당신도 저 사람의 제자 가운데 하나가 아니오?" 하고 물었다. 베드로는 "나는 아니오." 하며 부인하였다. 요한 18:25

대사제의 종 가운데 하나로서, 베드로가 귀를 잘라 버린 자의 친척이 말하였다. "당신이 정원에서 저 사람과 함께 있는 것을 내가 보지 않았소?" 요한 18:26

베드로가 다시 아니라고 부인하자 곧 닭이 울었다. 요한 18:27

빈 무덤

요한 복음서를 보면, 베드로는 예수의 시신이 사라졌다는 마리아 막달레나의 말을 듣고 다른 제자 한 사람을 대동하였다. 다른 제자가 베드로보다 빨리 달려 무덤에 예수의 시신을 묻은 무덤으로 가 보았는데, 무덤을 막았던 돌이 옆으로 치워져 있었다. 그러나 먼저 안으로 들어가지는 않았으며 베드로가 도착하기를 기다렸다. 뒤따라온 베드로는 무덤으로 먼저 들어가 과연 무덤 안에 있던 예수의 시신이 사라진 것을 알았다. 예수 얼굴을 쌌던 수건은 아마포와 함께 놓여 있지 않고, 따로 한곳에 개켜져 있었다. 그제야 무덤에 먼저 다다른 다른 제자도 들어갔다. 루카 복음서에는 마리아 막달레나가 예수가 부활하였다는 소식을 사도들에게 전하였지만, 베드로를 제외한 나머지 사도들은 모두 믿지 않았다. 베드로는 홀로 무덤으로 달려가서 그 안을 들여다 보았는데, 정말 예수의 시신이 없었다고 적고 있다.

빈 무덤을 보고 놀라는 베드로

자료: dziennikparafialny.pl

Vox populi, vox Dei.

예수의 부활

사도 바오로가 코린토 신자들에게 보낸 첫째 서간을 보면, 예수의 부활을 목격한 사람들의 명단 가운데 맨 윗자리에 게파라는 이름이 있는데, 이 게파는 베드로를 뜻한다. 이를 통해 바오로는 베드로가 부활한 예수를 처음으로 본 사람이라는 초창기의 전통을 따랐다는 사실을 확인할 수 있다. 그러나 이 전통은 복음서들이 필사되던 시기까지 살아남지 못한 것으로 보인다.

요한 복음서의 마지막 장에 보면, 부활한 예수가 베드로 앞에 나타나 그와 함께 아침식사를 나누는 장면이 등장한다. 식사를 다 마친 후, 예수는 베드로에게 다른 사람들보다 더 자신을 사랑하느냐고 세 번씩이나 거듭 물었다. 베드로는 세 번 모두 그렇다고 대답하였다. 그러자 예수는 베드로에게 자신의 양들을 잘 돌보라고 당부하였다. 신학자들은 이 장면을 베드로가 예수로부터 교회의 전권을 위임받은 것으로 해석한다.

예수님이 준비하신 아침식사

자료: pmj3025.tistory.com

초대 교회에서의 역할

사도행전에서 베드로는 초기 기독교 공동체에서 매우 중요한 역할을 했다고 기록했다. 한 예로 베드로는 오순절에 무척 중요한 야외강론을 하였다. 사도행전을 보면, 베드로는 이스카리옷 유다[2]의 자리를 대신할 새로운 사도를 뽑는 일을 주도하였다. 그리하여 마티아[3]가 투표로 선출되었다. 그리고 요한과 함께 최고의회 및 성전에서 예수가 메시아라고 선포하였다. 또한, 하나니아스와 사피라 부부가 자기 땅을 판 다음 그 돈의 일부를 빼돌리고 나머지만 사도들 앞에 거짓으로 가져다 바치는 일이 있었는데, 그때에 베드로가 성령을 시험했다면서 크게 꾸짖어 두 사람 모두 그 자리에 거꾸러져 숨지는 심판을 받았다. 그리고 베드로는 리따, 야파, 카이사리아 지방을 두루 돌아다니며 유다인뿐만 아니라 이방인에

불구자를 치유하는 성 베드로와 성 요한

자료: photo.catholic.or.kr

Vox populi, vox Dei.

2 유다 이스카리옷 또는 가리옷 사람 유다, 가롯 유다는 신약성서에 따르면, 예수 그리스도의 열두 사도 가운데 한 사람이었으나, 나중에 예수를 배반하여 기독교에서는 최대의 죄인이자 악마의 하수인, 배신자의 대명사로 불린다. '이스가리옷'이란 말에는 남부 유대의 지명인 '가리옷 사람' 외에 '암살자', '가짜', '위선자', '거짓말쟁이', '단검' 등의 의미를 가지고 있다.

3 마티아는 기독교에서, 열두 사도 중 한 사람이다. 마티아의 뜻은 히브리어 마티티아(Mattithiah)에서 유래되었으며 '하느님의 선물'이란 뜻이다.

게도 복음을 전하였다. 이 시기 동안 베드로는 사도들 가운데 최초로 치유의 기적을 행하였다.

그러나, 사도행전은 중간 부분에 이르러 그동안 베드로에게만 집중되었던 관심을 바오로로 돌리며, 이후 베드로의 행적에 관해 침묵하고 있다.

감옥에서 구출되다

사도행전 12장을 보면 43년 베드로가 헤로데[4] 임금에게 체포되어 감옥에 갇혔다가 천사의 도움으로 기적적으로 탈출하는 일화가 나와 있다.

성경적 예배의 표준 – 초대교회 예배

자료: www.kcjlogos.org

4 아그리파 1세(Agrippa I, 기원전 10년? ~ 44년)는 로마 제국에 공인된 고대 유대의 통치자(재위: 37년~44년)이다. 헤로데 아그리파 1세라고도 하며 본명은 마르쿠스 율리우스 아그리파스이다. 신약성경 사도행전에서 헤로데 왕으로 언급되는 사람은 그 사람이다.

예루살렘 공의회

49년 초대교회 때 개최된 예루살렘 공의회[5]에서 사도 바오로와 예루살렘 교회의 지도자들은 서로 만나 기독교로 개종한 이방인을 교회 안에 받아들인다는 결정을 내렸다. 공의회에서는 개종한 이방인들을 굳이 유다교 율법에 따라 할례를 요구하지 않고 교회의 일원으로 인정하기로 하였다.

편지

베드로는 바오로가 갈라디아인들에게 보낸 편지에서 잠깐 언급된다. 편지를 보면 바오로가 기독교로 개종한 후 3년 뒤에 베드로를 만나려고 예루살렘으로 가서 보름 동안 그와 함께 지냈다고 한다. 그리고 베드로가 안티오키아에 왔을 때 바오로는 그에게 "당신은 유다인이면서도 유다인으로 살지 않고 이민족처럼 살면서, 어떻게 이민족들에게는 유다인처럼 살라고 강요할 수가 있다는 말입니까?"라고 힐책하였다. 베드로가 처음에는 이방인 개종자들과 함께 음식을 먹었는데, 나중에 할례받은 유다인 그리스도인들이 오자 그들을 두려워하여 몸을 사리며 이방인 개종자들과 거리를 두려는 위선적인 모습을 보였기 때문이었다.

교회는 전통적으로 베드로의 첫째 편지와 둘째 편지를 베드로 사도가 직접 쓴 것으로 간주하고 있다.

5 예루살렘 공의회(Council of Jerusalem) 또는 예루살렘 종교회의는 기독교 최초의 공의회로 알려진 사건이다. 신약성서에서는 사도행전 15장에 나오는데, 기독교를 유대교의 한 종파로 이해하여 토라(율법, 모세 5경), 할례 등의 유대교 전통을 강조한 유대기독교인과 유대교와 기독교 간의 독립을 주장하며 반율법적 모습을 보이던 이방 기독교인 간의 신학논쟁이 있었다. 역사적으로 주목할 만한 또 하나의 예루살렘 공의회는 1672년에 열린, 도시테우스 고백서를 의결한 동방정교의 에큐메니컬 시노드이다. 서유럽의 종교개혁이 동방정교 안에 끼친 충격을 제거하고, 기존의 교리를 재확립하기 위해 당시 예루살렘 총대주교였던 도시테우스의 신앙고백을 동방정교의 보편적 입장으로 결정하였다.

Vox populi, vox Dei.

베드로의 첫째 서간, 베드로전서는 신약성경의 책이다. 초기부터 베드로의 둘째 서간은 의심되어 왔지만 첫째 서간은 신약성경의 정경(canon)으로 받아들여져 왔다.

자료: obible.tistory.com

전승

가톨릭교회에 내려오는 전승에서 베드로는 로마로 가서 교회를 세우고 그곳의 주교가 되었으며, 바오로와 함께 순교했다고 전해진다.

안티오키아와 코린토

이후 베드로에 대한 이야기는 성경에서 그가 안티오키아를 방문했다는 짤막한 언급을 통해 널리 퍼져 나갔다. 9세기 《교황 연대표》Liber Pontificalis에는 베드로가 안티오키아의 주교로 7년 동안 사목 활동을 하다가 로마로 떠났다고 적고 있다.

2세기 말엽 코린토 교회의 주교였던 디오니시오는 베드로가 잠시 코린토 교회를 사목한 바가 있다고 말하였다.

로마

이후 전해지는 이야기에 따르면, 베드로는 로마로 가서 바오로와 같이 로마 사람들에게 복음을 전하면서 사목활동을 하였다고 한다. 신약성경에서 베드로가 로마에 있었다고 알려주는 구절은 베드로의 첫째 서간 5장 13절이다. 여기서 베드로가 말하는 바빌론은 로마를 의미하는 일종의 은유 또는 비유이다. 베드로가 이 편지를 쓴 당시의 역사적 상황을 고려해볼 때 이 바빌론 교회는 로마 교회를 의미한다는 것이 신학자들의 공통된 의견이다. 고대 세계의 중심이 한때 바빌론이었던 것처럼 당시의 세계의 중심지는 로마였다. 당시 사람들도 로마를 '우리 시대의 바빌론'이라고 불렀다. 다시 말하면 베드로는 이 편지를 로마에서 썼다는 것을 알 수 있다. 따라서 "바빌론 교회가 여러분에게 인사합니다."라는 말은 다시 말해서 "로마 교회가 여러분에게 인사합니다."라는 이야기이다.

바빌론 교회

자료: steemit.com

순교

신약성경을 보면 예수가 부활한 후 베드로에게 다음과 같은 말을 하면서 장차 그가 어떻게 죽을 것인지를 알려 주었다. "내가 진실로 진실로 너에게 말한다. 네

십자가에 거꾸로 매달려 순교하는 베드로

자료: biblenotes.tistory.com

가 젊었을 때에는 스스로 허리띠를 매고 원하는 곳으로 다녔다. 그러나 늙어서는 네가 두 팔을 벌리면 다른 이들이 너에게 허리띠를 매어 주고서, 네가 원하지 않는 곳으로 데려갈 것이다." 그리고 나서 예수는 베드로에게 "나를 따라라." 하고 말하였다. 신학자들은 예수의 이 말이 베드로의 십자가형을 예고한 것이라고 보고 있다.

초대 교회의 전승에 따르면 베드로는 로마로 가서 여생을 보냈으며, 그곳에서 사목 활동을 펼치다가 순교하였다고 전해진다. 베드로의 순교 사실에 대해서는 2세기 말엽의 테르툴리아노와 오리게네스, 에우세비오 등이 증언하고 있다. 오리게네스는 "베드로는 로마로 가서 커다란 고통을 맞이하였다. 이는 그 자신이 스스로 고통을 껴안았기 때문이었다."라고 기록하였다. 로마의 클레멘스는 코린토 신자들에게 보낸 편지를 통해 베드로의 순교 사실에 대해 다음과 같이 말하였다. "우리 시대에 가까운 예를 듭시다. 교회의 가장 독실하고 정의로운 기둥들이 박해받아 비참하게 죽었고, 사도 베드로가 많은 고통을 당하고 순교했으며, 바오로도 마찬가지로 순교하였습니다. 또한 수많은 사람이 그 뒤를 이었으며, 여자들도 영광의 최후를 마친 사람이 많습니다."

외경[6] 베드로 행전에서는 베드로의 순교에 대하여 다음과 같이 구체적으로 기록하고 있다. 베드로는 로마인들의 박해를 피해 달아나라는 교우들의 말에 따라 변장을 하고 혼자 조용히 로마를 떠나고 있었다. 로마 성문을 벗어나자, 베드로는 아피아 가도에서 마주 오는 예수를 보았다. 베드로는 "Quo vadis, Domine?", 즉 "주님, 어디로 가십니까?" 하고 물었다. 예수는 "십자가에 못박혀 죽으려고 로마로 가는 길이다."라고 대답했다. 베드로가 다시 "주님, 십자가에 다시 못박히겠다는 말씀이십니까?"라고 묻자, 예수는 "그렇다. 베드로야, 나는 다시 십자가에 못박힐 것이다."라고 대답했다. 그제서야 베드로는 정신을 번뜩 차리고 예수를 찬미하면서 다시 로마로 발길을 돌렸다. 그리고 교우들에게 돌아가서 자

성 베드로 대성당 중앙 제대 바로 아래에 베드로의 무덤이 있다.

자료: m.blog.naver.com

[6] 외경(Apocryph)은 일반적으로 알려지지 않은 저작이나 의심스러운 출처의 작품들이다. 성경 외경은 불가타와 칠십인역에 포함되어 있지만 히브리어 성경에는 포함되어 있지 않다. 서방교회에서 천주교는 이런 작품들을 제2경전으로 인정하지만, 개신교는 이런 작품들을 외경이라고 구분한다. 따라서 개신교 성경은 구약 정경에 이 책들을 포함하지 않는다. 다른 비정경적 외경 문서를 일반적으로 위경(거짓된 특성을 의미하는)이라고 부른다.

Vox populi, vox Dei.

기가 본 환시를 전해주면서 자신은 십자가에 못박힐 것이라고 말했다. 결국 베드로는 로마 군사들에게 체포되어 십자가에 매달려 순교했다. 이때 베드로는 특이하게도 자청해서 머리를 아래로 두고 거꾸로 매달려 십자가에서 처형되었다고 전해지는데, 그 이유는 예수와 똑같은 방식으로 죽을 수 없다는 이유에서였다.

베드로의 시신을 묻은 장소에는 나중에 성 베드로 대성전이 세워지게 되는데, 대성전 중앙 제대 바로 아래에 베드로의 무덤이 있다.

베드로의 첫째 서간 5장(장로들에게 주는 교훈) 각 절 해석[7]

1절 '원로들장로들'은 일반 성도들 가운데서 감독자로 선택되어 세움 받은 자들을 가리킨다. 사도 베드로는 자신을 함께 장로된 자요 그리스도의 고난의 증인이요 나타날 영광에 참여할 자라고 증거한다. 사도들은 예수 그리스도의 고난의 증인들이었고 그의 부활의 증인이기도 하였다. 사도행전 1:22, "요한이 세례를 주던 때부터 시작하여 예수님께서 우리를 떠나 승천하신 날까지 그렇게 한 이들 가운데에서 한 사람이 우리와 함께 예수님 부활의 증인이 되어야 합니다." 2:32, "이 예수님을 하느님께서 다시 살리셨고 우리는 모두 그 증인입니다." 3:15, "우리는 그 증인입니다." 5:32, "우리는 이 일의 증인입니다." 그들은 또 주의 재림 때에 영광의 부활에 참여할 자들이었다. 모든 참된 성도들은 주의 재림 때에 그 영광에 참여할 자들이다.

2-3절 본문의 원로는 목사와 장로를 다 포함한다. 신약성경에서 장로는, 장로교 헌법에 표현한 대로, 설교와 치리의 일을 맡은 목사와 치리의 일만을 맡은 장로를 다 포함하는 것이다. 사도 바오로는, "지도자 직무를 훌륭히 수행하는 원로들은 이중으로 존대를 받아 마땅합니다. 설교하고 가르치는 일에 애쓰

7 김효성 목사, 베드로전서 강해, 2019년 5월 2일 수정.

성경대로 세워진 정상적인 교회라면 원초적으로 목사와 장로들 간의 갈등이란 있을 수가 없다. 왜냐하면 바른 교회에는 장로인 목사만 있기 때문이다.

자료: biblemaster.co.kr

는 이들이 특히 그렇습니다."라고 말했다1티모 5:17. 부활하신 주께서는 베드로에게 "내 양을 먹이라"고 말씀하셨었다. 장로의 직무는 하느님의 양무리를 치는 일이다. 양무리를 치는 일 즉 목양牧羊 혹은 목회는 성도들의 영적인 상태를 돌아보는 일이다. 그것은 담임목사에게만 맡겨진 일이 아니고 장로들에게도 맡겨진 일이다. 그들은 다 목양의 직무를 맡았다. 그러므로 장로들은 두렵고 떨림으로 성실하게 그 직무를 다해야 한다.

장로들은 하느님의 양무리를 칠 때 다음 세 가지의 마음을 가져야 한다. 첫째로, 그들은 억지로 하지 말고 자진해서 해야 한다. '억지로'라는 원어아낭카스토스는 '의무감 때문에, 부득이함으로'라는 뜻이다. 하느님께서는 무슨 선한 일이라도 우리가 억지로, 마지못해, 의무감 때문에 하는 것을 기뻐하지 않으신다. 하느님께서는 그의 선한 일들 중에 가장 귀한 일인 이 목양의 일을 우리가 억지로 하는 것을 기뻐하지 않으신다. 장로들은 이 직무를 억지로, 단지 의무감으로 하지 말고 자원함으로 수행해야 한다.

둘째는 부정한 이익을 위하여 하지 말고 즐거운 뜻으로 해야 한다. 목사들과 장로들은 교회의 일을 함에 있어서 사사로운 이익을 구해서는 안 된다. 봉사는 항상 순수하고 깨끗해야 한다. 그러므로 목사들과 장로들은 가능하면 교회 재정에 직접 관계하지 말고 만일 재정에 관계할 때에는 돈 계산에 있어서 정확하고

Vox populi, vox Dei.

깨끗해야 한다. '열성으로'라는 원어프로뒤모스는 '준비된 마음으로, 열심으로'라는 뜻이다. 장로의 직분을 바르게 수행하기 위해서는 순수한 동기와 준비된 마음과 열성이 필요하다.

셋째는 맡겨진 이들을 위해서 지배하려고 하지 말고 양떼의 본이 되어야 한다. 사람이 교인들의 대표자가 되고 인도하는 위치에 있을 때 다른 이들에 대해 높은 마음을 가지고 권위 의식을 가지고 대하기 쉽다. 그러나 그것은 하느님의 교회에서는 용납될 수 없는 악덕이다. 장로들은 주장하는 자세를 갖지 말고 양떼의 본이 되어야 한다.

4절 으뜸 목자목자장는 예수님이시다. 그가 다시 오실 것이다. 그의 재림의 날에 그는 충성된 종들에게 영광의 상을 주실 것이다. 하느님께서는 상 주시는 분이시다. 주 예수께서 마지막 날 복음의 일꾼들과 교회 장로들에게 주실 영광은 시들지 않는 영광이다. 그러므로 현재 목사들과 장로들은 주께서 주신 직분을 수행하는 일에 있어서 힘들고 어려운 점들이 많을지라도 낙심치 말고 으뜸 목자 되신 주 예수 그리스도만 바라고 또 우리는 부족투성이이지만 감히 그의 상 주심을 기대하며 충성할 수 있고 또 그렇게 충성해야 할 것이다.

착한 목자

자료: maria.catholic.or.kr

5절 베드로는 장로들에 대한 권면과 더불어 젊은이들에 대한 권면을 하였다. 젊은이들에 대한 권면은 일반 교인들에게도 적절한 교훈이다. 베드로는 젊은이들에게 세 가지의 권면을 하였다.

첫째로, 젊은이들은 원로들에게 복종해야 한다. 이것은 모든 성도들이 받아야 할 교훈이다. 히브리인들에게 보낸 서간 13:17, "지도자들의 말을 따르고 그들에게 복종하십시오. 그들은 하느님께 셈을 해 드려야 하는 이들로서 여러분의 영혼을 돌보아 주고 있습니다. 그러므로 그들이 탄식하는 일 없이 기쁘게 이 직무를 수행할 수 있게 해 주십시오. 그들의 탄식은 여러분에게 손해가 됩니다." 특히 젊은이들은 대체로 아직 인생의 고난들을 많이 경험하지 못했기 때문에 교만하기 쉬운 때에 있다. 고난의 환경은 대체로 사람을 겸손하게 만드는 양약良藥이다. 그러므로 젊은이들은 원로들에게 순종하고 복종하는 법을 배움으로 지혜를 얻어야 한다.

둘째로, 젊은이들은 서로에게 복종해야 한다. 사도 바오로도 에페소 신자들에게 보낸 서간 5:21에서 "그리스도를 경외하는 마음으로 서로 순종하십시오."라고 교훈하였다. 하느님의 은혜로 구원받아 교회의 구성원이 된 우리 모두는 서로를 존중하면서 서로에게 복종하는 마음 자세를 가져야 한다는 것이다. 그것이 사랑

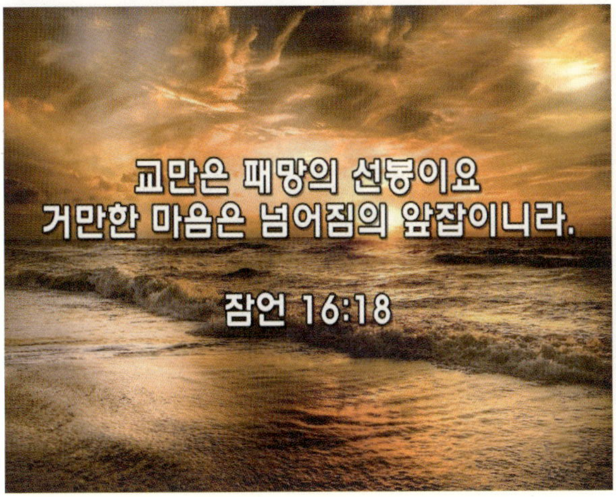

자료: daybible.99doci.com

Vox populi, vox Dei.

그는 우는 사자같이 성도들을 삼키고 죽이며 멸망시키려고 한다. 어떤 때는 질병으로, 또 어떤 때는 가난으로, 또 다른 때는 가정적, 사회적 환난으로 성도들을 시험한다. 초대교회는 성도들이 많은 핍박과 고난을 받았던 시대였다.

그러므로 우리는 게으르거나 욕심을 품거나 세상이나 돈을 사랑함으로 악마에게 틈을 주지 말아야 한다. 우리는 근신하고 깨어서 믿음을 굳게 하고 도리어 악마를 대적해야 한다. 그러려면 우리는 성경 읽기와 기도하기를 힘써야 한다. 특히 하느님의 말씀은 악마를 물리치는 검이다. 주께서도 악마의 시험을 받으셨을 때 기록된 성경말씀을 인용하심으로써 물리치셨다.

10-11절 성도들은 세상에서 악마의 시험과 고난을 당하지만, 그들에게는 하느님의 보호하심이 있다. 하느님께서는 '모든 은총의 하느님' 곧 은총이 풍성하시고 충만하신 하느님이시다. 그가 우리를 그리스도 예수 안에서, 그리스도 예수를 통해 부르셨고 자기의 영원한 영광에 들어가게 하셨다. 이것이 하느님의 구원의 목표이다. 그것이 바로 영광스런 천국이며 또 거기에서 영생 복락을 누리는 것이다.

영원한 천국에 비교해 볼 때, 성도들이 현재 당하는 고난은 '잠시 고난'에 불과하다. 그것은 100년의 일생 중 그리 많지 않다. 그러나 천국과 영생은 영원하고 영광스럽다. 그러므로 바오로도 코린토 신자들에게 보낸 둘째 서간에서 "우리가 지금 겪는 일시적이고 가벼운 환난이 그지없이 크고 영원한 영광을 우리에게 마련해 줍니다. 보이는 것이 아니라 보이지 않는 것을 우리가 바라보기 때문입니다. 보이는 것은 잠시뿐이지만 보이지 않는 것은 영원합니다."라고 말하였다2코린 4:17-18

하느님께서는 창세 전에 계획하시고 뜻하신 바를 남김없이, 실패 없이 다 이루신다. 하느님의 계획의 중심에는 우리의 구원이 있다. 그는 이 일을 위해 아들 예수 그리스도를 이 세상에 보내셨고 십자가에 죽으심으로 우리의 죄를 대속하게 하셨다. 그는 이 일을 위해 성령을 보내어 일하게 하셨다. 이렇게 은총으로 우리를 구원하신 하느님께서는 결코 우리를 버려두지 않으시고 친히 우리를 온전케 하시고 굳게 하시고 강하게 하시고 터를 견고케 하실 것이 분명하다. 과연 그러하다. 우리의 구원은, 확실하고 든든한 보장을 가지고 있다. 그러므로 우리는 낙심치 말고 오직 하느님 앞에서 힘써 순종하자.

예수의 70제자 실바누스(좌측), 그레스겐스, 실라의 이콘(ikon)

자료: ko.wikipedia.org

12절 실바누스[8]는 바오로의 협력전도자였던 실라를 가리키는 것 같다. 실바누스는 베드로의 첫째 서간이 보내졌던 본도, 갈라디아, 갑바도기아, 아시아, 비두니아 등의 성도들에게 신실한 형제로 인정받고 있었고 베드로도 그렇게 알고 있었다. 또 그는 지금 베드로를 위해 이 서신을 대필代筆하고 있다. 실바누스가 실라라면, 그는 바오로의 협력자인 동시에 베드로의 협력자가 되었다. 그는 바오로가 전한 복음과 베드로가 전한 복음이 동일한 복음이라는 것을 잘 증거하는 인물이 된 셈이다.

8 실바누스는 루카 복음서 10장에서 예수에 의해 보냄을 받은 70인의 제자로 여겨지는 동방 정교회의 전승 속 인물이다. 정교회의 전승에 의하면, 그는 이후에 데살로니가의 감독이 되어 순교하였다고 전해진다. 그는 사도행전, 여러 개의 바오로 서신, 베드로의 첫째 서간에서 공동 저자 또는 필사가로 언급되기도 하는 실라와는 다른 인물이다.

베드로는 또 자신이 증거하고 권면한 내용이 하느님의 참된 은총임을 증거했다. 헬라어 전통사본에는 '너희는 이 은혜에 굳게 서라.'는 구절이 '그 은총 안에 굳건히 서 있도록 하십시오.'라는 말로 하느님의 참된 은총을 수식하고 있다. 즉 베드로는 자신이 편지를 보내고 있는 성도들이 이미 하느님의 은총 안에 굳게 서 있음을 확신하고 있었다. 그러나 그런 확신 가운데서도 그는 또 그 은총의 말씀으로 그들을 권면하고 격려한 것이다. 우리는 이미 아는 하느님의 말씀들을 또 듣고 또 음미하고 기억할 필요가 있다.

13-14절 '바빌론 교회'는 문자 그대로 바빌론[앗수르-바빌론 지역]에 있는 교회를 가리키는 것 같다. 복음이 널리 바빌론에까지 퍼져 교회가 세워졌던 것 같다. 이것은 하느님의 은혜였다. 또 마르코에 대한 언급도 앞절에 실바누스에 대한 언급과 같이 초대교회의 같은 신앙과 같은 사랑의 교제를 나타낸다. 마르코는 사도 바오로에게 협력자였고 사도 베드로에게도 그러하였으며 본절에서 '나의 아들'이라고 불리었다. 진정한 기독교는 일치된 진리와 일치된 신앙을 가지고 있다. 우리는 이 진리와 신앙을 확인하고 확신하고 이 진리와 신앙 안에서 일치된 기독교를 확증하고 혹은 회복시키고 그것을 널리 전파하고 후대에 전수시키도록 힘써야 할 것이다.

앗수르-바빌론 지역

자료: m.blog.naver.com

Vox populi, vox Dei.

제2부

베드로의 둘째 서간

베드로의 둘째

서간 1장

天聲

인사

1 예수 그리스도의 종이며 사도인 시몬 베드로가, 우리 하느님이시며 구원자이신 예
수 그리스도의 의로움 덕분에 우리처럼 귀한 믿음을 받은 이들에게 인사합니다.
2 하느님과 우리 주 예수님을 앎으로써 은총과 평화가 여러분에게 풍성히 내리기를
빕니다.

그리스도인의 소명

3 그리스도께서는 우리를 영광과 능력을 가지고 부르신 분을 알게 해 주심으로써,
당신이 지니신 하느님의 권능으로 우리에게 생명과 신심에 필요한 모든 것을 내려
주셨습니다.
4 그분께서는 그 영광과 능력으로 귀중하고 위대한 약속을 우리에게 내려 주시어,
여러분이 그 약속 덕분에, 욕망으로 이 세상에 빚어진 멸망에서 벗어나 하느님의
본성에 참여하게 하셨습니다.
5 그러니 여러분은 열성을 다하여 믿음에 덕을 더하고 덕에 앎을 더하며,
6 앎에 절제를, 절제에 인내를, 인내에 신심을,
7 신심에 형제애를, 형제애에 사랑을 더하십시오.
8 이것들이 여러분에게 갖추어지고 또 넉넉해지면, 여러분은 우리 주 예수 그리스도
를 아는 일에 게으르거나 열매를 맺지 못하는 사람이 되지 않을 것입니다.
9 그러나 이러한 것들을 지니지 못한 자는 근시안이라서 앞을 보지 못하고, 자기가
옛 죄에서 깨끗해졌음을 잊어버린 사람입니다.

10 그러므로 형제 여러분, 여러분이 받은 소명과 선택이 굳건해지도록 애쓰십시오. 그
렇게 하면 여러분은 결코 넘어지지 않을 것입니다.
11 그리하여 여러분은 우리의 주님이시며 구원자이신 예수 그리스도의 영원한 나라
에 들어갈 자격을 충분히 갖추게 될 것입니다.

사도들과 예언자들의 증언

12 그러므로 여러분이 이러한 것들을 알고 또 이미 받은 진리 안에 굳건히 서 있기는
하지만, 나는 언제나 여러분에게 그것들을 기억시키려고 합니다.
13 내가 이 천막에 머물러 있는 동안 여러분의 기억을 일깨우는 것이 마땅하다고 생
각합니다.
14 우리 주 예수 그리스도께서도 나에게 밝혀 주셨듯이, 내가 이 천막에서 벗어날 때
가 다가왔다는 것을 알고 있기 때문입니다.
15 나는 내가 세상을 떠난 뒤에도 여러분이 언제나 이러한 것들을 기억할 수 있도록
애쓰겠습니다.
16 사실 우리가 여러분에게 우리 주 예수 그리스도의 권능과 재림을 알려 줄 때, 교
묘하게 꾸며 낸 신화를 따라 한 것이 아닙니다. 그분의 위대함을 목격한 자로서 그
리한 것입니다.
17 그분은 정녕 하느님 아버지에게서 영예와 영광을 받으셨습니다. 존귀한 영광의 하
느님에게서, "이는 내 아들, 내가 사랑하는 이, 내 마음에 드는 이다." 하는 소리가
그분께 들려왔을 때의 일입니다.
18 우리도 그 거룩한 산에 그분과 함께 있으면서, 하늘에서 들려온 그 소리를 들었습
니다.
19 이로써 우리에게는 예언자들의 말씀이 더욱 확실해졌습니다. 여러분의 마음속에
서 날이 밝아 오고 샛별이 떠오를 때까지, 어둠 속에서 비치는 불빛을 바라보듯이
그 말씀에 주의를 기울이는 것이 좋습니다.
20 무엇보다 먼저 이것을 알아야 합니다. 성경의 어떠한 예언도 임의로 해석해서는 안
됩니다.
21 예언은 결코 인간의 뜻에서 나온 것이 아니라, 사람들이 성령에 이끌려 하느님에
게서 받아 전한 것입니다.

1 Simon Peter, a servant and apostle of Jesus Christ, To those who through
the righteousness of our God and Savior Jesus Christ have received a
faith as precious as ours:
2 Grace and peace be yours in abundance through the knowledge of God
and of Jesus our Lord.
3 His divine power has given us everything we need for life and godli-
ness through our knowledge of him who called us by his own glory and
goodness.
4 Through these he has given us his very great and precious promises, so
that through them you may participate in the divine nature and escape
the corruption in the world caused by evil desires.
5 For this very reason, make every effort to add to your faith goodness;
and to goodness, knowledge;
6 and to knowledge, self-control; and to self-control, perseverance; and to
perseverance, godliness;
7 and to godliness, brotherly kindness; and to brotherly kindness, love.
8 For if you possess these qualities in increasing measure, they will keep
you from being ineffective and unproductive in your knowledge of our
Lord Jesus Christ.
9 But if anyone does not have them, he is nearsighted and blind, and has
forgotten that he has been cleansed from his past sins.
10 Therefore, my brothers, be all the more eager to make your calling and
election sure. For if you do these things, you will never fall,
11 and you will receive a rich welcome into the eternal kingdom of our Lord
and Savior Jesus Christ.
12 So I will always remind you of these things, even though you know them
and are firmly established in the truth you now have.

13 I think it is right to refresh your memory as long as I live in the tent of this body,

14 because I know that I will soon put it aside, as our Lord Jesus Christ has made clear to me.

15 And I will make every effort to see that after my departure you will always be able to remember these things.

16 We did not follow cleverly invented stories when we told you about the power and coming of our Lord Jesus Christ, but we were eyewitnesses of his majesty.

17 For he received honor and glory from God the Father when the voice came to him from the Majestic Glory, saying, "This is my Son, whom I love; with him I am well pleased."

18 We ourselves heard this voice that came from heaven when we were with him on the sacred mountain.

19 And we have the word of the prophets made more certain, and you will do well to pay attention to it, as to a light shining in a dark place, until the day dawns and the morning star rises in your hearts.

20 Above all, you must understand that no prophecy of Scripture came about by the prophet's own interpretation.

21 For prophecy never had its origin in the will of man, but men spoke from God as they were carried along by the Holy Spirit.

1 イエス・キリストのしもべであり使徒であるシモン・ペテロから，私たちの神であり救い主であるイエス・キリストの義によって私たちと同じ尊い信仰を受けた方々へ.

2 神と私たちの主イエスを知ることによって，恵みと平安が，あなたがたの上にますます豊かにされますように。

3 というのは，私たちをご自身の榮光と德によってお召しになった方を私たち

が知ったことによって, 主イエスの, 神としての御力は, いのちと敬虔に關する
すべてのことを私たちに與えるからです。
4 その榮光と德によって, 尊い, すばらしい約束が私たちに與えられました。そ
れは, あなたがたが, その約束のゆえに, 世にある欲のもたらす滅びを免れ,
神のご性質にあずかる者となるためです。
5 こういうわけですから, あなたがたは, あらゆる努力をして, 信仰には德を,
德には 知識を,
6 知識には自制を, 自制には忍耐を, 忍耐には敬虔を,
7 敬虔には兄弟愛を, 兄弟愛には愛を加えなさい。
8 これらがあなたがたに備わり, ますます豊かになるなら, あなたがたは, 私た
ちの主イエス・キリストを知る点で, 役に立たない者とか, 實を結ばない者に
なることはありません。
9 これらを備えていない者は, 近視眼であり, 盲目であって, 自分の以前の罪
がきよめられたことを忘れてしまったのです。
10 ですから, 兄弟たちよ。ますます熱心に, あなたがたの召されたことと選ば
れたこととを確かなものとしなさい。これらのことを行なっていれば, つまず
くことなど 決してありません。
11 このようにあなたがたは, 私たちの主であり救い主であるイエス・キリストの
永遠の御國にはいる惠みを豊かに加えられるのです。
12 ですから, すでにこれらのことを知っており, 現に持っている眞理に堅く立っ
ているあなたがたであるとはいえ, 私はいつもこれらのことを, あなたがた
に思い起こさせようとするのです。
13 私が地上の幕屋にいる間は, これらのことを思い起こさせることによって, あ
なたがたを奮い立たせることを, 私のなすべきことと思っています。
14 それは, 私たちの主イエス・キリストも, 私にはっきりお示しになったとお
り, 私がこの幕屋を脱ぎ捨てるのが間近に迫っているのを知っているから
です。
15 また, 私の去った後に, あなたがたがいつでもこれらのことを思い起こせる
よう, 私は努めたいのです。

Vox populi, vox Dei.

16 私たちは, あなたがたに, 私たちの主イエス・キリストの力と來臨とを知らせ
ましたが, それは, うまく考え出した作り話に從ったのではありません。この
私たちは, キリストの威光の目擊者なのです。
17 キリストが父なる神から譽れと榮光をお受けになったとき, おごそかな, 榮光
の神から, こういう御聲がかかりました。「これはわたしの愛する子, わたし
の喜ぶ者である。」
18 私たちは聖なる山で主イエスとともにいたので, 天からかかったこの御聲を,
自分自身で聞いたのです。
19 また, 私たちは, さらに確かな預言のみことばを持っています。夜明けとなっ
て, 明けの明星があなたがたの心の中に上るまでは, 暗い所を照らすともし
びとして, それに目を留めているとよいのです。
20 それには何よりも次のことを知っていなければいけません。すなわち, 聖書
の預言はみな, 人の私的解釋を施してはならない, ということです。
21 なぜなら, 預言は決して人間の意志によってもたらされたのではなく, 聖靈に
動かされた人たちが, 神からのことばを語ったのだからです。

베드로의 둘째 서간

자료: okss17.tistory.com

人語

베드로의 둘째 서간 요약

베드로의 둘째 서간은 어떤 책인가?

베드로가 두 번째 편지를 쓸 때에, 수신자들은 거짓 선지자들의 이단적 가르침으로 인해 긴박한 위험에 처해 있었으며2:1-3, 베드로 또한 자신의 생명이 얼마 남지 않았다는 것을 알고 있었다. 베드로의 둘째 서간은 그가 죽기 전 60년대 어느 시점에 첫째 서간과 같은 장소인 로마에서 썼을 가능성이 높다. 이 편지를 둘째 서간3:1이라고 부르는 것을 볼 때 둘째 서간의 수신자는 첫째 서간의 수신자와 동

가톨릭 신약성경 제22권 베드로의 둘째 서간

자료: okss17.tistory.com

일한 그리스도인 그룹일 것이다. 베드로의 둘째 서간에서는 베드로의 첫째 서간과 달리 환란과 핍박보다 이단으로 인한 가르침의 위험성이 더 큰 이슈였다. 베드로는 이러한 어려움에 처한 이들을 향하여 믿음에 대한 근거를 다시 기억나게 하며1:12-13, 자신이 이 세상을 떠난 후에도 변함없이 이러한 사실을 기억하도록 이 편지를 썼다.

베드로의 둘째 서간의 구조

- 서론과 인사 1:1-2
- 진리 안에서의 성장 1:3-21
- 거짓 선지자들에 대한 경고 2:1-22
- 재림에 대한 소망 3:1-13
- 결론적 권면과 축도 3:14-18

베드로의 둘째 서간의 주제와 요약

베드로 사도는 첫 번째 서간과 유사하게 인내심을 가지고 하느님을 고대하며 기다리라고 조언한다. 인용하는 모든 구약의 구절들은 하느님을 향한 그들의 소망과 신뢰의 근거로 제시하고 있다. 하느님께서 정하신 시간이 있다는 것을 분명히 믿으라고 말한다. 그분의 재림이 확실히 있기에 백성들은 그것을 준비해야 한다고 강조한다. 베드로의 둘째 서간은 예수 그리스도의 고난에 초점을 맞추고 있는 첫째 서간과 달리 변화 산에서 있었던 예수님의 경험에 특별한 관심을 부각시킨다. 존귀와 영광 중에 다시 오실 예수 그리스도의 재림이 중요한 주제였기 때문일 것이다.

베드로의 둘째 서간

자료: okss17.tistory.com

Vox populi, vox Dei.

베드로의 둘째 서간 1장(신앙의 성숙) 각 절 해석[1]

1-2절 베드로는 자신을 '예수 그리스도의 종과 사도'라고 불렀다. 그것은 그가 예수 그리스도를 주님으로 인정하고 그에게 절대 복종하는 자임을 고백한 것이다. 예수 그리스도께서는 우리의 주님이시며 우리는 그의 종이다. '사도'라는 말은 예수께서 사명을 주셔서 보내신 자를 가리킨다. 그가 주 예수께 받은 사명은 하느님의 복음을 전파하고 가르치며 하느님의 교회를 세우고 돌아보는 것이었다.

1 김효성 목사, 베드로전서 강해, 2019년 8월 29일 수정.

베드로는 자신을 '예수 그리스도의 종과 사도'라고 불렀다.

자료: m.post.naver.com

'우리 하느님이시며 구원자이신 예수 그리스도'라는 원어는 '우리의 하느님과 구주이신 예수 그리스도'라는 뜻이라고 본다NASB. 예수님의 신성神性은 그에게 돌려지는 신적 명칭들과 속성들, 그가 행하신 신적 사역들, 그가 받으시는 신적 영광 등에서 증거된다. 예수께서는 신약성경에서 '하느님', '크신 하느님', '참 하느님' 등으로 불리셨다. 그는 신성神性을 가진 구주이시다.

'우리 하느님이시며 구원자이신 예수 그리스도의 의로움'이란 예수 그리스도께서 십자가에 죽으심으로 이루신 대속代贖의 의로움을 가리킨다. 하느님의 아들 예수 그리스도께서 우리를 위하여 율법의 의로움을 이루셨다. 로마 신자들에게 보낸 서간 10:4, "사실 그리스도는 율법의 끝이십니다. 믿는 이는 누구나 의로움을 얻게 하려는 것입니다." 또 그는 우리의 의로움이 되셨다. '의로움 덕분에'라는 말은 '의로움으로 말미암아'라는 뜻이다. 우리의 믿음은 예수 그리스도의 의로움 때문에 시작되었고 또 견고하게 된다. 우리가 예수 그리스도를 믿는 것은 그가 십자가에서 이루신 대속의 의로움을 믿는 것이다. 여기에 구원과 영생이 있다.

베드로는 서신을 받는 성도들을 '귀한 믿음을 받은 이들'이라고 표현하였다. 성

디베랴 바닷가에서 베드로에게 질문하시는 예수님

자료: www.fingerofthomas.org

도들의 믿음은 '귀한' 믿음이다. 세상의 금은 보화로는 천국과 영생을 얻을 수 없으나 예수님을 믿는 참된 믿음으로는 그것을 얻을 수 있다. 성도의 믿음은 하느님의 은혜이며 천국을 기업으로 받을 매우 값진 것이다.

'우리처럼 귀한 믿음'이라는 말은 참 믿음이 모든 성도들에게, 남녀노소, 빈부귀천, 또는 유대인과 이방인 모두에게 동일하게 보배로움을 증거한다. 성도의 귀한 믿음은 모든 믿는 자에게 공통적인 믿음이다. 티토에게 보낸 서간 1:4, "같은 믿음에 따라 나의 착실한 아들이 된 티토에게 인사합니다."

베드로는 "하느님과 우리 주 예수님을 앎으로써 은총과 평화가 여러분에게 풍성히 내리기를 빕니다."라고 말한다. 그는 지식을 강조한다. 우리가 하느님과 주 예수님을 아는 것이 은혜이며 구원이다. 예수께서는 "영원한 생명이란 홀로 참하느님이신 아버지를 알고 아버지께서 보내신 예수 그리스도를 아는 것입니다."라고 말씀하셨다요한 17:3. 우리는 하느님과 주 예수 그리스도의 대속의 사랑을 깨닫고 믿음으로 죄사함과 의롭다 하심의 구원을 얻었고 마음의 참평안을 얻었다. 우리는 육신의 건강이나 물질적 여유도 하느님과의 바른 관계 속에서 누린다. 이제 하느님과 예수 그리스도께 대한 우리의 지식이 더할수록 하느님의 은혜와 평안도 더욱 많아질 것이다.

3절 예수 그리스도께서는 그의 신적 능력으로 생명과 경건에 관한 모든 것을 우리에게 주셨다. 구원은 하느님의 능력의 일이다. 죄로 인해 죽었던 영혼들을 다시 살게 하시는 것은 오직 하느님께서만 하실 수 있다. 예수께서는 그의 신적 능력으로 우리를 구원하셨고 우리에게 참된 생명 곧 영원한 생명을 주셨고 또 하느님을 섬길 수 있는 경건을 허락하셨다. 우리는 구주 예수 그리스도의 중보사역과 그의 이름을 의지하지 않고서는 하느님을 섬길 수 없었고 지금도 그러하다.

또 하느님께서는 영광과 덕으로써 우리를 부르셨다. 그의 구원의 사역은 독생자 예수 그리스도를 이 세상에 보내심으로 이루어졌고 예수 그리스도께서는 하느님의 영광을 나타내셨다. 요한 복음서 1:14, "말씀이 사람이 되시어 우리 가운데 사셨다. 우리는 그분의 영광을 보았다. 은총과 진리가 충만하신 아버지의 외아드님으로서 지니신 영광을 보았다." 우리는 이런 구주 하느님을 앎으로써 죄사함과 의롭다 하심과 영생에 이르는 구원을 얻었다.

그리스도의 중보사역과 그 이름을 의지하지 않고는 하느님을 섬길 수 없다.

자료: m1.daumcdn.net

4절 우리의 구원은 하느님의 보배롭고 지극히 큰 약속이다. '귀중하고 위대한 약속'은 우리가 받은 구원의 내용, 즉 영생과 천국과 부활의 소망을 가리킨다. 하느님께서는 이 영광스런 구원을 약속하셨다. 티토에게 보낸 서간 1:1-

2, "나 바오로는 하느님의 종이며 예수 그리스도의 사도입니다. 내가 이렇게 부르심을 받은 것은 하느님께 선택된 이들의 믿음을 돕고 신앙에 따른 진리를 깨우쳐 주기 위한 것으로, 영원한 생명의 희망에 근거합니다. 이 영원한 생명은 거짓이 없으신 하느님께서 창조 이전에 약속하신 것입니다."

하느님께서 우리를 구원하신 목적은 우리로 하여금 그의 성품에 참여하게 하려 하심이었다. '하느님의 본성'이라는 원어데이아 퓌시스는 '신적인 성품'이라는 뜻이다. 그것은 하느님께서 사람을 자기 형상대로 지으신 그 성품이라고 말할 수 있다. 우리의 구원은 아담의 범죄로 모든 인류에게 전가된 죄책罪責 즉 죄인이라는 신분과 법적 책임을 회복하는 것뿐 아니라, 모든 인류에게 전달된 죄성罪性을 극복하는 것을 포함한다. 죄책은 예수님을 믿고 의롭다 하심을 얻음으로 즉시 회복되지만, 죄성은 성화의 과정을 통해 비록 매우 더디지만 점진적으로 극복된다. 사람은 본래 하느님의 형상대로 거룩하고 의롭게 창조되었으나 인류의 시조 아담과 하와가 범죄한 후 '욕망으로 이 세상에 빚어진 멸망에서 벗어나' 구하는 자들

"당신 본성의 모습에 따라 인간을 만드셨다."
웬젤 피터의 〈에덴동산의 아담과 하와〉 일부

자료: m.catholictimes.org

Vox populi, vox Dei.

이 되었다. 그러나 구주 예수께서는 우리의 본성을 새롭게 하셔서 거룩하고 의롭고 선하고 진실한 하느님의 성품을 가지게 하시는 것이다. 하느님의 형상의 회복, 그것이 하느님의 구원의 목적이다.

5-7절 '열성을 다하여'라는 원어는 '모든 부지런함과 열심을 보여'라는 뜻이다. 우리는 우리의 믿음에 다음 일곱 가지를 더하는 일에 모든 부지런함과 열심을 보여야 한다. 사도 바오로도 테살로니카 신자들에게 보낸 첫째 서간 4:1에서 "여러분은 어떻게 살아가야 하는지, 어떻게 해야 하느님 마음에 들 수 있는지 우리에게 배웠고, 또 그렇게 살아가고 있습니다. 더욱더 그렇게 살아가십시오."라고 말했다. 사도 베드로가 우리에게 더욱 힘쓰라고 교훈한 그 일곱 가지 내용은 무엇인가?

첫째는 덕이다. 덕은 선한 성품을 가리킨다. 믿음에는 선한 성품이 필요하다. 믿음이 선한 성품을 수반하지 않는다면 죽은 믿음이든지 아니면 심히 부족하고 결

"우리의 주님이시며 구원자이신 예수 그리스도에게서 받은 은총과 그분에 대한 앎을 더욱 키워 나아가십시오." (2베드 3:18)

자료: www.cts.tv

함 있는 믿음일 것이다. 그러므로 믿는 자는 선한 성품, 즉 덕스러운 성품을 갖추도록 힘써야 한다.

둘째는 지식이다. 우리의 믿음은 덕뿐 아니라, 지식도 필요하다. 그 지식은 하느님의 진리에 대한 지식이다. 하느님의 진리는 하느님의 뜻을 나타내는데, 그것은 성경에 기록되어 있다. 그러므로 예수님을 믿는 자는 성경책을 시시때때로 읽고 듣고 배우고 묵상하기를 힘써야 하고, 또 그렇게 함으로써 하느님의 진리의 지식이 풍성해져야 한다.

셋째는 절제이다. 절제는 지식에 있어서 필요하다. 우리는 하느님에 관해 지극히 조금 알고 있을 뿐이다. 또 그 지식은 전적으로 성경책에 의존하고 있다. 그러므로 우리는 성경에 밝히 계시된 것만큼만 하느님을 알도록 해야 하며 하느님께서 성경에 계시해주시지 않은 것을 지나치게 상상하거나 주장하지 않아야 한다. 코린토 신자들에게 보낸 첫째 서간 4:6, "나는 여러분을 위하여 이 모든 것을 나 자신과 아폴로에게 적용시켜 이야기하였습니다. 여러분이 '기록된 것에서 벗어나지 마라.' 한 가르침을 우리에게 배워, 저마다 한쪽은 얕보고 다른 쪽은 편들면서 우쭐거리는 일이 없게 하려는 것입니다."

또 절제는 우리가 누리는 즐거움에 있어서도 필요하다. 하느님께서는 우리에게 먹는 즐거움, 결혼의 즐거움 등 삶의 즐거움을 주셨다. 성경은 사람이 먹고 마시며 심령으로 낙을 누리는 것이 선하고 아름답다고 말하며 또 아내와 함께 즐겁게 사는 것을 복이라고 말한다. 그러나 우리는 죄 되는 것이 아니라 하더라도 육

인내의 발효. 보이지 않는 누룩이 반죽 전체에 은밀히 영향을 끼치듯, 하느님 나라의 위대함을 드러내기 위해서는 발효의 시간이 절대적으로 필요하다.

자료: newsnjoy.or.kr

Vox populi, vox Dei.

신적 즐거움에 빠지지 않는 절제가 필요하다. 코린토 신자들에게 보낸 첫째 서간 9:25, "모든 경기자는 모든 일에 절제를 합니다. 그들은 썩어 없어질 화관을 얻으려고 그렇게 하지만, 우리는 썩지 않는 화관을 얻으려고 하는 것입니다."

넷째는 인내이다. 우리는 이 세상에서 겪는 여러 가지 고난 중에서 오래 참고 인내해야 한다. 우리는 말세에 대 환난의 시대에 믿음과 인내를 가져야 한다. 또 우리가 형제를 사랑할 때도 인내가 필요하다. 사랑은 오래 참고 모든 것을 참으며 모든 것을 견딘다고 성경은 말한다1코린 13:4, 7. 우리는 하느님의 기도 응답을 기다릴 때에도 오래 참고 기다려야 한다. 신앙생활에는 인내가 필요하다.

다섯째는 경건이다. 경건은 창조자, 섭리자 하느님을 알고 항상 그를 의식하며 두려워하며 그 앞에서 사는 것을 말한다. 그것은 하느님께 예배하는 태도이며 범사에 하느님을 인정하는 태도이다. 그것은 성경 말씀을 읽고 기도하기를 힘쓰며 하느님과 항상 교제하고 그와 동행하는 삶으로 나타난다. 모든 신자는 경건하게 살아야 한다.

여섯째는 형제 우애 혹은 친절이다. 사도 베드로는 베드로의 첫째 서간 3:8에

아가페 사랑, 하느님의 무조건적인 사랑

자료: veritas.kr

서 "여러분은 모두 생각을 같이하고 서로 동정하고 형제처럼 사랑하고 자비를 베풀며 겸손한 사람이 되십시오."라고 가르쳤다. 또 사도 바오로도 로마 신자들에게 보낸 서간 12:10에서, "형제애로 서로 깊이 아끼고, 서로 존경하는 일에 먼저 나서십시오."라고 가르쳤다. 하느님께서는 우리가 서로 사이좋게 지내며 온유하고 겸손한 마음으로 상대방에게 친절하게 대하기를 원하신다.

일곱째는 사랑이다. '사랑'이라는 말아가페은 '형제 우애'라는 말필라델피아보다 더 강한 뜻을 가진다. 이것은 우리를 사랑하신 하느님의 사랑과 같은 사랑, 즉 '무조건적, 희생적 사랑'을 나타내는 말이다. 예수께서는 우리에게 이런 사랑으로 '원수까지도 사랑하라'고 명령하셨고 우리에게 용서를 비는 형제의 죄를 일흔 번씩 일곱 번이라도 용서하라고 명하셨다마태 5:44; 18:22. 사랑은 허다한 허물을 덮는다. 사랑은 율법의 완성이다로마 13:10.

8-9절 만일 우리에게 위와 같은 내용들이 있으면 우리가 주 예수 그리스도에 대한 참지식에 있어서 열매 없는 자가 되지 않겠지만, 이런 것이 없는 자는 내세와 천국을 바라보지 못하는 소경과 같고 하느님께서 그의 옛 죄들을 깨끗하게 해주셨음을 잊어버린 자와 같다.

10절 사도 베드로는 "여러분이 받은 소명과 선택이 굳건해지도록 애쓰십시오."라고 다시 강조한다. '소명과 선택'은 우리의 구원을 가리키는 말이다.

예수님께서 피흘려 약속하신 말씀을 믿고 그 말씀대로 순종해서 구원받는 신앙인이 되어야 한다.

자료: m.blog.naver.com

Vox populi, vox Dei.

행복한 삶을 원한다면 모든 계명에 순종하라(신명기 10:12-22)

자료: happyfellowshipchurch.org

우리가 하느님의 소명과 선택을 얻은 증거는 우리의 참된 믿음과 회개의 열매이다. 우리는 믿음에 덕, 지식, 절제, 인내, 경건, 형제 우애, 사랑 등을 공급함으로써 우리의 구원을 굳게 해야 한다.

우리가 그렇게 해야 할 이유는 두 가지이다. 첫째는 우리가 이것을 행하면 언제든지 실족하지 않을 것이기 때문이다. 순종은 참된 믿음의 증표이다. 우리의 믿음은 우리의 순종의 행위를 통해 자라고 강해진다. 성도의 승리의 비결은 계속 순종하기를 힘쓰는 데 있다.

11절 두 번째 이유는 우리가 이런 것들을 소유하면 우리 주와 구주이신 예수 그리스도의 영원한 나라 즉 영광의 천국에 넉넉히 들어가게 될 것이기 때문이다. 선한 행실의 열매가 없는 사람은 천국에 대한 확신을 잃어버릴 수도 있다. 그러나 선한 행실의 열매가 있는 사람은 그 확신을 간직할 것이다. 성도의 구원은 순종 생활에서 더욱 확실해진다. 성도가 범죄하면 구원의 기쁨과 확신을 잃어버릴 수 있다. 그러나 다윗의 고백처럼, 그가 회개할 때 하느님께서는 그에게 구원의 즐거움을 회복시켜 주시며 구원의 확신을 주실 것이다.

12-15 사도 베드로는 서신을 받는 자들이 이미 복음 진리를 알고 그

진리 위에 섰다고 말한다. 처음으로 믿어 보려고 하는 자들 외에는 많은 신자들이 그러할 것이다. 사도 베드로는 그들이 복음 진리를 알고 있어도 그것들을 항상 기억하기를 원하며 그것을 위해 이 서신을 쓴다고 말한다. 특히 그는 주 예수께서 말씀하신 바와 같이요한 21:18-19 자신이 장막을 벗어날 시간 곧 자신의 죽음의 시간이 임박함을 느끼고 있었기 때문에 더욱 성도들을 교훈했다. 베드로의 둘째 서간은 베드로의 유언적 내용이다. 그는 자신이 죽은 후에도 성도들에게 필요한 때 이 진리가 생각나게 하려고 죽기 전에 힘써 교훈했던 것이다. 여기에 하느님께서 성경을 기록하게 하신 목적이 있다. 여기에 좋은 책들이나 설교 녹화물들이 필요한 이유도 있다. 그러므로 우리는 하느님의 목적대로 성경을 주야로 묵상하며 좋은 책들을 읽음으로써 하느님의 뜻을 늘 기억하며 교훈을 얻고 은혜와 유익을 얻어야 할 것이다.

16-18절 사도 베드로는 특히 하느님의 복음 진리의 핵심인 예수 그리스도의 신적 능력과 강림하심 즉 그의 성육신成肉身[2]에 대해 말한다. 그는 예수께

예수님의 성육신

자료: mangastorytelling.tistory.com

[2] 성육신(成肉身)은 기독교에서 쓰이는 용어로서, 하느님이 사람이 된 사건을 가리킨다. 강생(降生, incarnatio)이라고도 부른다. 기독교인들은 예수가 강생한 하느님, 즉 하느님의 공현(公顯, Epiphany)이라고 믿는다.

Vox populi, vox Dei.

서 본래 영원하신 하느님의 아들이신데 사람으로 내려오신 것이며 하느님의 능력과 영광을 소유한 분이심을 증거한다요한 1:14. 그것은 기독교 신앙의 기본적 내용이다.

베드로는 이 진리, 즉 예수 그리스도의 신적 영광에 관한 진리가 '공교히 만든 이야기' 즉 사람들이 지어낸 이야기가 아니고 자신들이 그의 크신 영광을 친히 본 자라고 증거했다. 그것은 마태오 복음서 17장이나 다른 복음서들에 기록된 대로마르 9장; 루카 9장 그와 다른 두 제자들이 주와 함께 높은 산에 올라갔을 때 주께서 영광스럽게 변화되셨고 하느님 아버지께서 하늘로부터 친히 음성으로 그에 대해 "이는 내가 사랑하는 아들, 내 마음에 드는 아들이다."마태 3:17라고 증거하신 내용이었다. 그것은 하느님 아버지께서 친히 음성으로 그를 증거하신 것이었다. 이것은 확실히 예수님에 대한 한 중요한 증거이었다. 이때 예수께서는 아버지로부터 존귀와 영광을 얻으셨다. 이것이 예수님의 신적 영광에 대한 목격자였던 사도 베드로의 증언이다.

19-21절 한 걸음 더 나아가, 사도 베드로는 예수님의 신적 영광에 대한 더 확실한 증거를 말한다. 그것은 구약성경의 증거를 가리킨다. 그것은 그가 친히 보았던 증거보다 "예언자들의 말씀이 더욱 확실해졌습니다."라고 표현한다. 성경은 사람의 그 어떤 증거보다 더 확실한 증거의 책이다. 하느님께서는 우리의 믿음의 확실함을 위해 성경을 우리에게 주셨다. 그것은 어두운 곳을 비추는 등불과 같다. 어두운 밤에 불빛이 없다면 길 가는 자나 길을 찾는 자는 얼마나 답답하고 불편할 것인가? 죄로 인해 어두워진 세상에 성경이 없었다면, 우리는 창조자와 섭리자이신 하느님과 우리를 죄와 불행과 죽음과 지옥 형벌에서 구원하실 구주 예수 그리스도에 대해 바로 알지 못했을 것이다.

"날이 밝아 오고 샛별이 떠오를 때까지"라는 말은 우리가 성경을 읽고 연구하고 묵상할 때 바른 깨달음이 생기는 것을 가리킨다. 그러므로 우리는 성경을 통해 천지만물을 창조하시고 홀로 다스리시는 하느님에 대한 바른 지식과 특히 그의 아들 우리 구주 예수 그리스도와 속죄의 복음 진리를 바로 깨달을 때까지 성

성경은 스스로 증거하고 있다.[3]

자료: www.usaamen.net

경을 가까이 하며 읽고 묵상해야 할 것이다. 루카 복음서 24:25-27, "그때에 예수님께서 그들에게 이르셨다. '아, 어리석은 자들아! 예언자들이 말한 모든 것을 믿는 데에 마음이 어찌 이리 굼뜨냐? 그리스도는 그러한 고난을 겪고서 자기의 영광 속에 들어가야 하는 것이 아니냐?' 그리고 이어서 모세와 모든 예언자로부터 시작하여 성경 전체에 걸쳐 당신에 관한 기록들을 그들에게 설명해 주셨다." 요한 복음서 5:39, "너희는 성경에서 영원한 생명을 찾아 얻겠다는 생각으로 성경을 연구한다. 바로 그 성경이 나를 위하여 증언한다."

사도 베드로는 성경이 예수님에 대한 중요한 증거이지만 그것을 사사로이 해석해서는 안 된다고 말한다. 성경은 사람이 주관적으로 마음대로 해석해서는 안 되는 책이다. 그것은 하느님을 두려워하는 마음으로 바르게 해석해야 할 책이다. 이것은 성경을 읽는 자가 알아야 할 매우 기본적인 일이다. 성경이 중요한 만큼 그것을 해석하는 것도 중요하다. 성경 해석의 건전한 방법은 첫째, 문법적으로 해석하고 둘째, 역사적 배경과 상황을 이해하면서 해석하고 셋째, 전체적으로 통일성 있게 해석하는 것이다. 물론, 성경을 깨닫게 하시는 이는 오직 하느님이시므로 성

3 증거하고 있는 여덟 가지 ① 성경은 하느님의 감동으로 기록되었다. ② 성경은 진리이다. ③ 성경은 권위가 있다. ④ 성경은 명확하다. ⑤ 성경은 충분하다. ⑥ 성경은 능력이 있다. ⑦ 성경의 주인공은 그리스도이시다. ⑧ 성경은 소중하다. 출처: www.thegospelcoalition.org

성경은 전부 하느님의 영감으로 쓰인 것이다.

자료: www.headstone924.net

경을 연구하는 이들은 하느님의 영이 깨닫게 하시는 은혜를 구하면서 읽고 연구하고 묵상해야 할 것이다.

우리가 성경을 사사로이 해석해서는 안 되는 것은 성경이 하느님의 감동으로 기록된 책이기 때문이다. 예언은 사람의 뜻으로 낸 것이 아니고 오직 하느님의 거룩한 사람들 곧 선지자들이 성령의 감동으로 받고 기록한 하느님의 특별계시의 말씀이다. 모든 성경은 하느님의 감동으로 되었다. 티모테오[4]에게 보낸 둘째 서간 3:16에 "성경은 전부 하느님의 영감으로 쓰인 것으로, 가르치고 꾸짖고 바로잡고 의롭게 살도록 교육하는 데에 유익합니다."라고 되어 있다. 그러므로 우리는 성경을 해석할 때 자기 마음대로 해석하지 않도록 매우 조심해야 한다.

4 티모테오 또는 디모데('하느님의 사랑을 받다', 17~80년)는 기독교의 신약성경인 사도행전에 언급되는 인물이다. 기독교의 역사에서는 기원후 80년 순교한 1세기의 성직자로, 65세에 에페소스의 주교가 되었다고 한다. 로마 가톨릭교회, 동방 정교회, 성공회, 루터교에서는 디모테오를 성인으로 존경하여, 가톨릭교회와 성공회의 경우 디모데와 디모테오를 세례명(신명)으로 사용하고 있다. 17년 소아시아 남부 지방 리스트라 출생으로 알려져 있으며 어린 시절 어머니 에우니케(유니게)와 조모 로이스가 유대인이어서 십계명과 모세의 율법을 배웠다.

Vox populi, vox Dei.

베드로와 유다

베드로의 둘째

서간 2장

天聲

거짓 예언자들과 거짓 교사들

1 이스라엘 백성 가운데에 거짓 예언자들이 일어났던 것처럼, 여러분 가운데에도 거짓 교사들이 나타날 것입니다. 그들은 파멸을 가져오는 이단을 끌어들이고, 심지어 자기들을 속량해 주신 주님을 부인하면서 파멸을 재촉하는 자들입니다.

2 그래서 많은 사람이 그들의 방탕한 행실을 본받아, 그들 때문에 진리의 길이 모욕을 받을 것입니다.

3 그들은 또 탐욕에 빠져, 지어낸 말로 여러분을 속여 착취할 것입니다. 그들에게 내릴 판결은 오래전부터 준비되어 있고, 그들에게 닥칠 파멸은 채비를 갖추고 있습니다.

4 사실 하느님께서는 죄를 지은 천사들을 그냥 보아 넘기지 않으시고, 어둠의 사슬로 지옥에 가두시어 심판을 받을 때까지 갇혀 있게 하셨습니다.

5 또 불경한 자들의 세상을 홍수로 덮으실 때, 그 옛 세상을 그냥 보아 넘기지 않으셨습니다. 그러나 의로움의 선포자 노아는 다른 일곱 사람과 함께 지켜 주셨습니다.

6 소돔과 고모라 두 고을은 멸망하도록 단죄하시고 잿더미로 만드시어, 불경한 자들에게 내릴 벌의 본보기로 세우셨습니다.

7 그러나 무법한 자들의 방탕한 생활로 고통을 겪던 의로운 롯은 구해 주셨습니다.

8 사실 그 의인은 그들 가운데에 살면서 무도한 행실들을 보고 듣느라고 그 의로운 영혼이 날마다 괴로움을 겪고 있었던 것입니다.

9 주님께서는 어떻게 신심 깊은 이들을 시련에서 구하시고, 불의한 자들을 벌하시어 심판 날까지 가두어 두어야 하는지 알고 계십니다.

Vox populi, vox Dei.

10 특히 더러운 욕망에 빠져 육체를 따라 사는 자들과 주님의 주권을 업신여기는 자
들을 그렇게 하실 것입니다. 그들은 당돌하고 거만하여 거리낌 없이 영광스러운
존재들을 모독합니다.
11 천사들은 더 큰 힘과 능력이 있으면서도 주님에게서 그들에 대한 모욕적인 판결을
끌어내지 않습니다.
12 그런데 그들은 잡혀 죽을 것으로 태어난 지각없는 짐승과 같아 자기들이 이해하
지도 못하는 것을 모독하고 있으니, 짐승들이 멸망하는 것처럼 그들도 멸망할 것
입니다.
13 이렇게 그들은 해악을 저지른 대가로 해악을 입을 것입니다. 그들은 대낮의 술잔
치를 기쁨으로 삼습니다. 여러분과 함께 잔치를 벌이면서도 자기들의 속임수를 즐
기는 너절하고 지저분한 자들입니다.
14 그들의 눈은 간음할 여자만 찾고 죄에 물리지도 않습니다. 믿음이 확고하지 못한
사람들을 유혹하고 마음은 탐욕에 젖어 있는 그들, 저주받은 자들입니다.
15 그들은 바른길을 버리고 그릇된 길로 빠졌습니다. 보소르의 아들 발라암의 길을
따라간 것입니다. 그는 불의한 돈벌이를 좋아하다가,
16 그 범법 때문에 책망을 받았습니다. 말 못하는 나귀가 사람의 목소리로 말을 하
여 그 예언자의 미친 행동을 막은 것입니다.
17 그들은 물 없는 샘이며 폭풍에 밀려가 버리는 안개입니다. 그들에게는 짙은 암흑
이 마련되어 있을 따름입니다.
18 그들은 실없이 큰소리치면서, 그릇된 생활을 하는 자들에게서 갓 빠져나온 이들
을 육체의 방탕한 욕망으로 유혹합니다.
19 그들은 그 사람들에게 자유를 약속하지만 자신들은 멸망의 종이 되어 있습니다.
굴복을 당한 사람은 굴복시킨 쪽의 종이 되기 때문입니다.
20 우리의 주님이시며 구원자이신 예수 그리스도를 앎으로써 이 세상의 더러움에서
벗어난 그 사람들이 그것에 다시 말려들어 굴복을 당하게 되면, 그들의 끝은 처음
보다 더 나빠집니다.
21 의로움의 길을 알고서도 자기들이 받은 거룩한 계명을 저버린다면, 차라리 그 길
을 알지 못하였던 편이 나을 것입니다.
22 "개는 자기가 게운 데로 되돌아간다." 그리고 "돼지는 몸을 씻고 나서 다시 진창에

뒹군다."는 속담이 그들에게 그대로 들어맞았습니다.

1 But there were also false prophets among the people, just as there will be false teachers among you. They will secretly introduce destructive heresies, even denying the sovereign Lord who bought them—bringing swift destruction on themselves.

2 Many will follow their shameful ways and will bring the way of truth into disrepute.

3 In their greed these teachers will exploit you with stories they have made up. Their condemnation has long been hanging over them, and their destruction has not been sleeping.

4 For if God did not spare angels when they sinned, but sent them to hell, putting them into gloomy dungeons to be held for judgment;

5 if he did not spare the ancient world when he brought the flood on its ungodly people, but protected Noah, a preacher of righteousness, and seven others;

6 if he condemned the cities of Sodom and Gomorrah by burning them to ashes, and made them an example of what is going to happen to the ungodly;

7 and if he rescued Lot, a righteous man, who was distressed by the filthy lives of lawless men

8 (for that righteous man, living among them day after day, was tormented in his righteous soul by the lawless deeds he saw and heard)--

9 if this is so, then the Lord knows how to rescue godly men from trials and to hold the unrighteous for the day of judgment, while continuing their punishment.

10 This is especially true of those who follow the corrupt desire of the sinful nature and despise authority. Bold and arrogant, these men are not afraid to slander celestial beings;

Vox populi, vox Dei.

11 yet even angels, although they are stronger and more powerful, do not bring slanderous accusations against such beings in the presence of the Lord.

12 But these men blaspheme in matters they do not understand. They are like brute beasts, creatures of instinct, born only to be caught and destroyed, and like beasts they too will perish.

13 They will be paid back with harm for the harm they have done. Their idea of pleasure is to carouse in broad daylight. They are blots and blemishes, reveling in their pleasures while they feast with you.

14 With eyes full of adultery, they never stop sinning; they seduce the unstable; they are experts in greed--an accursed brood!

15 They have left the straight way and wandered off to follow the way of Balaam son of Beor, who loved the wages of wickedness.

16 But he was rebuked for his wrongdoing by a donkey—a beast without speech--who spoke with a man's voice and restrained the prophet's madness.

17 These men are springs without water and mists driven by a storm. Blackest darkness is reserved for them.

18 For they mouth empty, boastful words and, by appealing to the lustful desires of sinful human nature, they entice people who are just escaping from those who live in error.

19 They promise them freedom, while they themselves are slaves of depravity--for a man is a slave to whatever has mastered him.

20 If they have escaped the corruption of the world by knowing our Lord and Savior Jesus Christ and are again entangled in it and overcome, they are worse off at the end than they were at the beginning.

21 It would have been better for them not to have known the way of righteousness, than to have known it and then to turn their backs on the sacred command that was passed on to them.

22 Of them the proverbs are true: "A dog returns to its vomit," and, "A sow
that is washed goes back to her wallowing in the mud."

1 しかし, イスラエルの中には, にせ預言者も出ました。同じように, あなたが
たの中にも, にせ教師が現われるようになります。彼らは, 滅びをもたらす異
端をひそかに持ち込み, 自分たちを買い取ってくださった主を否定するよう
なことさえして, 自分たちの身にすみやかな滅びを招いています。
2 そして, 多くの者が彼らの好色にならい, そのために眞理の道がそしりを受
けるのです。
3 また彼らは, 貪欲なので, 作り事のことばをもってあなたがたを食い物にし
ます。彼らに對するさばきは, 昔から怠りなく行なわれており, 彼らが滅ぼさ
れないままでいることはありません。
4 神は, 罪を犯した御使いたちを, 容赦せず, 地獄に引き渡し, さばきの時まで
暗やみの穴の中に閉じ込めてしまわれました。
5 また, 昔の世界を赦さず, 義を宣べ傳えたノアたち八人の者を保護し, 不敬
虔な世界に洪水を起こされました。
6 また, ソドムとゴモラの町を破滅に定めて灰にし, 以後の不敬虔な者へのみ
せしめとされました。
7 また, 無節操な者たちの好色なふるまいによって悩まされていた義人ロトを
救い出されました。
8 というのは, この義人は, 彼らの間に住んでいましたが, 不法な行ないを見聞
きして, 日々その正しい心を痛めていたからです。
9 これらのことでわかるように, 主は, 敬虔な者たちを誘惑から救い出し, 不
義な者どもを, さばきの日まで, 懲罰のもとに置くことを心得ておられるの
です。
10 汚れた情欲を燃やし, 肉に従って歩み, 權威を侮る者たちに對しては, 特に
そうなのです。彼らは, 大膽不敵な, 尊大な者たちで, 榮譽ある人たちをそし
って, 恐れるところがありません。

Vox populi, vox Dei.

11 それに比べると, 御使いたちは, 勢いにも力にもまさっているにもかかわらず,
主の御前に彼らをそしって訴えることはしません。
12 ところがこの者どもは, 捕えられ殺されるために自然に生まれついた, 理性
のない動物と同じで, 自分が知りもしないことをそしるのです。それで動物が
滅ぼされるように, 彼らも滅ぼされてしまうのです。
13 彼らは不義の報いとして損害を受けるのです。彼らは晝のうちから飲み騷
ぐことを樂しみと考えています。彼らは, しみや傷のようなもので, あなたが
たといっしょに宴席に連なるときに自分たちのだましごとを樂しんでいるの
です。
14 その目は淫行に滿ちており, 罪に關しては飽くことを知らず, 心の定まらない
者たちを誘惑し, その心は欲に目がありません。彼らはのろいの子です。
15 彼らは正しい道を捨ててさまよっています。不義の報酬を愛したベオルの子
バラムの道に從ったのです。
16 しかし, バラムは自分の罪をとがめられました。ものを言うことのないろばが,
人間の聲でものを言い, この預言者の氣違いざたをはばんだのです。
17 この人たちは, 水のない泉, 突風に吹き拂われる霧です。彼らに用意されて
いるものは, まっ暗なやみです。
18 彼らは, むなしい大言壯語を吐いており, 誤った生き方をしていて, ようやく
それをのがれようとしている人々を肉欲と好色によって誘惑し,
19 その人たちに自由を約束しながら, 自分自身が滅びの奴隷なのです。人はだ
れかに征服されれば, その征服者の奴隷となったのです。
20 主であり救い主であるイエス・キリストを知ることによって世の汚れからの
がれ, その後再びそれに巻き込まれて征服されるなら, そのような人たちの
終わりの狀態は, 初めの狀態よりももっと惡いものとなります。
21 義の道を知っていながら, 自分に傳えられたその聖なる命令にそむくよりは,
それを知らなかったほうが, 彼らにとってよかったのです。
22 彼らに起こったことは, 「犬は自分の吐いた物に戻る。」とか, 「豚は身を洗
って, またどろの中にころがる。」とかいう, ことわざどおりです。

人語

베드로의 둘째 서간 요약

개요

베드로의 둘째 서간second epistle of peter 혹은 베드로후서는 신약성경의 서간 가운데 하나이다. 신약성경 중 정경[1]으로 인정되기까지 가장 오랜 시간이 걸렸다.

저자

초기 비판자들은 베드로의 제자들이 베드로의 이름을 빌려서 썼다고 보았다. 그러나 오늘날은 베드로의 첫째 서간과 베드로의 둘째 서간이 글 형식에 차이가 나는 것은 베드로가 각기 다른 필사자를 고용했기 때문이라고 보기도 한다.

1 성경의 정경(正經)은 유대교와 기독교에서 신앙의 규범이 되는 내용을 기술한 문헌으로, 정경을 뜻하는 헬라 낱말 '카논'은 '잣대, 표준, 규준'을 뜻한다. 정경은 예배와 교훈에 표준적인 거룩한 책들로 인정된 책들을 통틀어 가리키는 말이다. 히브리어 구약성경의 정경은 주전 175년경에 본질적으로 마무리된 것으로 보인다. 상징적으로 규범을 의미하기도 했다. 교부들은 이 용어로 기독교에서 경전으로 인정받는 책들을 지칭하였다. 요세푸스는 Contra Apionem 1:42, 43에서 '정경이란 하느님의 영감을 통해서 특정한 기간에 저술된 한정된 수량의 현존 문헌'을 가리키는 것이라고 했다. 1세기 교회에서는 예수를 따르며 그의 복음과 행적을 목격한 사도들이 예수 그리스도의 올바른 발언 및 행적을 신도들에게 가르쳤기 때문에 정경의 구분(정경화, 正經化)이 필요하지 않았다. 하지만 사도들의 사망 후인 2세기부터 영지주의, 마르키온주의 등의 이단들이 본격적으로 출현하자, 이들에 맞서기 위해서 무엇이 기독교의 경전인지를 구분할 필요가 생겼다. 당시 영지주의자들은 자신들의 문서를 갖고 있었고, 교회 내에서도 수많은 문서들이 검증되지 않은 채 읽히고 있었기 때문이다.

Vox populi, vox Dei.

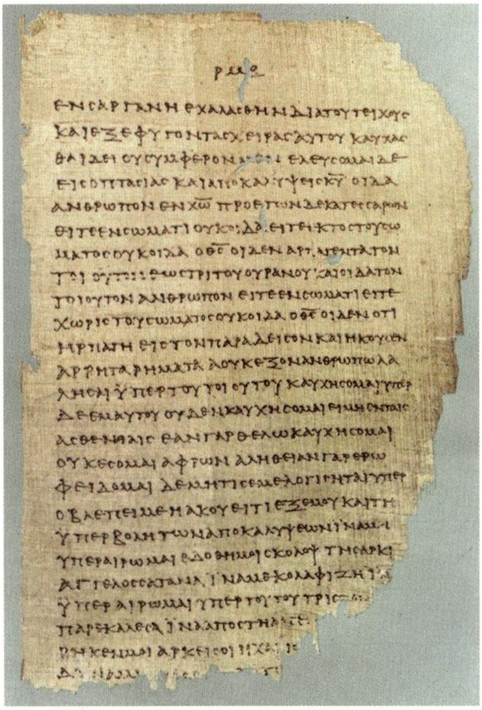

파피루스에 쓴 베드로의 둘째 서간

자료: ko.wikipedia.org

편집시기

로마황제 네로의 통치 시기 후반부인 AD 66년경 베드로가 순교하기 직전에 쓴 글로 추정된다. 베드로는 바빌론에 있는 교회에서 소아시아 각지에 흩어져 있는 유대 기독교인들과 이방 기독교인들에게 이 편지를 썼다.

배경

예수의 죽음과 부활 후에 교회 안에서 거짓 선생들이 나타났다. 초대교회에서 기독교인들은 그리스도의 재림을 기다리고 있었는데 시간이 지나도 재림이 일어나지 않자, 일부는 재림은 결코 없을 것이라고 주장했다. 이러한 태도는 결국 하느님의 모든 약속에 대한 의심을 불러일으켰다.

전체 내용

- 1장: 인사, 그리스도인의 소명, 사도들과 예언자들의 증언, 실족함에 대한 경고
- 2장: 거짓 예언자들과 거짓 교사들
- 3장: 창조에 대한 정의, 회개의 정의, 주님의 재림

목적

거짓 선생들의 가르침은 진리가 아니고, 거짓 선생들의 삶은 부도덕한 것이 특징이라는 것을 알리기 위해서이다. 또한, 거짓 선생들의 유혹을 뿌리치고 그리스도 안에 거하도록 하기 위해서이다.

네 가지 가르침

베드로의 둘째 서간은 하느님에게서 나오는 진리를 강조한다. 네 가지 영역에 초점을 두고 진리를 가르친다.

거짓 선생들의 유혹

자료: m.cafe.daum.net

Vox populi, vox Dei.

- 하느님의 능력으로 우리에게 경건한 생활을 하는 데 필요한 모든 것을 주셨다. 정욕에서 나오는 이 세상의 부패에서 멀리 떠나 하느님의 본성을 나누어 받게 되었다.
- 거짓 예언자들은 탐욕을 채우려고 감언이설로 여러분을 속여 착취할 것이다. 거룩한 예언자들이 이미 예언한 말씀과 주님이신 구세주께서 여러분의 사도들에게 주신 계명을 되새기게 하려는 것이다.
- 거짓 예언자들은 그리스도의 재림을 부인한다. 그리스도의 재림의 약속은 성취되지 않았고, 앞으로도 이루어지지 않을 것이라고 주장한다. 베드로는 이러한 의심자들이 틀렸다고 말한다. 주님께는 하루가 천 년 같고 천 년이 하루 같다.
- 어떤 이들은 주님께서 약속하신 것을 미루신다고 생각하고 있지만, 사실은 여러분을 위해서 참고 기다리시는 것이다. 아무도 멸망하지 않고 모두 회개하게 되기를 바라시기 때문이다. 그날이 오면 하늘은 불타 없어지고 천체는 타서 녹아버릴 것이다. 우리는 하느님의 약속을 믿고 새 하늘과 새 땅을 기다리고 있다. 거기에는 정의가 깃들어 있다.

예언은 인간의 생각에서 나온 것이 아니라 사람들이 성령에 이끌려서 하느님으로부터 말씀을 받아 전한 것이다.

교훈

베드로는 거짓 가르침에 속지 말라고 하고 있다. 언제나 거짓 선생들이 나타나서 하느님으로부터 벗어나게 함으로, 주님의 가르침을 기억해서 거짓된 가르침을 물리치라고 교훈한다.

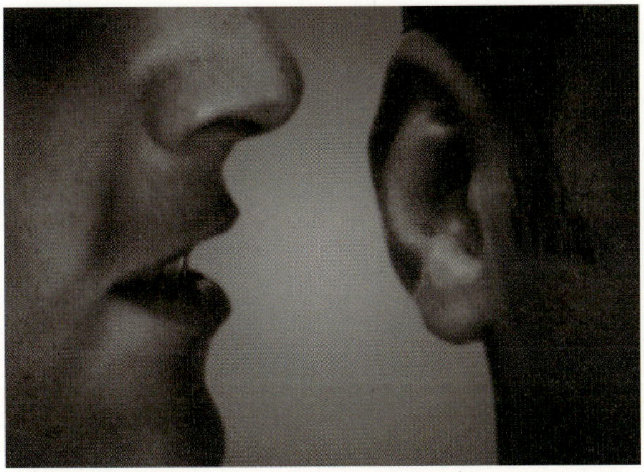

거짓 가르침에 속지 말라.

자료: veritas.kr

Vox populi, vox Dei.

베드로의 둘째 서간 2장(거짓 교사들) 각 절 해석[2]

1-3절 구약교회에는 거짓 선지자들이 종종 나타났다. 참 선지자는 하느님의 말씀을 대언代言하는 자이지만, 거짓 선지자는 거짓말을 하는 자이다. 사탄은 모든 거짓말들의 근원이다. 요한 복음서 8:44, "너희는 너희 아비인 악마에게서 났고, 너희 아비의 욕망대로 하기를 원한다. 그는 처음부터 살인자로서, 진리 편에 서 본 적이 없다. 그 안에 진리가 없기 때문이다. 그가 거짓을 말할 때에는 본성에서 그렇게 말하는 것이다. 그가 거짓말쟁이며 거짓의 아비기 때문이다." 이와 같이, 신약교회에도 예수 그리스도의 신성神性의 영광에 대한 말씀과 복음 진리가 확실함에도 불구하고 그것을 부정하는 거짓 교사들이 나타나게 될 것이라고 사도는 말한다.

참과 거짓, 진리와 이단의 구별 기준은 하느님의 말씀인 성경이다. 이사야서 8:20, "가르침과 증언을 살펴보아라! 그렇게 말하는 자들에게는 정녕코 서광이 없다." 여기의 서광은 지식을 가리킨다고 본다.

2 김효성 목사, 베드로전서 강해, 2019년 8월 29일 수정.

거짓 선지자

자료: newser.kr

신약교회에도 거짓 교사들이 있을 것이라는 것이 예언되었고 이 예언은 역사상 성취되었다. 주께서도 그의 재림 직전에, "거짓 그리스도들과 거짓 예언자들이 나타나, 할 수만 있으면 선택된 이들까지 속이려고 큰 표징과 이적들을 일으킬 것이다."라고 말씀하셨다마태 24:24.

거짓 교사들은 '파멸을 가져오는 이단'을 가르치는 자들이다. 이단 사상은 하느님의 구원의 진리와 다르다. 그것은 사람들에게 구원 대신 파멸을 준다. 왜냐하면 이단의 본질은 구주 예수 그리스도를 부정하는 것이기 때문이다. 예수 그리스도를 부정하는 곳에는 파멸만 있다. 요한 복음서 3:36, "아드님을 믿는 이는 영원한 생명을 얻는다. 그러나 아드님께 순종하지 않는 자는 생명을 보지 못할 뿐만 아니라, 하느님의 진노가 그 사람 위에 머무르게 된다." 요한의 첫째 서간 5:12, "아드님을 모시고 있는 사람은 그 생명을 지니고 있고, 하느님의 아드님을 모시고 있지 않는 사람은 그 생명을 지니고 있지 않습니다."

이단들은 예수 그리스도의 신성神性과 그의 속죄사역을 부정한다. 즉 하느님의 아들께서 사람이 되셔서 우리 죄를 담당하시고 우리 죄의 형벌을 대신 받으셨다는 것을 부정하는 것이다. 요한의 첫째 서간 4:1-3, "아무 영이나 다 믿지 말고 그 영이 하느님께 속한 것인지 시험해 보십시오. 거짓 예언자들이 세상으로 많이 나갔기 때문입니다. 여러분은 하느님의 영을 이렇게 알 수 있습니다. 예수 그리스도께서 사람의 몸으로 오셨다고 고백하는 영은 모두 하느님께 속한 영입니다. 그러나 예수님을 믿는다고 고백하지 않는 영은 모두 하느님께 속하지 않는 영입니다. 그것은 '그리스도의 적'의 영입니다. 그 영이 오리라고 여러분이 전에 들었는데, 이제 이미 세상에 와 있습니다." 바오로는 이단들이 결국 다른 예수를 전하는 자들이며2코린 11:3-4, 실상 하느님의 종들이 아니고 사탄의 종들이라고 말했다2코린 11:13-15.

거짓 교사들 즉 이단들의 다른 하나의 특징은 음란함이다. 본장의 뒷부분에도 이런 특징이 계속 언급되어 있다. 10절, "특히 더러운 욕망에 빠져 육체를 따라 사는 자들과 주님의 주권을 업신여기는 자들을 그렇게 하실 것입니다. 그들은 당돌하고 거만하여 거리낌 없이 영광스러운 존재들을 모독합니다." 14절, "그들의 눈은 간음할 여자만 찾고 죄에 물리지도 않습니다. 믿음이 확고하지 못한 사람들을 유혹하고 마음은 탐욕에 젖어 있는 그들, 저주받은 자들입니다." 18절, "그들은 실없이 큰소리치면서, 그릇된 생활을 하는 자들에게서 갓 빠져나온 이들을 육체의 방탕한 욕망으로 유혹합니다."

음란함은 마음속에 있다.

자료: dpg.danawa.com

Vox populi, vox Dei.

이단들의 이런 부도덕함으로 인하여 진리의 도가 세상 사람들에게 비난을 받게 될 것이다. 음란함은 인간의 양심에도 거스르는 일이다. 그런데 하느님의 구원의 진리를 전한다는 자들이 거룩과 의義를 저버리고 음란함에 빠진다면 구원의 진리는 여지없이 땅에 떨어지게 될 것이다. 이런 점에서도 이단들은 하느님께 욕을 돌리며 하느님의 거룩한 구원 운동을 방해하는 하느님의 원수들이다.

거짓 교사들 즉 이단들의 또 다른 하나의 특징은 탐심이다. 하느님을 참으로 섬기지 않는 자들은 대체로 이 세상을 최고의 가치로 여기며, 특히 돈과 물질적 부요를 사랑할 것이다. 이단들은 세상의 물질적 이익을 구하는 자들이다. 또 그들은 물질적 이익을 위해 말을 지어내며 거짓말도 한다. 그들은 진리의 사람들이 아니다.

거짓 교사들 즉 이단들이 받을 심판과 멸망은 옛날부터 지체하지 않고 잠자지 않는다. 거짓 교사들 즉 이단들의 결말은 멸망이며 그들의 멸망은 임박하다. 마태오 복음서 25:41, "그때에 임금은 왼쪽에 있는 자들에게도 이렇게 말할 것이다. '저주받은 자들아, 나에게서 떠나 악마와 그 부하들을 위하여 준비된 영원한 불 속으로 들어가라.'" 요한 묵시록 19:20, "그 짐승이 붙잡혔습니다. 그 짐승 앞에서 표징들을 일으키던 거짓 예언자도 함께 붙잡혔습니다. 그 거짓 예언자는 그 표징들을 가지고, 짐승의 표를 받은 자들과 짐승의 상에 경배하는 자들을 속였던 것입니다. 그 둘은 유황이 타오르는 불 못에 산 채로 던져졌습니다." 거짓 교사들 즉 이단들에 대한 하느님의 심판과 그들의 멸망은 반드시 이루어질 것이다.

"순종하지 않고 쓸데없는 말을 하며 남을 속이는 자들이, 특히 할례받은 자들 가운데에 많습니다. 그들이 입을 다물도록 만들어야 합니다. 그들은 부정한 이익을 얻으려고, 가르쳐서는 안 되는 것까지 가르치면서 여러 집안을 온통 망쳐 놓고 있습니다." (티토 1:10-11)

자료: 1stdream.com

4절 신약교회에 나타날 거짓 교사들 즉 이단들에 대한 하느님의 심판이 확실하다는 것은 다음의 사실들에서도 증거된다. 첫 번째 증거는 하느님께서 범죄한 천사들을 지옥에 던져 넣으신 사실이다. 4-5절에 '그냥 보아 넘기다'의 원어페이도마이 feivdomai는 '아끼다, 용서하다'는 뜻이다. 하느님께서는 범죄한 천사들을 아끼거나 용서하지 않으시고 어두움의 사슬로 묶어 지옥에 던져 넣으셨다. 범죄한 천사들 중 일부는 지금도 세상에서 활동하고 있으나, 나머지는 어두운 지옥에 갇히어 있고 마지막 심판을 기다리고 있다. 이와 같이, 하느님께서는 거짓 교사들도 아끼거나 용서하지 않으시고 지옥에 던지실 것이다.

5절 거짓 교사들 즉 이단들에 대한 하느님의 심판이 확실하다는 두 번째 증거는 노아 시대의 홍수 심판의 사실이다. 노아는 의를 전파하는 자디카이오쉬네스 케뤽카였다. 음란하고 강포한 그 시대에 노아는 아내를 사랑하고 가정의 거룩을 지킨 자였음에 틀림없었고 또 방주를 만들라는 하느님의 명령에 겸손하게 순종한 자였다. 노아는 하느님의 의義를 말과 행실로 증거한 자였다. 하느님께서는 노아의 여덟 식구 외에 불경건한 당시의 모든 사람들을 홍수로 멸망시키셨다. 그들은 하느님을 부정하였고 하느님을 두려워하지 않았고 하느님의 뜻을 저버린 자들이었다. 이와 같이, 하느님께서는 거짓 교사들 즉 이단들도 멸망시키실 것이다. 오직 주 예수 그리스도를 믿는 경건한 성도들만 구원을 얻을 것이다.

노아 시대의 홍수 심판

자료: changmoolee.tistory.com

Vox populi, vox Dei.

6절 거짓 교사들 즉 이단들에 대한 하느님의 심판이 확실하다는 세 번째 증거는 소돔과 고모라[3]의 멸망의 사실이다. 하느님께서는 하늘에서 유황 불비를 내려 소돔과 고모라와 그 주위 성들을 다 엎어 멸하셨다. 창세기 19:24-25, "주님께서 당신이 계신 곳 하늘에서 소돔과 고모라에 유황과 불을 퍼부으셨다. 그리하여 그 성읍들과 온 들판과 그 성읍의 모든 주민, 그리고 땅 위에 자란 것들을 모두 멸망시키셨다." 이 사건은 후세에 경건치 않은 자들에게 본이 된다.

7-9절 소돔 성과 고모라 성의 성 도덕은 극도로 문란해져 공공연히 동성애가 행해졌다. 의로운 롯은 그들 가운데 거하여 날마다 저 불법한 행실을 보고 들음으로 그 의로운 심령을 상하였다. 이런 악은 오늘날도 세계 곳곳에 있다. 현대 사회는 음란한 사회이며 하느님의 진노와 마지막 심판은 점점 더 가까워지고 있다. 그러나 이 세상이 아무리 악하고 음란할지라도 노아처럼, 롯처럼 경건하고 거룩하게 살고자 하는 자들은 하느님의 구원을 받고 하느님의 보호하심을 받을 것이다. 그러나 불의한 자들의 영혼들은 지옥에 던져지고 수감되어 마지막 심판 날을 기다리게 될 것이며 거짓 교사들의 결말도 그러할 것이다.

소돔과 고모라의 대재앙

자료: atlasnews.co.kr

3 소돔과 고모라는 창세기에 등장하는 악행으로 인해 멸망당한 두 도시다. 구약성경과 신약성경 전반에서 사람의 악행과 기독교의 공의에 대해 묘사할 때 여러 번 언급된다. 쿠란에도 성경과 다른 방식으로 두 도시 이야기를 전한다.

10-13절 사도는 거짓 교사들의 특징을 좀더 말한다. 첫 번째는 음란이다. 그들은 육체를 따라 더러운 정욕 가운데 행했다. 음란이 더러운 까닭은 하느님께서 정해주신 부부관계를 벗어나 몸으로 짓는 죄이기 때문이다. 음란의 죄는 자기 몸을 더럽히고 결국 가정을 불행하게 만든다.

두 번째는 교만하여 하느님의 종들을 멸시하고 비난하는 것이다. 하느님께서는 교회 안에 합법적 권위를 가진 직분자들을 세우셨다. 그들이 목사와 신부들이다. 그러나 거짓 교사들은 하느님의 참된 종들을 멸시했고 그들을 비난하기를 두려워하지 않았다.

물론 교인들이 목사들과 신부들을 전혀 비평할 수 없는 것은 아니다. 목사들과 신부들도 사람이기 때문에 부족과 실수가 있을 것이고 그것을 지적하는 것은 정당할 수 있다. 그러나 교인들은 그들을 비평하는 것을 매우 조심해야 한다. 아니, 그들을 자주 비평하지 않는 것이 좋다. 하느님께서는 그런 비평을 기뻐하지 않으실 것이다. 그들은 하느님께서 세우신 종들이며 그의 사랑하시는 종들이기 때문에 그들을 비난하는 것은 하느님의 명예에 손상이 될 것이다. 또 하느님의 종들을 비난하는 것은 자신들에게도 유익이 되지 못한다. 왜냐하면 그들을 통해 교

교만한 고양이

자료: www.nyhansung.org

Vox populi, vox Dei.

훈을 받고 인도함을 받기 때문이다. 또 하느님의 종들을 비난하는 것은 교회에 덕과 유익이 되지 않는다. 그러한 비난은 교회를 건설하는 대신 그것을 파괴시키기 때문이다. 그러므로 목사와 신부들에 대한 비난은 매우 조심해야 한다.

Hint! 교만한 사람의 특징

조나단 에드워즈는 영적 교만의 위험성을 경고한 후에 영적으로 교만한 사람의 특징을 아래와 같이 나열하고 있다.

1. 영적으로 교만한 사람은 다른 사람의 죄에 대해 신랄하게 비난한다.
2. 영적으로 교만한 사람은 다른 사람의 결점에 대해 가혹하게 비난한다.
3. 영적으로 교만한 사람은 자기를 독특하게 과시하고자 한다.
4. 영적으로 교만한 사람은 자기가 다른 사람보다 낫다고 생각하여 자신을 다른 사람과 분리시키려 한다.
5. 영적으로 교만한 사람은 자신에 대한 반대와 공격에 대해 아주 예민하게 반응한다.
6. 영적으로 교만한 사람은 비난당할 때, 비난당하는 일을 더욱 열성적으로 한다.
7. 영적으로 교만한 사람은 하느님과 사람 앞에서 너무 자만한다.
8. 영적으로 교만한 사람은 자신이 주목받고 존경받는 것을 당연하게 생각한다.
9. 영적으로 교만한 사람은 다른 사람을 소홀히 한다.
10. 영적으로 교만한 사람은 자기를 비난하는 사람과는 어떤 대화나 토론도 거부한다.

- 조나단 에드워즈의 『균형 잡힌 부흥론』 중에서 -

저 거짓 교사들보다 더 큰 힘과 능력을 가진 천사들이라도 하느님 앞에서 그들을 거슬러 비난하는 송사를 하지 않았다. 남을 비난하는 것은 이만큼 조심스러운 일이다. 그러나 거짓 교사들은 이성 없는 짐승같이 자신들이 알지 못하는 것들을 비난하였다. 그들의 비난은 이치에 맞는 정당한 비평이 아니었다.

그들은 본래 잡혀 죽기 위해 난 짐승과 같으며 멸망 중에 멸망을 당하고 불의의 보응을 받을 자들이라고 할 수 있다. 거짓 교사들의 행위는 또 육체적 쾌락을 구하는 것으로 표현된다. 그들은 다른 사람들이 땀 흘려 일하는 낮에 육신적 쾌락을 기쁘게 여기는 자들이었다. 그들은 먹고 즐기는 것을 좋아하는 자들이었다. 이런 자들이야말로 거룩한 교회 안에서 점과 흠이다. 그들은 교사라는 이름을 가졌으나 실상 마귀의 종들이며 세속적인 사람들이었다.

마태오 복음서 7장 15-23절에, "'너희는 거짓 예언자들을 조심하여라. 그들은 양의 옷차림을 하고 너희에게 오지만 속은 게걸든 이리들이다. 너희는 그들이 맺은 열매를 보고 그들을 알아볼 수 있다. 가시나무에서 어떻게 포도를 거두어들이고, 엉겅퀴에서 어떻게 무화과를 거두어들이겠느냐? 이와 같이 좋은 나무는 모두 좋은 열매를 맺고 나쁜 나무는 나쁜 열매를 맺는다. 좋은 나무가 나쁜 열매를 맺을 수 없고 나쁜 나무가 좋은 열매를 맺을 수 없다. 좋은 열매를 맺지 않는 나무는 모두 잘려 불에 던져진다. 그러므로 너희는 그들이 맺은 열매를 보고 그들을 알아볼 수 있다.' '나에게 주님, 주님! 한다고 모두 하늘 나라에 들어가는 것이 아니다. 하늘에 계신 내 아버지의 뜻을 실행하는 이라야 들어간다. 그날에 많은 사람이 나에게, '주님, 주님! 저희가 주님의 이름으로 예언을 하고, 주님의 이름으로 마귀를 쫓아내고, 주님의 이름으로 많은 기적을 일으키지 않았습니까?' 하고 말할 것이다. 그때에 나는 그들에게, '나는 너희를 도무지 알지 못한다. 내게서 물러들 가라, 불법을 일삼는 자들아!' 하고 선언할 것이다.'"라고 되어 있다.

육신적 쾌락을 구하는 사람

자료: u3psprayer.tistory.com

Vox populi, vox Dei.

14-16절 사도는 거짓 교사들의 음란함을 다시 말한다. 그들은 음심이 가득한 눈을 가지고 범죄하기를 쉬지 않고 굳세지 못한 영혼들, 즉 신앙적으로, 인격적으로 연약한 자들을 유혹했다. 음란한 세상 속에서 또 거짓 교사들의 음란한 유혹에 대항하여, 성도들은 성령을 따라 행하며 또 성경 교훈대로 좋은 부부관계를 유지해야 한다.

거짓 교사들의 세 번째 특징은 물질적 탐욕이었다. 그들은 탐욕에 연단鍊鍛된 마음을 가진 자들이었다. 그들은 바른길을 저버리고 곁길로 간 자들이었다. 마치 15-16절에서 "그들은 바른길을 버리고 그릇된 길로 빠졌습니다. 보소르의 아들 발라암의 길을 따라간 것입니다. 그는 불의한 돈벌이를 좋아하다가, 그 범법 때문에 책망을 받았습니다. 말 못하는 나귀가 사람의 목소리로 말을 하여 그 예언자의 미친 행동을 막은 것"처럼 선지자 발라암의 길을 좇는 자들이었다. 사도 베드로는 물질적 탐심과 세속적 명예심을 따라간 발라암의 행위를 '미친 것'이라고 표현한다. 또한 그는 저 거짓 교사들을 '저주받은 자들'이라고 말함으로 그들의 결말이 어떠할 것을 다시 한번 더 분명하게 증거하였다.

17-19절 거짓 교사들은 '물 없는 샘'과 같아서 그 속에 생명수 같은 진리의 말씀이 없다. 그들은 광풍에 밀려가는 안개에 불과하다. 그들을 위해 캄캄한

발라암과 나귀

자료: blog.naver.com

어두움이 영원히 예비되어 있다. 그것은 하느님께서 그들에게 내리실 영원한 지옥 형벌을 가리킨다고 본다. 거짓 교사들의 음란함의 특징이 또 언급된다. 그들은 허영의 부풀린 말을 하면서 미혹한 데 행하는 자들에게서 피한 자들을 음란으로써 육체의 정욕 중에서 유혹한다. 그들이 사람들에게 자유를 약속하지만, 그들 자신이 부패한 종들이다. 누구든지 진 자는 이긴 자의 종이 된다. 사람이 반복해서 범죄하면 죄의 종이 되고 그러면 결국 멸망의 종이 될 것이다.

20-22절 사람이 주와 구주이신 예수 그리스도를 앎으로 세상의 더러움을 피한 후에 다시 그 더러움 가운데 떨어져 산다면, 그의 형편은 주를 알기 전보다 더 나쁘게 될 것이다. 왜냐하면 그 죄는 주와 구주이신 예수 그리스도를 알지 못했을 때보다 더 나쁘기 때문이다. 그런데 저 거짓 교사들은 바로 그런 자들인 것이다. 그것은 마치 개가 토한 것을 다시 먹는 것과 같고잠언 26:11 돼지가 씻은 후에 더러운 구덩이에 누운 것과 같다. 예수 그리스도의 복음을 듣고 알고 믿고 구원받은 우리들은 다시는 죄악된 옛 생활로 돌아가지 말아야 한다.

거짓 선지자들은 양의 옷을 입고 나오지만 속은 이리라고 했다. 성경을 보면 항

교회의 거짓 선지자들

자료: m.blog.naver.com

Vox populi, vox Dei.

상 진실한 선지자들보다 거짓 선지자들이 더 많다. 지금도 역시 진정한 일꾼보다 거짓 일꾼이 더 많다고 말할 수 있다. 그들은 양의 옷을 입고 나온다. 이리가 양 무리에게 접근하기 위해서 양의 옷을 입고 나오는 것이다. 주님은 거짓 선지자들이 많이 일어날 것을 경고하셨다. 마태오 복음서 24장 11-12절을 보면 "거짓 예언자들이 많이 나타나 많은 이를 속일 것이다. 또 불법이 성하여 많은 이의 사랑이 식어갈 것이다."라고 하셨다.

본문의 교훈은 무엇인가? 첫째로, 우리는 음란하지 말아야 한다. 거짓 교사들은 육체를 따라 더러운 정욕 가운데서 행하였고 음심이 가득한 눈을 가졌다. 테살로니카 신자들에게 보낸 첫째 서간 4:3-5, "하느님의 뜻은 바로 여러분이 거룩한 사람이 되는 것입니다. 곧 여러분이 불륜을 멀리하고, 저마다 자기 아내를 거룩하게 또 존중하는 마음으로 대할 줄 아는 것입니다. 하느님을 모르는 이교인들처럼 색욕으로 아내를 대해서는 안 됩니다."

교만과 겸손

자료: governance.tistory.com

둘째로, 우리는 겸손해야 한다. 거짓 교사들은 교만하고 건방지고 자신을 자랑하며 하느님의 종들을 멸시하고 비난했다. 이것은 하느님 앞에 큰 죄가 된다. 하느님께서는 자기 종들을 사용하시기 때문이다. 히브리인들에게 보낸 서간 13:17, "지도자들의 말을 따르고 그들에게 복종하십시오. 그들은 하느님께 셈을 해 드려야 하는 이들로서 여러분의 영혼을 돌보아 주고 있습니다. 그러므로 그들이 탄식하는 일 없이 기쁘게 이 직무를 수행할 수 있게 해 주십시오. 그들의 탄식은 여러분에게 손해가 됩니다."

겸손humility은 사전적으로는, 남을 존중하고 자기를 내세우지 않는 태도가 있는 것을 의미한다. 즉, 자신마음을 낮추며 상대방을 인정하고 높이는 욕심 없는 마음 상태를 의미한다.

유교문화권의 우리나라 교회 밖에서는 겸손에 대하여, 관용寬容 · 부쟁不爭 · 무욕無慾 · 허정虛靜 등과 같은 개념으로서, 개인의 도덕적 삶을 위한 수양의 덕목으로 이해하고 중요하게 배워왔다.

그러나, 기독교에서 얘기하는 겸손은 훨씬 '종교적'이다. 기독교에서의 '겸손'은 자신의 죄성과 한계를 인정하고 하느님께 의지하는 자세이다. 특히, 겸손의 모범을 보이신 분은 하느님이시되 육신을 입고 이 땅에 내려오셔서 십자가에 달려 죽기까지 죄인들을 사랑하시고 구원하신 예수 그리스도이시다.

그러기에, 겸손은 성경 전체를 통틀어 하느님의 백성에게 가장 요구되는 신앙

돈에 대한 필요 이상으로 지나친 욕심은 결국 멸망이다.

자료: m.blog.naver.com

신학자 루돌프 불트만
자료: ko.wikipedia.org

덕목이 된다. 나아가, 신약에서 겸손은 구체적인 생활 철칙이 되었다. '마음이 가난한 자' 또는 '애통하는 자'가 복이 있다는 예수님의 8복 가르침은 우리가 삶에 있어서 겸손해야 함을 가르쳐 준다. 이에 독일의 신학자 불트만[4]에 의하면, 겸손·겸허는 어떤 영적인 상태나 태도가 아니라 '사랑의 생활'을 가리킨다고 한다.

셋째로, 우리는 자족하며 살아야 한다. 거짓 교사들은 탐욕을 가졌다. 하느님을 사랑하지 않는 자는 돈을 사랑한다. 티모테오에게 보낸 첫째 서간 6:9-10, "부자가 되기를 바라는 자들은 사람들을 파멸과 멸망에 빠뜨리는 유혹과 올가미와 어리석고 해로운 갖가지 욕망에 떨어집니다. 사실 돈을 사랑하는 것이 모든 악의 뿌리입니다. 돈을 따라다니다가 믿음에서 멀어져 방황하고 많은 아픔을 겪은 사람들이 있습니다." 우리는 돈을 사랑하지 말아야 한다.

4 루돌프 카를 불트만(Rudolf Karl Bultmann, 1884년 8월 20일~1976년 7월 30일)은 독일의 개신교(루터교) 신학자이다. 마르부르크 대학교의 신약학 교수로 30년 동안 재직했으며, 학교 동료인 하이데거의 실존주의 방법을 사용하여 성경의 비신화화(非神話化)를 시도한 신학자라는 평가를 받는다. 이러한 연구는 『예수』(1926)에 집대성되었다. 그의 제자들을 중심으로 이름을 따라서 불트만 학파라는 이름이 만들어졌다. 제2차 세계대전 이후 불트만은 신약성경 속 선교의 실존론적 해석을 비신화화 방법에 의해서 행할 것을 주장했다. 예수의 동정녀 탄생 등 성경의 사건이나 서술이 신화적인 요소를 갖고 있을 뿐만 아니라, 복음서 이야기 전체가 현대인으로서는 이해할 수 없는 신화적 우주관념에 바탕을 두고 있다고 이야기한다.

Vox populi, vox Dei.

베드로의 둘째

서간 3장

天聲

주님의 재림

1 사랑하는 여러분, 나는 지금 여러분에게 두 번째 편지를 쓰고 있습니다. 이 두 편
지로 나는 여러분의 기억을 되살려 순수한 정신을 불러일으키려고 합니다.
2 거룩한 예언자들이 이미 예언한 말씀과 주님이시며 구원자이신 분께서 여러분의
사도들을 통하여 내리신 계명을 기억하십시오.
3 여러분은 무엇보다 먼저 이것을 알아 두어야 합니다. 마지막 때에, 자기 욕망에 따
라 사는 조롱꾼들이 나와서 여러분을 조롱하며,
4 "그분의 재림에 관한 약속은 어떻게 되었소? 사실 조상들이 세상을 떠나고 나서
도, 창조 이래 모든 것이 그대로 있지 않소?" 할 것입니다.
5 이렇게 주장하는 그들은, 하느님의 말씀으로 하늘이 예로부터 있어 왔고 땅이 물
에서 나와 물로 이루어졌다는 사실을 간과하고 있습니다.
6 그때의 세상은 홍수에 잠겨 물로 멸망하였습니다.
7 지금의 하늘과 땅도 불에 타 없어질 때까지 같은 말씀으로 보존됩니다. 불경한 사
람들이 심판을 받아 멸망하는 날까지만 유지되는 것입니다.
8 사랑하는 여러분, 이 한 가지를 간과해서는 안 됩니다. 주님께는 하루가 천 년 같
고 천 년이 하루 같습니다.
9 어떤 이들은 미루신다고 생각하지만 주님께서는 약속을 미루지 않으십니다. 오히
려 여러분을 위하여 참고 기다리시는 것입니다. 아무도 멸망하지 않고 모두 회개
하기를 바라시기 때문입니다.
10 그러나 주님의 날은 도둑처럼 올 것입니다. 그날에 하늘은 요란한 소리를 내며 사
라지고 원소들은 불에 타 스러지며, 땅과 그 안에서 이루어진 모든 것이 드러날 것
입니다.

11 이렇게 모든 것이 스러질 터인데, 여러분은 어떤 사람이 되어야 하겠습니까? 거룩
하고 신심 깊은 생활을 하면서,

12 하느님의 날이 오기를 기다리고 그날을 앞당기도록 해야 하지 않겠습니까? 그날이
오면 하늘은 불길에 싸여 스러지고 원소들은 불에 타 녹아 버릴 것입니다.

13 그러나 우리는 그분의 언약에 따라, 의로움이 깃든 새 하늘과 새 땅을 기다리고
있습니다.

14 그러므로 사랑하는 여러분, 여러분은 이러한 것들을 기다리고 있으니, 티 없고 흠
없는 사람으로 평화로이 그분 앞에 나설 수 있도록 애쓰십시오.

15 그리고 우리 주님께서 참고 기다리시는 것을 구원의 기회로 생각하십시오. 이는
우리가 사랑하는 바오로 형제가 하느님에게서 받은 지혜에 따라 여러분에게 써 보
낸 바와 같습니다.

16 사실 그는 모든 편지에서 이러한 것들을 이야기합니다. 그 가운데에는 더러 알아
듣기 어려운 것들이 있는데, 무식하고 믿음이 확고하지 못한 자들은 다른 성경 구
절들을 곡해하듯이 그것들도 곡해하여 스스로 멸망을 불러옵니다.

17 그러므로 사랑하는 여러분, 여러분은 이 사실을 이미 알고 있으니, 무법한 자들의
오류에 휩쓸려 확신을 잃는 일이 없도록 주의하십시오.

18 그리고 우리의 주님이시며 구원자이신 예수 그리스도에게서 받은 은총과 그분에
대한 앎을 더욱 키워 나아가십시오. 이제와 영원히 그분께 영광이 있기를 빕니다.
아멘.

1 Dear friends, this is now my second letter to you. I have written both of
them as reminders to stimulate you to wholesome thinking.

2 I want you to recall the words spoken in the past by the holy prophets
and the command given by our Lord and Savior through your apostles.

3 First of all, you must understand that in the last days scoffers will come,
scoffing and following their own evil desires.

4 They will say, "Where is this 'coming' he promised? Ever since our fathers
died, everything goes on as it has since the beginning of creation."

5 But they deliberately forget that long ago by God's word the heavens ex-
isted and the earth was formed out of water and by water.
6 By these waters also the world of that time was deluged and destroyed.
7 By the same word the present heavens and earth are reserved for fire,
being kept for the day of judgment and destruction of ungodly men.
8 But do not forget this one thing, dear friends: With the Lord a day is like
a thousand years, and a thousand years are like a day.
9 The Lord is not slow in keeping his promise, as some understand slow-
ness. He is patient with you, not wanting anyone to perish, but everyone
to come to repentance.
10 But the day of the Lord will come like a thief. The heavens will disap-
pear with a roar; the elements will be destroyed by fire, and the earth
and everything in it will be laid bare.
11 Since everything will be destroyed in this way, what kind of people
ought you to be? You ought to live holy and godly lives
12 as you look forward to the day of God and speed its coming.That day
will bring about the destruction of the heavens by fire, and the elements
will melt in the heat.
13 But in keeping with his promise we are looking forward to a new heav-
en and a new earth, the home of righteousness.
14 So then, dear friends, since you are looking forward to this, make every
effort to be found spotless, blameless and at peace with him.
15 Bear in mind that our Lord's patience means salvation, just as our dear
brother Paul also wrote you with the wisdom that God gave him.
16 He writes the same way in all his letters, speaking in them of these mat-
ters. His letters contain some things that are hard to understand, which
ignorant and unstable people distort, as they do the other Scriptures, to
their own destruction.

17 Therefore, dear friends, since you already know this, be on your guard so that you may not be carried away by the error of lawless men and fall from your secure position.

18 But grow in the grace and knowledge of our Lord and Savior Jesus Christ. To him be glory both now and forever! Amen.

1 愛する人たち。いま私がこの第二の手紙をあなたがたに書き送るのは，これらの手紙により，記憶を呼びさまさせて，あなたがたの純眞な心を奮い立たせるためなのです。

2 それは，聖なる預言者たちによって前もって語られたみことばと，あなたがたの使徒たちが語った，主であり救い主である方の命令とを思い起こさせるためなのです。

3 まず第一に，次のことを知っておきなさい。終わりの日に，あざける者どもがやって 來てあざけり，自分たちの欲望に従って生活し，

4 次のように言うでしょう。「キリストの來臨の約束はどこにあるのか。先祖たちが 眠った時からこのかた，何事も創造の初めからのままではないか。」

5 こう言い張る彼らは，次のことを見落としています。すなわち，天は古い昔からあり，地は神のことばによって水から出て，水によって成ったのであって，

6 當時の世界は，その水により，洪水におおわれて滅びました。

7 しかし，今の天と地は，同じみことばによって，火に燒かれるためにとっておかれ，不敬虔な者どものさばきと滅びとの日まで，保たれているのです。

8 しかし，愛する人たち。あなたがたは，この一事を見落としてはいけません。すなわち，主の御前では，一日は千年のようであり，千年は一日のようです。

9 主は，ある人たちがおそいと思っているように，その約束のことを遲らせておられるのではありません。かえって，あなたがたに對して忍耐深くあられるのであって，ひとりでも滅びることを望まず，すべての人が悔い改めに進むことを望んでおられるのです。

10 しかし，主の日は，盜人のようにやって來ます。その日には，天は大きな響き

をたてて消えうせ, 天の万象は燒けてくずれ去り, 地と地のいろいろなわざは
燒き盡くされます。
11 このように, これらのものはみな, くずれ落ちるものだとすれば, あなたがた
は, どれほど聖い生き方をする敬虔な人でなければならないことでしょう。
12 そのようにして, 神の日の來るのを待ち望み, その日の來るのを早めなければ
なりません。その日が來れば, そのために, 天は燃えてくずれ, 天の万象は燒
け溶けてしまいます。
13 しかし, 私たちは, 神の約束に従って, 正義の住む新しい天と新しい地を待
ち望んでいます。
14 そういうわけで, 愛する人たち。このようなことを待ち望んでいるあなたがた
ですから, しみも傷もない者として, 平安をもって御前に出られるように, 勵
みなさい。
15 また, 私たちの主の忍耐は救いであると考えなさい。それは, 私たちの愛す
る兄弟パウロも, その與えられた知恵に従って, あなたがたに書き送ったと
おりです。
16 その中で, ほかのすべての手紙でもそうなのですが, このことについて語っ
ています。その手紙の中には理解しにくいところもあります。無知な, 心の定
まらない人たちは, 聖書の他の個所のばあいもそうするのですが, それらの
手紙を曲解し, 自分自身に滅びを招いています。
17 愛する人たち。そういうわけですから, このことをあらかじめ知っておいて, よ
く氣をつけ, 無節操な者たちの迷いに誘い込まれて自分自身の堅實さを失う
ことにならないようにしなさい。
18 私たちの主であり救い主であるイエス・キリストの恵みと知識において成長
しなさい。このキリストに, 榮光が, 今も永遠の日に至るまでもありますよう
に。アーメン 。

Vox populi, vox Dei.

人語

베드로의 둘째 서간 요약

문학 유형과 신학

저자는 먼저 관습에 따른 인사말을 한 다음, 1:1-2 그리스도인들이 받은 소명의 성격을 상기시킨다. 1:3-11 신자들은 하느님의 본성에 참여하는 생활을 하면서1:4 거룩한 사람이 되라는 부르심을 받았다. 이 성성聖性에는 사도들과 예언자들의 말씀을 충실히 따르는 일이 전제된다. 1:12-21 사실 그리스도교의 설교는 꾸며낸 이야기가 아니라1:16 사도들의 증언과 성령의 감도를 받은 예언자들의 말씀에1:21 바탕을 둔다.[1]

저자는 이어서 "거짓 교사들"을 신랄히 공박한다. 그들이 문란한 교리와 도덕을 조장하고 퍼뜨린다는 것이다. 2:1-22 그리하여 옛날의 타락한 천사들, 그리고 소돔과 고모라의 주민들처럼2:6 이 이단자들 역시 벌을 면하지 못하리라고 말한다.

이단에 관하여 이렇게 위협적인 말을 길게 한 다음, 저자는 1장에서 시작한 교리 설명을 그리스도의 재림이 지체되는 데에 따른 문제와 함께 다시 전개한다. 3:3-13 주님께서는 참고 기다리고 계실 뿐, 그분의 날은 반드시 온다는 것이다. 3:9 마지막으로 이 서간은 깨어 있으라는 권고의 말로 끝을 맺는다. 3:14-18

이러한 내용을 담은 베드로의 둘째 서간은 엄밀한 의미의 서간 유형보다는, 당

1 주석 성경 > 베드로의 둘째 서간, 가톨릭 성경

시 유다인들의 전통에서 흔히 볼 수 있는 '유언' 유형에 더 가깝다고 할 수 있다. 곧 이 서간은 위인이 세상을 떠나기 전에 자기 공동체 신자들에게 상기시킬 필요가 있다고 여기는 여러 교리를 재삼 강조하는 유언의 형태를 띠고 있다는 것이다. 특히 2베드 1:14-15 참조

이렇게 매우 특이한 베드로의 둘째 서간이 어떠한 연유로 신약성경에 들어갔을까 하는 의문이 생길 수 있다. 특히 대화라든가 타협 같은 것을 중시하는 현대의 독자들은, 2장에서 이단자들에게 일방적으로 거침없이 퍼붓는 격한 언사를 보면서 그러한 질문을 제기할 수도 있을 것이다.

아무튼 이 서간은 성경의 해석과 성령의 감도, 그리고 경전의 형성에 관하여 새로운 사항들을 보여 준다. 곧 구약성경의 예언과 사도들의 증언이 같은 수준의 것으로 취급되고 둘 다 똑같이 확고한 신앙의 바탕으로 이용된다. 1:19, 3:2 신약성경의 다른 어떤 곳에서도 성경의 영감성靈感性이 여기에서처럼 명백히 표현되는 것을 볼 수 없다. "성경의 어떠한 예언도 임의로 해석해서는 안 됩니다. 예언은 결

베드로의 둘째 서간

자료: okss17.tistory.com

Vox populi, vox Dei.

노아 시대의 홍수가 앞으로 닥쳐올 마지막 심판의 예형이라는 것이다. 미켈란젤로의 〈최후의 심판〉 하층부의 지옥의 모습
자료: news.catholic.or.kr

코 인간의 뜻에서 나온 것이 아니라, 사람들이 성령에 이끌려 하느님에게서 받아 전한 것입니다." 1:20-21

이 서간에서는 또한 바오로의 서간집이 처음으로 언급됨을 볼 수 있다. 3:15-16 물론 이 서간집에 지금 우리가 알고 있는 바오로의 서신이 모두 들어 있었다고 단정할 수는 없지만, 아무튼 성경의 일부로 간주된다.

이 서간은 그리스도의 재림이 왜 늦어지는가 하는 문제를 과감히 제기하는 것에 대한 관심도 보여 준다. 곧 "그분의 재림에 관한 약속은 어떻게 되었소? 사실 조상들이 세상을 떠나고 나서도, 창조 이래 모든 것이 그대로 있지 않소?"라는 문제 제기이다. 3:4 저자는 이러한 신앙의 결핍을 단호히 단죄하고 또 이 문제에 대한 답을 제시하려고 애쓴다. 곧 노아 시대의 홍수가 물론 당시의 사고방식에 따른 서술이기는 하지만 앞으로 닥쳐올 마지막 심판의 예형이라는 것이다. 3:6 현재의 세상은 불로 파멸되고 그 자리에 "의로움이 깃든 새 하늘과 새 땅"이 들어서게 된다. 3:10-15 그리고 주님께는 무엇보다도 시간이라는 개념이 존재하지 않는다. "주님께는 하루가 천 년 같고 천 년이 하루 같습니다." 3:8 그분의 재림이 지체된다고들 하지만 그것은 그분의 사랑에서 오는 인내 때문이다. 그분께서는 각 사람에게 회개할 시간을 주고 싶어 하신다. 그러므로 이제부터 모두 거룩하게 살아야 한다. 이러한 종말론적 가르침으로, 저자는 그리스도인의 삶에 중요한 한 면을 상기시킨다.

적대자와 수신인

저자는 교회에 잠입한 '불경한 자들'을 단죄한다. 2:1 이들은 과연 누구인가? 그리스도교로 개종하였다가 그리스도교 신앙을 부정하게 된 자들이다. 그리고 이제 거짓 자유를 퍼뜨려 공동체를 타락시키려고 한다. 2:19 이 "거짓 교사들"은 이중으로 이단에 빠져 있다. 첫째, 자기들을 구원해 주신 주님을 부정하고 천사들을 멸시하기 때문에 신학적 이단자들이다. 2:10-11 둘째, 방탕한 생활을 하면서 끊임없이 죄를 저지르기 때문에 도덕적 이단자들이다. 2:14

The Nag Hammadi Codices

나지함마디 문서: 이 속에 4복음서의 기초자료가 되는 Gospel of Thomas(도마복음)가 나왔다. 정통교단은 영지주의가 역사상 존재했다는 흔적조차 남지 않을 만큼 영지주의문서들을 모조리 발본색원하여 철저하게 파괴해버린다. 그래서 1945년 나지함마디 문서가 발굴되기 전까지 영지주의에 대해 알려진 것이라고는 영지주의에 반박하는 정통교단의 주장을 통해 간접적으로 추론할 수 있는 것이 전부였다.

자료: m.post.naver.com

Vox populi, vox Dei.

베드로의 둘째 서간이 이렇게 단죄하는 이단자들이 '영지주의자들'[2]이었으리라는 견해가 제시된다. 이들은 자기들이 뛰어난 지식과 완전한 자유를 천부적으로 타고났다고 자부하고, 육체를 멸시한다고 주장하면서도 방탕한 생활을 하기 때문이다. 바로 이러한 영지주의적 배경에서, 그들이 드러내는 도덕적 · 신학적 오류를 이해할 수 있고, 또 저자가 이 이단자들의 잘못된 지식과 관련하여 그리스도교의 참 '앎'을 강조하는 사실도 더 잘 알아들을 수 있게 된다. 1:2-3, 2:20-21, 3:17-18 이들이 "영광스러운 존재들"을 모독한다는 말이 2:10 정확히 무엇을 의미하는지는 쉽게 알 수가 없다. 먼저 저자의 판단에 따르면, 이들이 천사들의 이름을 부르는 죄를 저질렀다는 뜻일 수 있다. 사실 유다교, 그 가운데서도 특히 에세네파에서 천사들을 거명하지 말라는 금령이 언급되는 것을 볼 수 있다. 천사들에 대한 존경심, 그리고 그들의 이름이 마술에 이용될지도 모른다는 두려움 때문이다.

또는 이와 반대로, 천사들과 관련해서는 그들이 그리스도보다 하급 존재라는 사실을 강조하는 것으로 그치는 바오로계 서간의 사상보다 한 걸음 더 나아가, 에페 1:21, 콜로 2:15 천사들의 우월성뿐만 아니라 그들의 실재 자체를 부정하는 것일 수도 있다. 또는, 죄를 저지른 천사들을 심판할 권리를 홀로 지니신 주님 자리에 자기들이 앉아 있는 양 거만스레 행동하는 것일 수도 있다. 이 이상으로 더 자세히 파악하기는 어렵다. 저자가 2장에서 그들을 길게 질책하면서도 관례적인 표현을 사용하는 데다, 이를테면 불경한 자의 개괄적인 모습만을 그려 내기 때문이다.

이 서간의 수신인들은 성경뿐만 아니라 유다교 묵시 문학 전통과도 친숙한 사람들이다. 저자는 이 두 가지 문헌을 자주 시사하기는 하지만, 1:17만 빼고 한 번도 명백하게 인용하지는 않는다. 곧 타락한 천사, 2:4 노아의 홍수, 2:5 소돔과 고모라,

[2] 영지주의(Gnosticism, '지식을 가짐')는 1세기 후반에 유대교와 초기 기독교와 엮이며 시작된 종교적 사상 및 체계를 말한다. 교회의 정통 가르침, 전통, 권위에 대항한 개인적인 영적 지식을 강조한 다양한 집단을 두고 영지주의자라고 칭한다. 육체적 존재를 결함이 있거나 악한 것으로 본 영지주의의 우주기원론은 일반적으로 우월하고 숨은 신과, 물질 세계를 창조한 악한 신 데미우르고스(때로는 구약성경의 야훼와 연관)를 구분하는 특색이 있었다. 영지주의자들은 구원에 이르는 주요 요소가 신비주의적 혹은 밀교적인 이해 형태 방식으로 최고 신성에 관한 진실된 지식이라 생각하였다. 많은 영지주의 문서는 원죄와 회개라는 개념을 대신하여 환영과 깨달음이라는 개념을 다룬다.

유다의 편지 또는 유다 서간은 신약성경의 일부로서 유다가 쓴 것으로 알려진 편지글이다.

자료: obible.tistory.com

2:6-7 보소르의 아들 발라암, 2:15 그리고 이 세상이 물에서 비롯되었고 또 불로 멸망한다는 전통 등이다.

이 서간 특히 2:1, 3:3은 유다 서간과 밀접한 관련이 있다. 우선 양쪽에서 매우 비슷한 개념들이 사용되는데, 그것들은 가끔 똑같은 용어로 표현되기도 한다. 신약성경의 다른 곳에서는 드물게만 나오기 때문에 이러한 유사성이 더욱 돋보인다. 게다가 이 두 서간은 같은 줄거리를 따라가는 것 같다. 두 곳에서 다, '빈정거리는 회의론자'2베드 3:3; 유다 18로 허무맹랑한 큰소리를 쳐대며2베드 2:18; 유다 16 파렴치

성경은 "하늘에서 소돔과 고모라에 유황과 불을 퍼부으셨다. 그리하여 그 성읍들과 온 들판과 그 성읍의 모든 주민, 그리고 땅 위에 자란 것들을 모두 멸망시키셨다."(창세기 19:24-25)고 기록하고 있다.

자료: www.travelnbike.com

하게 잔치판을 벌여 가는2베드 2:13, 유다 12 "거짓 교사들"을 논박한다. 이렇게 하여 이 이단자들의 죄가 타락한 천사들, 소돔과 고모라의 주민 그리고 발라암의 죄에 비유된다.

베드로의 둘째 서간과 유다 서간의 두 저자가 서로 독립적으로, 기존의 문헌에서 영감을 받아 서간을 썼을 가능성은 매우 희박하다. 베드로의 둘째 서간이 유다 서간을 이용한 것이 확실하다고 볼 수 있다. 베드로의 둘째 서간은 여러 곳에서 그 본문이 부차적인 것으로 드러난다. 전체적으로 저자는 유다 서간의 병행구[3]보다 자세히 이야기한다. 그러면서도 묵시 문학 전통에 능통하지 못한 독자들

귀도 레니의 사탄을 밟은 성 미카엘. 이 성화는 바티칸 성 베드로 대성당에 부속된 성 미카엘 제대에 모자이크화로 전시되어 있다.

자료: ko.wikipedia.org

3 구약에서 공통적인 한 표현법으로서, 시의 효과를 위해 둘 혹은 그 이상의 행이 다른 낱말이 갖는 사상과 관련되어 표현되는 것. 예를 들면, 1) 가장 일반적인 것은 시편 1:1과 같이 시의 행이 그와 동등하거나 유사한 의미를 나타내는 것. 이러한 것을 동의적 병행법이라고 한다. 2) 어떤 경우에는 잠언 3:5와 같이 두 행이 반대의 의미를 나타낸다. 이러한 것을 반의적 병행법이라고 한다. 3) 어떤 경우에는 잠언 3:20에서와 같이 둘째 행이 첫째 행의 의미에다 무엇을 더하는 것이다. 이러한 것을 종합적 병행법이라 한다.

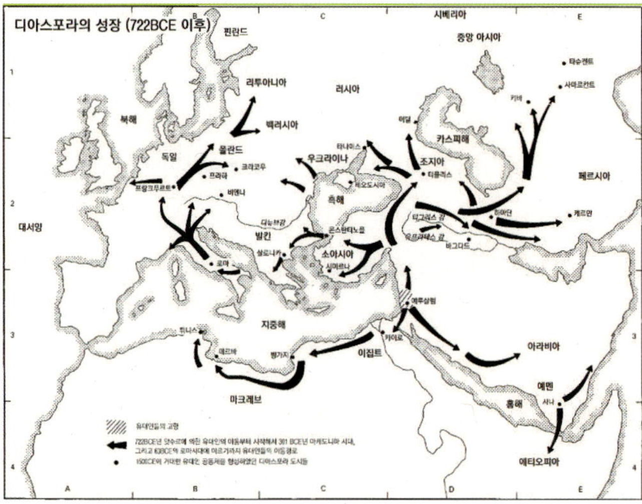

디아스포라의 이동 경로

자료: biblia.co.il

에게 생소하게 들릴 수 있는 몇몇 요소는 삭제한다. 곧 모세의 주검을 놓고 미카엘 대천사가 사탄과 벌이는 논쟁, 유다 9 천사들이 지상 여자들과 성관계를 맺었다는 전설, 유다 6 에녹의 예언유다 14 등이다. 이를 바탕으로, 베드로의 둘째 서간의 저자가 외경의 묵시 문학을 의도적으로 도외시하였는지에 관해서는 쉽게 단정을 내릴 수 없다.

그리고 베드로의 둘째 서간은 재림이 지체되는 것과 관련하여 제기되는 이의를 부각시키지만, 유다 서간에서는 이 문제 자체가 일어나지 않는다.

이러한 여러 표지는 베드로의 둘째 서간이 유다교 전통에 깊이 뿌리를 내리고 있으면서도 유다 서간보다 후대의 집단에서 유래한다는 사실을 보여 준다. 이 공동체는 위에서 언급한 대로 유다인들의 고유한 설화를 생략하는 것 외에도, 그리스 말의 여러 가지 합성어에다 희귀한 낱말까지 사용하면서 솜씨를 부리는 문체가 드러내는 것처럼, 헬레니즘에 대해서도 더욱 개방적인 자세를 보인다. 어떤 학자에 따르면, 이러한 낱말은 신약성경에서 이 짧은 서간에서만 쉰여섯 개나 된다. 이는 신약성경에서 가장 높은 비율이다. 그래서 이 서간은 유다 서간에서 나

Vox populi, vox Dei.

타나는 배타적 경향과 바오로계 서간에서 볼 수 있는 개방적 경향을 조화시키려는 사목적 노력의 결과로, 곧 초대교회의 여러 성향을 종합하려고 애쓴 데에서 유래하는 것으로 생각할 수 있다.

다른 한편, 베드로의 둘째 서간은 초기 알렉산드리아 교회에서는 성경으로 받아들여지는 반면에 안티오키아를 중심으로 한 시리아 교회에서는 그 경전성이 부정된다. 이로 미루어, 이 서간이 헬레니즘 세계의 디아스포라[4]에 살던 유다계 그리스도인 집단에서 나왔다고 볼 수 있다.

저자와 집필 연대

저자는 자신을 시몬 베드로 사도라고 밝힌다. 1:1 그리고 3:1에서 언급하는 첫째 서간은 자연히 베드로의 첫째 서간을 가리키는 것으로 이해된다. 이 밖에도 저자는 주님의 거룩한 변모 때에 그 곁에 있었다고도 하고, 1:16 끝으로 자기 죽음이 가까웠다고도 이야기한다. 1:14

저자의 이러한 말은 줄곧 논란을 일으키는 여러 가지 문제점을 안고 있다. 우선 저자가 자신을 사도와 동일화하는 이 자전적 이야기를, 이와 관련된 문제를 완전히 해결할 수 있는 것으로 너무 몰고 가서는 안 된다. 그것은 '유언'이라는 문학 양식에서 볼 수 있는 것이기 때문이다. 다른 한편으로, 베드로의 첫째 서간과 둘째 서간은 상당히 다른 문체를 보여 준다. 양쪽에 같은 낱말은 100개뿐인데 다른 낱말은 599개나 된다. 종말론과 관련된 문제도 서로 다르다. 이러한 상이성은 이 두 서간 사이에 꽤 긴 시간이 흘렀음을 시사한다.

저자는 교회의 첫 세대 사람들이 이미 세상을 떠났다고 밝힌다. 3:4 이는 자기가 그 세대에 속하지 않음을 뜻한다. 그리고 이 서간은 일반적으로 1세기 말엽에

4 디아스포라는 원래 자기가 살던 땅에서 떠나 다른 나라에 흩어져 사는 사람들을 말한다. 많은 기독교인들은 디아스포라라고 하면 남쪽 유다 왕국의 멸망 이후 바빌론의 각 지역과 전 세계로 흩어져 나간 유대인들의 공동체를 가리키는 말로 이해한다. 그러니까 하느님께서 주신 가나안 땅 밖에 거주했던 일체의 삶을 디아스포라의 삶이라고 이해하는 것이다.

엘 그레코의 〈성 베드로와 성 바오로 사도〉

자료: ko.wikipedia.org

쓰인 것으로 추정되는 유다서보다 후대의 것이다. 무엇보다도 베드로의 둘째 서간은 위에서 본 대로 성경의 경전을 명백히 언급한다. 아직은 완성된 꼴을 갖추지는 않았지만, 다른 사도들이나 예언자들의 글과 마찬가지로 '성경'으로 헤아려지는 바오로의 서간집이 이미 신자들에게 읽히고 있었다는 것이다.

그렇다고 유다계 그리스도인들의 전통이 짙게 배어 있는 이 서간의 집필 연대를 너무 뒤로 잡을 수는 없다. 그래서 125년경이 적절하지 않을까 생각한다. 이는 이 서간이 직접 베드로 사도에게서 유래하지 않음을 뜻하기도 한다.

다른 한편, 베드로를 중심으로 한 전통에서 사도의 가르침에 이어 참신앙을 보존해야 하는 필요성을 상기시키려고 이 서간을 '영적 유언'의 형태로 집필하였다고 생각할 수도 있다. 이와 관련해서는 한 가지 사실만 지적하고자 한다. 곧 교회 역사가 에우세비우스가 밝히는 한 전통에 따르면, 교회사, II, 16:1 한때 베드로의 협력자였던 마르코1베드 5:13 참조가 이 서간이 가장 먼저 성경으로 받아들여진 알렉산드리아에 복음을 선포하였다는 것이다.

Vox populi, vox Dei.

알렉산드리아에 복음을 선포하였다.

자료: haeunchurch.org

경전성

베드로의 둘째 서간은 묵시록과 함께, 신약성경의 책들 가운데에서 경전으로 인정받는 데에 가장 많은 어려움이 있었던 문헌이다. 이 서간은 알렉산드리아 교회를 출발점으로 해서 천천히 교회 전체로 퍼져나갔다. 200년이 되기 조금 전에 작성된 이른바 무라토리 경전에는 들어 있지 않은 이 글은 오리게네스가185/186-254년 처음으로 인용하는데, 그 경전성을 많은 사람이 부정한다고 밝힌다. 340년에 세상을 떠난 에우세비우스는 이 서간을 아직도 논쟁의 대상이 되는 문헌에 포함시킨다. 5세기에 가서야 대부분의 교회에서 인정을 받고, 6세기에 마침내 시리아에서도 경전으로 받아들여진다. 한편, 이 서간은 200년경의 이집트 말 신약성경 번역본과 3세기 말에 작성된 것으로 추정되는 수사본파피루스 72[5]에도 들어가 있다.

5 파피루스 72는 신약성경의 본문 비평가들이 소위 보드메르(Bodmer) 기타 코덱스의 일부, 즉 유다서, 베드로의 첫째 서간, 둘째 서간의 편지를 설명하는 데 사용하는 명칭이다. 이 책들은 같은 서기관이 복사한 것으로 보이며 필체는 고서학적으로 1세기 또는 2세기에 할당되었다.

베드로의 둘째 서간 3장(주의 날) 각 절 해석[6]

1-2절 사도 베드로가 두 개의 편지를 쓴 목적은 성도들의 진실하고 순진한 마음을 일깨워서 하느님의 말씀을 기억하게 하려 함이었다. '거룩한 예언자들이 이미 예언한 말씀'은 구약성경을 가리키며, '주님이시며 구원자이신 분께서 여러분의 사도들을 통하여 내리신 계명'은 신약성경을 가리킨다. 그가 쓰고 있는 서신도 그중에 하나이다. 여기에 하느님의 의도하신 바가 나타나 있다. 우리는 구약성경과 신약성경을 항상 읽고 들음으로써 하느님의 말씀을 기억해야 한다. 하느님께서는 우리 속에 그의 진리와 교훈이 풍성히 거하여 우리가 그것을 믿고 소망하며 위로를 받고 행함으로 그의 뜻이 이루어지고 그에게 영광이 되기를 원하신다.

구약성경과 신약성경 대비

자료: keepbible.com

[6] 김효성 목사, 베드로전서 강해, 2019년 8월 29일 수정.

3-4절 하느님의 말씀 가운데 하나는 말세에 주 예수 그리스도의 재림을 부정하는 불신앙적인 목사·신부들이 나타날 것이라는 내용이다. 그들은 자기들의 정욕을 좇아 행하며 재림의 진리를 비웃고 조롱할 것이다. 앞장에서 말한 대로, 정욕적 삶과 음란은 거짓 교사들의 특징이다. 또 그들은 예수 그리스도의 재림의 약속을 부정하며 말하기를 조상들이 죽은 후에도 여전히 만물이 처음 창조할 때와 같이 그냥 있다고 말한다. 예언된 종말적 대변혁의 징조들이 없다는 것이다.

오늘날 자유주의 신학은 이러한 성경 예언의 성취이다. 자유주의 신학자들은 예수 그리스도의 재림을 믿지 않고 공공연히 부인한다. 라인홀드 니부어[7]는

말세에 예수님이 어떻게 오시는지에 관한 예언. "보십시오, 그분께서 구름을 타고 오십니다. 모든 눈이 그분을 볼 것입니다. 그분을 찌른 자들도 볼 것이고 땅의 모든 민족들이 그분 때문에 가슴을 칠 것입니다. 꼭 그렇게 될 것입니다. 아멘." (묵시 1:7)

자료: post.naver.com

7 칼 폴 라인홀드 니부어(Karl Paul Reinhold Niebuhr, 1892년 6월 21일~1971년 6월 1일) 혹은 니버는 개신교 신학자이며 기독교 윤리학자이다. 기독교 신앙을 현실적인 현대 정치와 사회에 접목시킨 기독교 현실주의로 유명하다. 현대 정의로운 전쟁(just war) 사상에 크게 기여하였다. 동생은 『그리스도와 문화』라는 책으로 유명한 리차드 니부어이다.

『비극을 넘어서』라는 그의 책에서 "기독교의 교리 중에 그리스도의 재림의 소망보다 더 속임과 착각으로 인도한 교리는 없다."고 말했다. 이런 사람들은 하느님의 백성들을 넘어뜨리려고 불신앙과 이단을 전파하는 사탄의 종들이다. 교회 역사상 끊임없이 일어났던 배교 운동들의 은밀한 사령탑, 즉 가장 우두머리에는 사탄이 있다. 우리는 이런 불신앙적 사상들을 분별하고 대항해야 한다.

5-7절 사도 베드로는 주 예수 그리스도의 재림을 부정하는 이단자들을 두 가지 점에서 반박한다. 첫째로, 그는 하늘과 땅이 옛적부터 있는 것은 하느님의 말씀으로 되었음을 상기시킨다. 창세기 1장에 기록된 대로, 하느님께서는 하늘과 땅과 그 가운데 모든 것을 그의 말씀으로 다 창조하셨다. '땅이 물에서 나와 물로 이루어졌다'는 말은 '땅이 물에서부터 또 물로 말미암아 만들어진 것'이라는 뜻으로 창세기 1:9에 "하느님께서 말씀하시기를 '하늘 아래에 있는 물은 한곳으로 모여, 뭍이 드러나라.' 하시자, 그대로 되었다."는 말씀을 가리킨다고 본다.

노아의 홍수는 약 4400년 전 사건이다. 한국사와 비교하면 고조선 건국(4356년 전 건국) 즈음에 일어났다. 노아의 홍수 이후 하느님은 다시는 물로 심판하지 않겠다고 약속하셨다. 그러나 어찌된 일인지 초림 예수는 재림 때가 노아의 때와 같다고 기록했다. 이는 재림을 믿는 기독교인이라면 노아의 홍수가 갖는 의미를 알고 있어야 한다는 뜻도 된다. (출처: 더 스워드 베어러)
자료: www.newscj.com

Vox populi, vox Dei.

둘째로, 사도 베드로는 옛 세상이 물의 넘침으로 멸망했음을 상기시킨다. 이것은 노아 시대의 홍수 심판을 가리킨다. 이것도 하나님의 말씀대로 된 사건이었다. 하느님께서는 노아에게 땅에 강포가 가득함으로 40일 동안 홍수를 일으켜 멸할 것을 선언하셨다. 창세 6:13, 17 그는 그의 말씀대로 홍수 심판으로 세상을 벌하셨다.

사도 베드로는 현재의 하늘과 땅도 하느님의 말씀으로 불사르기 위해 마지막 심판의 날까지 보존되어 있다고 말한다. 우리가 과거의 역사에서 밝히 증거된 하느님의 말씀의 능력과 신실함을 믿는다면, 미래의 마지막 불 심판의 경고를 믿는데 아무런 어려움이 없을 것이다. 그러나 저 불신앙적 교사들은 이 모든 사실을 고의로 잊으려 한다. 그들은 하느님의 말씀과 능력을 의도적으로 부정하는 자들이다. 그러나 우리는 하느님의 말씀을 그대로 믿어야 한다. 우리는 성경에 기록된 모든 말씀을 믿고 하느님의 모든 약속과 경고를 의심치 말아야 한다. 우리는 특히 신약성경에 밝히 증거된 우리 주 예수 그리스도의 재림을 확신하고 간절히 소망해야 한다.

8절 주님께는 하루가 천년 같고 천년이 하루 같다. 매튜 풀[8]은 다음과 같이 주석하였다. "사람은 시간에 종속되고 시간에 의해 측정되지만, 하느님께는 과거와 미래가 없고 모든 일들이 현재이며 시간의 길고 짧음도 없다. 하느님께는 천년이, 아니 창세 이후의 수천년이 단 하루와 같다. 그러므로 우리는 주의 재림의 지연됨을 우리 자신의 생각으로 판단하지 말고 하느님의 영원하심의 잣대로 판단해야 한다." 하루가 천년 같다는 표현도 우리에게 짧은 시간도 하느님께는 길게 느껴지실 수 있음을 보인다.

8 매튜 풀(Matthew Poole, 1624-1679)은 영국의 청교도 신학자로서 요크(York)에서 태어나 케임브리지 임마누엘 칼리지를 졸업하였다. 1649년부터 종교 통일령이 통과된 1662년까지 교구 목사를 지내다가 이후에 네덜란드로 건너가서, 성경의 각 절에 대한 150명의 성경 해석자들의 주석을 집약해서 『성경주석집요』(Synopsis Criticorum Biblicorum, 5 vols., 1669-1676년)를 간행하고, 그 요약판인 『매튜 풀 주석』을 집필하였는데, 그의 주석은 청교도 형제들에 의해서 1683년에 3권으로 발간되었다. 매튜 풀은 17세기의 가장 영향력 있는 청교도 목회자들과 사상가들 중의 한 사람이었다. 그는 종교 박해 시대 동안에 지속적인 암살 위협으로 인해서 고국을 떠나 네덜란드의 암스테르담에 정착하여 자신의 주저인 『성경주석집요』와 『매튜 풀 주석』을 집필하였다. 매튜 풀은 위대한 신학자이자 저술가임과 동시에, 고결한 인품과 불굴의 신앙을 간직한 경건하고 독실한 그리스도인으로 알려져 있다.

매튜 풀, 1680년 로버트 화이트의 판화

자료: en.wikipedia.org

Vox populi, vox Dei.

9절 주의 재림이 더딘 것 같음은 실상 더딘 것이 아니고 그가 우리를 향해 오래 참으사 아무도 멸망치 않고 다 회개하기를 원하시기 때문이다. 이 말씀은 넓게는 모든 사람을 향한 하느님의 일반적 의지를 나타내는 것으로 볼 수 있지만, 엄격히 말하면 하느님께서 만세 전에 택하신 모든 사람에 대한 하느님의 구원 의지를 가리킨다. 하느님께서 택하신 모든 사람은 이 세상에 살았거나 살고 있거나 장차 출생할 모든 자들 가운데 하느님께서 구원하기를 원하시는 모든 사람이다. 하느님께서는 그들이 다 회개하여 구원받기를 원하신다.

하느님의 구원

자료: www.catholicpress.kr

10절 주 예수 그리스도의 재림의 날은 더딘 것 같지만 밤에 도적같이 갑자기 올 것이다. 마태오 복음서 24:42-43, "그러니 깨어 있어라. 너희의 주인이 어느 날에 올지 너희가 모르기 때문이다. 이것을 명심하여라. 도둑이 밤 몇 시에 올지 집주인이 알면, 깨어 있으면서 도둑이 자기 집을 뚫고 들어오도록 내버려두지 않을 것이다." 테살로니카 신자들에게 보낸 첫째 서간 5:1-2, "형제 여러분, 그 시간과 그때에 관해서는 여러분에게 더 쓸 필요가 없습니다. 주님의 날이 마치 밤도둑처럼 온다는 것을 여러분 자신도 잘 알고 있습니다." 주의 재림의 날에 이루어질 일들은 무엇인가? 첫째로, 주의 재림의 날에는 현재의 하늘과 땅이 불타 없어질 것이다. 하늘은 큰 소리로 떠나가고 체질은 뜨거운 불에 풀어질 것이다. 땅과 그중에 있는 모든 것이 불타 버릴 것이다. '땅과 그 안에서 이루어진 모든 것'에는 인류가 이룩한 모든 문명도 포함될 것이 분명하다. '드러날 것입니다' 혹은 '드러나리로다'개역한글라는 말은 전통사본에는 '불타 버리리라'는 말카타카에세타이이다.

11-12절 베드로는 계속하여 주의 재림의 날에 하늘이 불에 타서 풀어지고 땅의 원소들이 뜨거운 불에 녹아지고 세상의 모든 것들이 불에 타서 풀어질

존 마틴(John Martin, 1789~1854)의
〈최후 심판의 날〉

자료: m.blog.naver.com

것이라고 증거한다. 주의 재림의 날은 한마디로 심판의 날이다. 죄와 저주로 더러워진 현재의 세상은 다 불타 버릴 것이다.

베드로는 이런 사실 앞에서 성도들이 어떤 사람이 되어야 마땅한가라고 물으면서 중요한 교훈을 한다. '거룩하고 신심 깊은 생활'이라는 원어복수형는 강조하는 뜻을 가진다고 본다. 성도들은 주의 재림의 날을 간절히 사모하면서 더욱 온전히, 계속 거룩한 삶을 살아야 하고 또 날마다 하느님만 소망하며 주야로 성경 말씀을 묵상하고 또 쉬지 않고 기도하기를 힘쓰는 경건한 삶을 살아야 한다.

13절 주의 재림의 날에 이루어질 다른 하나의 일은 새 하늘과 새 땅이다. 이것은 주님의 약속의 성취이다. 요한 복음서 14:1-4, "너희 마음이 산란해지는 일이 없도록 하여라. 하느님을 믿고 또 나를 믿어라. 내 아버지의 집에는 거처할 곳이 많다. 그렇지 않으면 내가 너희를 위하여 자리를 마련하러 간다고 말하였겠느냐? 내가 가서 너희를 위하여 자리를 마련하면, 다시 와서 너희를 데려다가 내가 있는 곳에 너희도 같이 있게 하겠다. 너희는 내가 어디로 가는지 그 길을 알고 있다." 요한 묵시록 21:1, 5-6, "나는 또 새 하늘과 새 땅을 보았습니다. 첫 번째 하늘과 첫 번째 땅은 사라지고 바다도 더 이상 없었습니다." "어좌에 앉아 계신 분께서 말씀하셨습니다. '보라, 내가 모든 것을 새롭게 만든다.' 이어서 '이것

"나는 알파이며 오메가이고 시작이며 마침이다."(묵시 21:6, 22:13) 밀워키의 성 바오로 성공회의 스테인드 글라스에 그려진 '알파와 오메가'

자료: ko.wikipedia.org

을 기록하여라. 이 말은 확실하고 참된 말이다.' 하신 다음, 또 나에게 말씀하셨습니다. '다 이루어졌다. 나는 알파이며 오메가이고 시작이며 마침이다. 나는 목마른 사람에게 생명의 샘에서 솟는 물을 거저 주겠다.'"

천국은 의로움이 거하는 세계요 새 하늘과 새 땅이다. 현재 우리가 살고 있는 세상은 죄인들이 사는 세상, 죄악된 일들이 가득한 세상이지만, 장차 오는 세상인 천국은 의인들만 거하는 세상, 죄가 없고 의로움만 가득한 세상이다. 거기에는 죄인들이 들어갈 수 없다. 그곳은 죄의 더러움과 저주와 허무함이 없는 완전히 새로워진 세계이다.

14절 사도 베드로는 본장에서 본 서신을 받는 성도들을 '사랑하는 여러분'이라고 거듭 불렀다. 1, 8, 14, 17절 이것은 성도들을 향한 그의 사랑을 보인다. 주의 종들은 성도들을 사랑하며 그들을 위하여 하느님의 말씀을 전해야 한다. 또 성도들은 주의 종들을 사랑하며 그 입에서 나오는 바른 교훈을 성심으로 받고 믿고 순종해야 할 것이다.

사도 베드로는 앞에서 말한 예수 그리스도의 재림과 의로움의 천국을 생각할 때 우리가 마땅히 흠과 점이 없는 온전함을 위해 힘써야 한다고 교훈한다. 그것은 우리가 불타 없어질 이 세상에 속한 자처럼 죄 가운데 살지 말고, 죄가 없고 오직 의로움만 가득한 천국에 속한 자답게 거룩하고 의롭고 흠과 책망할 것이 없는 자로 살아야 한다는 뜻이다. 천국은 "의로움이 깃든 새 하늘과 새 땅"2베드 3:13이다.

우리는 죄로부터 구원을 받은 자들이다. 죄 없는 상태, 흠과 점이 없는 거룩함, 즉 도덕적 완전의 상태는 하느님의 구원 목표이다. 그것은 하느님의 예정의 목표였다. 에페소 신자들에게 보낸 서간 1:4-5, "세상 창조 이전에 그리스도 안에서 우리를 선택하시어, 우리가 당신 앞에서 거룩하고 흠 없는 사람이 되게 해 주셨습니다. 사랑으로 예수 그리스도를 통하여 우리를 당신의 자녀로 삼으시기로 미리 정하셨습니다. 이는 하느님의 그 좋으신 뜻에 따라 이루어진 것입니다." 그러므로 도덕적 완전은 하느님께서 보내신 구주 예수 그리스도의 속죄사역의 목표였다. 에페소 신자들에게 보낸 서간 5:26-27, "그리스도께서 그렇게 하신 것은 교회를 말씀과 더불어 물로 씻어 깨끗하게 하셔서 거룩하게 하시려는 것이었습니다. 그리고 교회를 티나 주름 같은 것 없이 아름다운 모습으로 당신 앞에 서게 하

고대의 세계적 도시 튀르키예 에페소의 유적들

자료: rwn.co.kr

Vox populi, vox Dei.

시며, 거룩하고 흠 없게 하시려는 것이었습니다."

도덕적 완전은 법적으로는 예수 그리스도를 믿는 자들에게 이미 이루어졌다. 코린토 신자들에게 보낸 첫째 서간 1:2, "코린토에 있는 하느님의 교회에 인사합니다. 곧 그리스도 예수님 안에서 거룩하게 되어 다른 신자들이 사는 곳이든 우리가 사는 곳이든 어디에서나 우리 주 예수 그리스도의 이름을 받들어 부르는 모든 이들과 함께 성도로 부르심을 받은 여러분에게 인사합니다." 코린토 신자들에게 보낸 첫째 서간 6:11, "여러분 가운데에도 이런 자들이 더러 있었습니다. 그

테살로니카 지도와 관광 명소

자료: kr.trip.com

러나 여러분은 주 예수 그리스도의 이름과 우리 하느님의 영으로 깨끗이 씻겼습니다. 그리고 거룩하게 되었고 또 의롭게 되었습니다." 히브리인들에게 보낸 서간 10:10, "이 '뜻'에 따라, 예수 그리스도의 몸이 단 한 번 바쳐짐으로써 우리가 거룩하게 되었습니다." 히브리인들에게 보낸 서간 10:14, "한 번의 예물로, 거룩해지는 이들을 영구히 완전하게 해 주신 것입니다." 그러므로 구원받은 성도들은 이 죄가 많고 악마의 시험이 많은 세상에서도 마땅히 거룩한 삶을 살아야 한다.

우리는 예수 그리스도의 재림 때에 완전한 거룩한 상태로 주님 앞에 설 것이다. 그러므로 우리는 이 세상에서도 도덕적 완전을 목표로 삼고 살아야 한다. 완전 성화는 성도의 신앙생활의 목표여야 한다. 물론, 거룩한 삶은 하느님께서 은혜로 주시는 것이다. 테살로니카 신자들에게 보낸 첫째 서간 5:23-24, "평화의 하느님께서 친히 여러분을 완전히 거룩하게 해 주시기를 빕니다. 또 우리 주 예수 그리스도께서 재림하실 때까지 여러분의 영과 혼과 몸을 온전하고 흠 없이 지켜 주시기를 빕니다. 여러분을 부르시는 분은 성실하신 분이십니다. 그러니 그렇게 해 주실 것입니다." 그러나 우리 자신도 완전 성화를 위해 힘써야 한다. 테살로니카 신자들에게 보낸 첫째 서간 4:1, "형제 여러분, 끝으로 우리는 주 예수님의 이름으로 여러분에게 당부하고 권고합니다. 여러분은 어떻게 살아가야 하는지, 어떻게 해야 하느님 마음에 들 수 있는지 우리에게 배웠고, 또 그렇게 살아가고 있습니다. 더욱더 그렇게 살아가십시오." 베드로 둘째 서간 1:5, "열성을 다하여" 3:14, "티 없고 흠 없는 사람으로 평화로이 그분 앞에 나설 수 있도록 애쓰십시오."

Vox populi, vox Dei.

15-16절 사도 베드로는 주님의 오래 참으심이 아직 회개치 않은 택한 자들에게 구원이 된다는 사실을 상기시킨다. 9절 주의 재림이 지연되는 것은 바로 아직 회개치 않은 택자들의 구원 때문이다. 그러므로 우리는 주께서 곧 오시는 것도 기다리는 바이지만, 그가 지체하시는 것도 회개할 영혼들을 위함인 줄 알고 감사해야 한다.

사도 베드로는 바오로를 '우리가 사랑하는 바오로 형제'라고 표현하면서 사도 바오로도 이런 일들 곧 주의 재림과 마지막 심판과 천국에 관해 그의 서신들에서 썼음을 말한다. 특히 사도 베드로는 사도 바오로의 모든 편지가 성경과 같은 권위를 가짐을 암시한다. '모든 편지에서'라는 표현은 바오로의 서신들이 그 당시에 많이 알려졌고 수집되어 있었음을 나타내고, 또 '다른 성경 구절들을 곡해하듯이 그것들도 곡해하여 스스로 멸망을 불러옵니다'라는 표현은 그가 바오로 서신들을 성경과 같은 권위를 가진 것으로 간주했음을 보인다. 여기에 사도들의 글들의 권위가 있다. 사도들은 구약시대의 선지자들과 같이 하느님의 특별계시의 전달자들이었고 하느님의 아들 주 예수 그리스도로부터 말씀 전파의 특별한 임무와 권위를 부여받은 자들이었기 때문에 그들의 글들은 신적 권위의 책으로 간주되었다.

단지, 베드로는 무식한 자들과 굳세지 못한 자들이 바오로 서신들의 어떤 어려운 부분들을 잘못 해석함으로 멸망에 이르지 않도록 조심해야 한다고 말했다. '곡해하다'는 원어스트레블로오는 '왜곡시키다, 변개시키다'라는 뜻이다. 성경을 잘못

주춧돌을 놓은 베드로, 기둥을 세운 바오로

자료: www.catholicpress.kr

해석하고 잘못 적용하여 하느님께서 계시하신 복음 진리와 다른 것을 말하고 정로正路에서 이탈하게 하는 것은 멸망할 큰 죄가 된다. 우리는 성경을 바르게 취급해야 한다. 성경의 어려운 부분은 억지로 해석하지 말고 차라리 그대로 두는 것이 나을지도 모른다. 우리는 성경의 전체적 뜻을 잘 파악하고, 모든 성경을 거기에 조화시켜 해석해야 한다.

17-18절 사도 베드로는 성도들이 이단자들의 미혹에 이끌려 믿고 확신함에서 이탈하지 말고 예수 그리스도의 은혜 안에서와 그를 아는 지식에서 자라가야 할 것을 권면하였다. 우리는 복음 진리를 확신하고 그 지식 안에서 점점 더 자라가야 한다. 사도 바오로도 말하기를, "우리가 모두 하느님의 아드님에 대한 믿음과 지식에서 일치를 이루고 성숙한 사람이 되며 그리스도의 충만한 경지에 다다르게 됩니다. 그러면 우리는 더 이상 어린아이가 아닐 것입니다. 어린아이들

성 바오로와 성 베드로와 성 푸덴스[9] (왼쪽부터)

자료: info.catholic.or.kr

9 성 푸덴스는 초기 기독교 성인이자 순교자였다. 그는 로마 원로원 의원인 퀸투스 코르넬리우스 푸덴스와 그의 아내 브리스길라의 아들이었다고 한다. 전설에 따르면, 그들은 로마에서 성 베드로에 의해 처음으로 개종한 사람들 중 하나였다. 푸덴스는 로마에 있는 부모님 집에 손님으로 참석한 베드로에게 세례를 받았다. 푸덴스는 네로(재위 54~68) 치하에서 순교했다.

Vox populi, vox Dei.

은 사람들의 속임수나 간교한 계략에서 나온 가르침의 온갖 풍랑에 흔들리고 이리저리 밀려다닙니다. 우리는 사랑으로 진리를 말하고 모든 면에서 자라나 그분에게까지 이르러야 합니다. 그분은 머리이신 그리스도이십니다. 그분 덕분에, 영양을 공급하는 각각의 관절로 온몸이 잘 결합되고 연결됩니다. 또한 각 기관이 알맞게 기능을 하여 온몸이 자라나게 됩니다. 그리하여 사랑으로 성장하는 것입니다."라고 하였다. 에페 4:13-16

성경 왜곡 사례

중국이 교과서에 "예수가 죄인을 죽였다."는 내용을 실어 물의를 빚고 있다. 정부의 통치력을 강화하기 위해 종교를 깎아 내리려 성경마저 왜곡한 것이다. 가톨릭계는 "모욕"이라며 반발했고, 중국인들조차 "이해할 수 없다."는 반응이다.[10]

중국 전자과기대 출판사가 2018년 발간한 『직업도덕과 법률』 교과서에는 예수가 간음한 여인을 용서해주는요한 복음서 8장 장면이 등장한다. 하지만 성경에 없는 내

중국 허베이성의 한 성당 앞에 오성홍기가 펄럭이고 있다.

자료: www.hankookilbo.com

[10] 김광수, "예수가 죄인을 죽였다."… 성경 왜곡한 중국에 가톨릭계 발끈, 한국일보, 2020년 9월 28일.

용을 추가했다. 여인을 비판하던 군중이 사라지자 예수가 여인을 돌로 쳐서 죽였다는 것이다. 그러면서 "나도 죄인이지만, 흠 없는 자들에 의해서만 법이 집행된다면 법은 종말을 고할 것"이라는 예수의 발언을 기술했다.

교과서는 이 고사를 인용하면서 "법이란 어떤 것인가"라고 질문한다. 이어 "법률의 사회적 작용이라는 관점에서 볼 때 우리 조국의 사회주의 법률은 중국 특색사회주의 사업을 보장하는 것이어야 한다."고 강조했다. 종교보다 시대상을 반영하는 법이 더 중요하다는 것이다. 해당 교재는 중등 직업학교 학생들을 위해 발간한 것으로, 정부 심의를 거쳤다.

가톨릭계는 중국 정부와 교구에 시정과 사과를 요구하며 발끈했다. 한 신부는 2020년 9월 28일 가톨릭 전문매체 UCA뉴스에 "중국 공산당은 늘 교회의 역사를 왜곡하고 교회를 비방하고 사람들이 교회를 미워하게 만들려고 해왔다."고 지적했다. 다른 신부는 "성경을 왜곡하는 건 도덕과 법률에 어긋나는 일"이라며 "이런 교재로 어떻게 직업윤리를 가르칠 수 있겠느냐"고 분개했다.

사회관계망서비스SNS를 통해 이 같은 사실을 접한 중국인들도 비판 행렬에 가세했다. 출판사 홈페이지에는 "문제가 된 책을 왜 판매하지 않나", "정말 성경을 왜곡해 심각한 오류가 있나", "돈을 지불할 테니 책을 보내 달라", "왜 출판사는 오류를 즉각 정정하지 않는가" 등 항의성 글이 올라왔다. 중국 가톨릭 신자

중국 전자과기대 출판사가 2018년 발간한 「직업도덕과 법률」 교과서 표지(UCA뉴스)

자료: www.hankookilbo.com

는 1,200만 명으로 추산된다. 중국 측 성직자는 "중국의 교과서는 지역마다 다르다."고 해명했다.

중국 헌법에는 종교의 자유가 명시돼 있다. 하지만 정부는 실제 다양한 방식으로 종교를 억눌러왔다. 중국 국가라디오텔레비전총국광전총국은 지난 2020년 7월 성경에 기반한 영화나 드라마 콘텐츠 제작을 금지했다. 관영 신화통신은 2020년 8월 25일 "중국 기독교는 외국 세력의 통제와 영향에서 완전히 벗어났다."는 국무원 산하 국가종교국 왕쭤안王作安 국장의 발언을 전했다. 앞서 미 국무부는 지난 2019년에도 중국을 북한 · 이란 등과 함께 '종교 자유 특별우려국'으로 지정했다.

미국 국제종교자유위원회가 지난 2021년에도 북한 종교 자유 상황이 세계 최악이었다며 북한을 '종교 자유 특별우려국'으로 재지정할 것을 권고했다. 공석인 국무부 북한인권특사를 임명해 종교 자유와 인권 문제를 증진할 것도 강조했다.

자료: www.voakorea.com

Vox populi, vox Dei.

제3부

베드로와 유다의 배신

베드로와 유다의

배신 1장

베드로의 배신

성서 내용

베드로는 안뜰 바깥쪽에 앉아 있었는데 하녀 하나가 그에게 다가와 말하였다. "당신도 저 갈릴래아 사람 예수와 함께 있었지요?" 그러자 베드로는 모든 사람 앞에서, "나는 당신이 무슨 말을 하는지 모르겠소." 하고 부인하였다. 그가 대문께로 나가자 다른 하녀가 그를 보고 거기에 있는 이들에게, "이이는 나자렛 사람 예수와 함께 있었어요." 하고 말하였다. 그러자 베드로는 맹세까지 하면서 "나는 그 사람을 알지 못하오." 하고 다시 부인하였다. 그런데 조금 뒤에 거기 서 있던 이들이 베드로에게 다가와, "당신도 그들과 한패임이 틀림없소. 당신의 말씨를 들으니 분명하오." 하고 말하였다. 그때에 베드로는 거짓이면 천벌을 받겠다고 맹세하기 시작하며, "나는 그 사람을 알지 못하오." 하였다. 그러자 곧 닭이 울었다. 베드로는 "닭이 울기 전에 너는 세 번이나 나를 모른다고 할 것이다." 하신 예수님의 말씀이 생각나서, 밖으로 나가 슬피 울었다. 요한 26:69-75는 베드로가 예수님을 모른다고 하는 장면이다.

"나는 그 사람을 알지 못하오."

자료: m.blog.naver.com

Vox populi, vox Dei.

루카 복음서 22:55-62도 베드로가 예수님을 모른다고 부인하는 장면을 연출하고 있다. 그들은 예수님을 붙잡아 끌고 대사제의 집으로 데려갔다. 베드로는 멀찍이 떨어져 뒤따라갔다. 사람들이 안뜰 한가운데에 불을 피우고 함께 앉아 있었는데, 베드로도 그들 가운데 끼어 앉았다. 그런데 어떤 하녀가 불가에 앉은 베드로를 보고 그를 주의 깊게 살피면서 말하였다. "이이도 저 사람과 함께 있었어요." 그러자 베드로는 "이 여자야, 나는 그 사람을 모르네." 하고 부인하였다. 얼마 뒤에 다른 사람이 베드로를 보고, "당신도 그들과 한패요." 하고 말하였다. 그러나 베드로는 "이 사람아, 나는 아닐세." 하였다. 한 시간쯤 지났을 때에 또 다른 사람이, "이이도 갈릴래아 사람이니까 저 사람과 함께 있었던 게 틀림없소." 하고 주장하였다. 베드로는 "이 사람아, 나는 자네가 무슨 말을 하는지 모르겠네." 하고 말하였다. 그가 이 말을 하는 순간에 닭이 울었다. 그리고 주님께서 몸을 돌려 베드로를 바라보셨다. 베드로는 주님께서 "오늘 닭이 울기 전에 너는 나를 세 번이나 모른다고 할 것이다." 하신 말씀이 생각나서, 밖으로 나가 슬피 울었다.

성서 해석

복음서에서 베드로의 예수 부인은 어떤 여종에게 베드로가 발각되는 장면으

"이 여자야, 나는 그 사람을 모르네."

자료: www.dbym.net

로 시작된다. 루카가 여종을 등장시킨 것은 예사로운 일이 아니다. 유다 사회 최고 권력자인 대사제에게 끌려간 예수와 가장 힘없고 보잘 것 없는 여성 앞에 있는 베드로를 비교한다. 최고 권력자 앞에서도 당당한 스승 예수와 최하층 인간으로 여겨지는 여종 앞에서 비굴한 제자 베드로. 죽음 앞에서도 의연한 예수와 부자나 권력자 앞에서 쩔쩔매는 종교인.

베드로의 두 번째 부인은 실로 심각하다. 자기가 예수 제자라는 것을 부인했을 뿐 아니라, 제자단에 소속된 사실까지 아니라고 잡아뗀 것이다. 여기서 '한 시간쯤 지나서'에는 여러 가지 의미가 있다. 밤이 더 깊었다. 베드로는 그 시간에 도망칠 수도 있었다. 온갖 생각과 후회가 밀려들었을 것이다.

베드로는 '갈릴래아 사람'이라고 비난받는다. 베드로도 예수처럼 갈릴래아 출신이다. 루카는 베드로가 갈릴래아 사람이라는 사실이 어떻게 발각됐는지 설명하지 않는다. 갈릴래아 사투리 때문에 들통났을까? 예수와 베드로, 남성 제자들과 여성 제자들이 대부분 저항의 상징 갈릴래아 출신이다. '예수 운동'은 수도권 중심의 권력에 반기를 든 저항운동이기도 하다.

"나는 그런 사람을 모르네"라고 한 말이 가슴을 후빈다. 그러나 예수는 베드로처럼 무너진 사람에게도 자비로운 눈길을 주신다. 예수에 대한 모욕은 두 번에 걸쳐 진행되었다. 유다인 일부에게 당한 조롱, 로마 군대에게 당한 학대. 예수

"나는 그런 사람을 모르네."

자료: www.catholicpress.kr

Vox populi, vox Dei.

의 신체와 인격에 모독을 준 것뿐만 아니라 예수의 예언자 역할을 철저히 부정하였다.

역사에 등장한 종교 창시자 중에 예수처럼 욕설을 많이 들은 사람이 있을까? 종교인으로 사는 사람 중에 예수처럼 욕설을 많이 듣는 사람이 있을까? 역사의 이름 없는 예언자들은 의롭게 살면서 고통받았다. 의롭게 살았기 때문에 고통을 받은 것이다.

성서는 승자의 책이 아니라 희생자의 책이다. 성서는 가짜 예언자의 책이 아니라 진짜 예언자의 책이다. 성서는 이름 없는 수많은 예언자에게 바치는 하느님의 헌사이다.

베드로의 배신과 회복

요한 복음서의 마지막 장면으로 예수님이 돌아가시던 밤 세 번을 부인했던 베드로에게 부활하신 예수님이 다시 찾아온 장면을 살펴보자. 너무나 유명한 장면이지만 베드로에게 감정 이입을 해서 그 장면을 상상해 보려고 한다. 알다시피 베드로는 예수님의 12제자 중에서도 가장 신임받는 수제자였다. 마태오 복음서 16장 13-16절을 보면 예수님께서 카이사리아 필리피 지방에 다다르시자 제자들에게 물으셨다. "너희는 나를 누구라고 하느냐?" 이 질문에 "스승님은 살아 계신 하느님의 아드님 그리스도이십니다."라고 대답을 한 사람이 베드로였다. 그러나 예수님이 잡히시기 전날 최후의 만찬 자리에서 베드로가 예수님께 말하였다. "모두 스승님에게서 떨어져 나갈지라도, 저는 결코 떨어져 나가지 않을 것입니다." 예수님께서 그에게 말씀하셨다. "내가 진실로 너에게 말한다. 오늘 밤 닭이 울기 전에 너는 세 번이나 나를 모른다고 할 것이다." 베드로가 다시 예수님께 말하였다. "스승님과 함께 죽는 한이 있더라도, 저는 스승님을 모른다고 하지 않겠습니다." 다른 제자들도 모두 그렇게 말하였다.마태 26:33-35 베드로에게는 얼마나 충격적인 말씀일까? 그런데 더욱 놀라운 것은 그게 실제로 일어났다는 것이다. 4대 복음서에 공통적으로 소개되는 일화가 이 베드로의 배신이라고 하니 이건 진짜

베드로가 예수를 아는 것을 부인하다.

자료: ko.ndu.ac

일어났던 사건이라고 할 수 있을 것이다.

이 사건을 읽으면 정말 궁금한 것이 하나 있다. 도대체 예수님은 어떻게 그걸 아셨을까? 미래라는 게 존재하는 게 아니기에 아무리 전지전능한 분이라고 하더라도 미래라는 것은 가능성으로만 존재하는 것이고 우리가 어떤 행동을 할지 정확하게 예측한다는 것은 우리에게 자유의지가 있다는 것과 상충되는 것이다. 우리에게 자유의지가 있다면 예수님이 우리의 행동을 정확하게 예측할 수는 없을 터인데 도대체 예수님은 어떻게 베드로가 그런 행동을 할 것을 알았을까? 그에 대한 대답은 예수님께 직접 물어봐야 하겠지만 한 가지 짐작할 수 있는 것은 적어도 예수님은 베드로의 마음 깊은 곳까지 꿰뚫어 보셨다는 것이다. 아무리 베드로가 장담을 하고 맹세를 하더라도 예수님은 베드로의 믿음이 아직 반쪽짜리에 불과하다는 것을 아셨던 것이다. 사실 예수님 제자들은 예수를 따르고 있었지만 마음 한구석에는 불안과 의심이 있었다. 실제로 최후의 만찬에서 예수님이 "너희 가운데 한 사람이 나를 팔아넘길 것이다."요한 13:21라고 말씀하시자 제자들이 근심하며 저마다 자기는 아니라고 말했다는 장면이 나온다. 본인들이 스스로 자신의

루도비코 카라치의 〈베드로의 눈물〉

자료: kor.theasian.asia

믿음을 의심하고 있었기에 예수님이 그런 말씀을 하시자 혹시 내가 그런 건 아닐까 하고 "주님, 그가 누구입니까?"요한 13:25 하고 물었던 것이다.

여기에서 우리가 나누고 싶은 것은 이러한 두려움에 대한 이야기다. 성경 본문을 보면 베드로가 가졌던 두려움이 있었다. 그 두려움이 가장 극적으로 나타난 것이 바로 예수님이 잡혀가는 날 새벽에 3번 예수를 부인한 사건이다. 베드로는 왜 두려웠을까? 그 상황이 무서웠고 그 상황에서 예수를 부인하지 않으면 자기도 잡혀가서 고초를 당할 것이라고 생각했기 때문에 두려웠을 것이다. 그런데 생각해 보면 참으로 한심한 일이기도 하다. 베드로가 누구인가? 그는 예수님이 물 위를 걷는 것을 보고 자기도 물 위를 걷겠다고 나섰고 실제로 물 위를 걸었던 사람이다. 세상의 온갖 신기한 체험을 다 하고, 예수의 기적을 수없이 목격하고도 결정적인 순간에 저렇게 비겁해진다면 과연 믿음이란 게 무엇인가 하는 회의가 들 수밖에 없을 것이다.

그래서 좀 더 깊이 생각해 보려고 한다. 베드로가 가졌던 두려움은 과연 그게

베드로는 예수님이 물 위를 걷는 것을 보고 자기도 물 위를 걷겠다고 나섰다.

자료: brunch.co.kr

전부였을까? 그런데 성경에는 베드로가 가졌던 다른 하나의 두려움이 나온다. 그건 베드로가 예수님 앞에서 다른 모든 제자들이 다 배신하더라도 자기는 배신하지 않겠다고 장담했을 때 가졌던 두려움이다. 그건 바로 예수에게 버림받는 두려움이었던 것이다. 즉, 베드로에게는 두 가지 두려움이 공존했던 것이다. 세상의 고초를 받는 두려움과 예수에게 버림받는 두려움이다. 세상의 고초는 눈앞에 펼쳐진 현실이지만 예수에게 버림받는 건 영원의 영역이므로 전자는 작은 두려움이고 후자는 큰 두려움이라고 할 수 있을 것이다. 예수님이 아무 힘 없이 잡혀가는 그 순간 베드로는 잠시 작은 두려움에 휩쓸려 큰 두려움을 망각했던 것이다.

이런 작은 두려움에 빠져 있는 베드로에게 예수님은 부활하셔서 찾아오신 장면이 여기에서 중요한 본문 내용이다. 예수님이 찾아오셔서 베드로에게 작은 두려움을 극복하게 하고 큰 두려움, 즉 영원에 대한 소망을 상기시켜 주시고 회복시켜 주셨다. 그 못난 베드로를 다시 찾아와서 세 번 부인한 것만큼 세 번 사랑한다는 고백을 하게 한다. 베드로는 예수님께 얼마나 미안하고 송구스러웠을까. 베드로의 입장에서 생각해 보면 우리는 그 마음을 헤아릴 수 있을 것 같다. 그런데 베드로 입장이 아닌 예수님 입장에서 이 장면을 어떻게 생각할 수 있을까? 제자

그리스도의 오심은 '성육신'이다.

자료: news.onnuri.org

들의 어리석음과 배신을 괘씸하게 또는 불쌍히 여기면서 인간의 어리석음에 대한 이해가 깊어지는 경험을 하셨을까?

대부분의 사람들은 이런 생각을 할 것이다. 예수님이 인간의 몸으로 오셔서 우리 인생을 경험하심으로써 우리에 대한 이해가 깊어지셔서 더 우리를 사랑하시고 긍휼히 여기실 것이다, 라고 생각할 수 있다. 마치 한 여자가 아이를 낳고 육아를 경험을 하면서 부모님에 대한 이해가 깊어지는 것처럼 하느님도 성육신의 경험을 통해서 그런 과정을 겪으셨을 것이라고 짐작할 수 있다. 그런데 곰곰이 생각해 보면 이런 해석은 지극히 인본주의적 해석이다. 인간은 경험을 통해서 이해가 깊어지고 지식을 얻게 되지만 하느님은 경험을 통해 지식이 높아지는 것이 아니라 경험을 초월하신 분이다. 우리가 지나치게 인본주의적으로 하느님을 이해하려는 것이 잘못된 하느님에 대한 지식이라고 할 수 있다.

베드로는 자신의 믿음이 얼마나 허술한 것인지를 예수님이 잡혀가시는 날 새벽닭 울기 전에 3번 예수를 부인하는 경험을 통해서 비로소 깨닫게 되었지만 예수님은 그런 경험과 상관없이 그전에 이미 베드로가 배신할 것을 알고 있었다. 그뿐만 아니라 그것을 이미 용서하신 것이다. 우리 인간은 시공간의 제한을 받기 때문에 직접 또는 간접적 경험이라는 과정을 통해서 이해를 얻어내고 전혀 경험하지 않은 영역은 이해가 매우 어렵다. 하지만 시공간을 초월하시는 하느님은 그런 경험을 필요로 하지 않는다. 그래서 그동안의 경험을 통해 얻어졌던 베드로의 믿음은 사실 반쪽짜리 믿음이었던 것이다. 온전한 하느님의 나라는 우리가 다 경험을 할 수도 없고 경험을 초월하신 하느님의 영역이기에 우리가 이해하는 데 어려움이 있는 것이다. 이해를 초월한 영역은 경험으로 해결되지 않기 때문에 믿음으로 채울 수밖에 없다.

유다는 누구인가

개요

유다 이스카리옷 또는 가리옷 사람 유다, 가룟 유다는 신약성서에 따르면, 예수 그리스도의 열두 사도 가운데 한 사람이었으나, 나중에 예수를 배반하여 기독교에서는 최대의 죄인이자 악마의 하수인, 배신자의 대명사로 불린다. '이스가리옷'이란 말에는 남부 유대의 지명인 '가리옷 사람' 외에 '암살자', '가짜', '위선자', '거짓말쟁이', '단검' 등의 의미를 가지고 있다.

가룟 유다

자료: churchofgod.wiki

요한 복음서의 설명

요한 복음서에 따르면 유다 이스카리옷은 시몬 이스카리옷의 아들이며, 예수 그리스도에게 선택받은 열두 사도 중의 한 사람이다. 유다 이스카리옷은 셈이 빨라서 사도단의 회계를 맡으면서 공금을 횡령하기도 하였다. 요한 복음서에 따르면 베다니아의 마리아의 집에서 그녀가 값비싼 향유를 예수의 발에 붓는 헌신을 하자, 유다는 "이 향유를 어찌하여 비싸게 팔아 가난한 이들에게 나누어 주지 않았는가"라고 투덜거렸는데 저자는 유다가 도둑이라서 그런 것이라고 평가한다. 진짜 가난한 사람들을 생각해서 가난한 사람 운운한 게 아니라, "저 향유를 팔아서, 그 돈의 일부를 횡령할 수 있었다면 얼마나 좋을까" 하는 도둑의 생각을 숨기기 위한 위선적인 말에 불과하다는 것이다. 요한 복음서 12:4-8, "유다 이스카리옷이 말하였다. '어찌하여 저 향유를 삼백 데나리온에 팔아 가난한 이들에게 나누어 주지 않는가?' 그가 이렇게 말한 것은, 가난한 이들에게 관심이 있어서가 아

막달라 마리아는 예수님께 값비싼 나드 한 옥합을 깨뜨려서 머리에 부었는데, 가룟 유다는 값진 것을 낭비했다고 마리아를 책망했다.

자료: m.blog.naver.com

니라 도둑이었기 때문이다. 그는 돈주머니를 맡고 있으면서 거기에 든 돈을 가로채곤 하였다. 예수님께서 이르셨다. '이 여자를 그냥 놔두어라. 그리하여 내 장례날을 위하여 이 기름을 간직하게 하여라. 사실 가난한 이들은 늘 너희 곁에 있지만, 나는 늘 너희 곁에 있지는 않을 것이다.'"

이에 예수가 "예수님께서 이르셨다. '이 여자를 가만 두어라. 왜 괴롭히느냐? 이 여자는 나에게 좋은 일을 하였다. 사실 가난한 이들은 늘 너희 곁에 있으니, 너희가 원하기만 하면 언제든지 그들에게 잘해 줄 수 있다. 그러나 나는 늘 너희 곁에 있지는 않을 것이다.'"마르 14:6-7라며 사도들을 꾸짖고 충고하였다. 그는 오히려 분격하여 당시 유대교의 수석 사제들에게 가서 "제가 예수를 여러분에게 넘겨주면 여러분은 제게 무엇을 주실 수 있습니까?"마태 26:15하고 예수를 그들에게 팔아넘길 것을 제의했다. 수석 사제들은 이에 동의하여 당시 노예가 황소에 받혀 죽었을 때 보상금으로 주인에게 지불하던 금액인 은돈 서른 닢을 지불했다. 이때부터 유다는 예수를 넘길 기회만을 엿보고 있었다.

은돈 서른 닢을 받고 유다는 예수를 넘길 기회만을 엿보고 있었다.

자료: kr.christianitydaily.com

Vox populi, vox Dei.

유다의 후안무치

무교절[1] 첫날이자 성 목요일[2]인 날 벌어진 최후의 만찬에서 예수는 자신의 죽을 때가 다가오는 것을 깨닫고 사도들이 한창 식사를 하던 도중에 "내가 진실로 너희들에게 말하노니, 너희들 가운데 한 사람이 나를 팔아넘길 것이다." 하고 조용히 말하였다. 이에 사도들이 모두 근심하며 저마다 자기가 아니라고 부정하였다. 그 자가 누구인지 가르쳐달라는 사도들의 성화에 못이겨 예수는 "나와 함께 접시에 손을 넣어 빵을 적시는 자, 그 자가 나를 팔아넘길 것이다."라고 말했다. 그리고 빵 한 조각을 적신 다음 그것을 들어 유다에게 가져다 주었다. 유다가 그 빵을 받자마자 사탄이 그의 마음 속에 들어갔다.

최후의 만찬에서 빠져나오는 유다 이스카리옷

자료: namu.wiki

1 유대인들이 무교병, 즉 이스트 없는 빵을 만들어 먹으며, 출애굽을 기억하는 명절이다. 이 명절은 이스라엘 민족이 출애굽 전날 누룩(이스트)이 없는 빵을 만들었다는 출애굽설화 내용에 근거한다.

2 성목요일(聖木曜日)은 기독교에서 그리스도가 수난을 받은 성금요일의 전날을 말한다. 이때 그리스도가 유명한 최후의 만찬에서 성체성사를 제정했기 때문에, 그리스도의 성체제정일이라고도 부른다.

유다는 예수가 자신의 악한 마음을 드러낸 이후에도 "스승님, 저는 아니겠지요?"라고 반문했다. 예수는 "네가 그렇게 말하였다." 하고 대답했다. 그러고 나서 "네가 하려는 일을 어서 하여라"고 유다에게 말하였다. 다른 사도들은 예수가 그에게 왜 그런 말을 했는지 이해하지 못했다. 어떤 이들은 유다가 돈주머니를 가지고 있었으므로, 예수가 그에게 축제에 필요한 것을 사라고 했거나, 가난한 사람들에게 관심이 많았던 예수의 행적을 생각하며 가난한 이들에게 무엇을 주라고 말한 것이려니 생각하였다. 유다는 빵을 받고 바로 밖으로 나가서 수석 사제들대제사장들에게 달려갔다.

Vox populi, vox Dei.

배신

최후의 만찬[3]이 끝나자 예수는 나머지 11명의 사도들과 같이 겟세마네 동산으로 가서 열심히 기도하였다. 기도가 다 끝났을 때 마침 유다가 군인들을 이끌

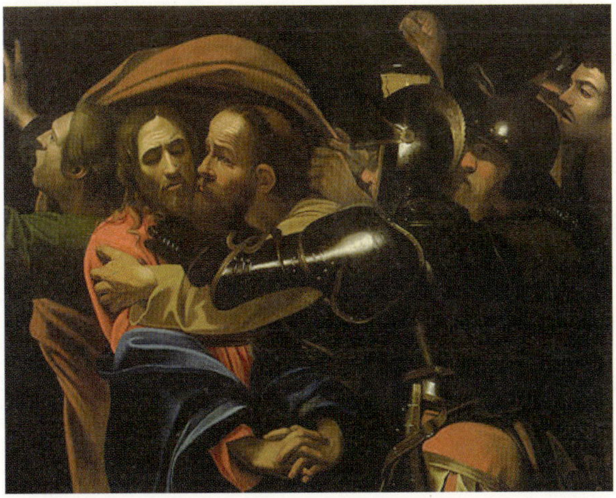

누가 예수인지 신호로서 알리기 위해서 예수에게 다가가 입맞춤하는 유다

자료: m.blog.naver.com

3 최후의 만찬 또는 마지막 만찬, 주의 만찬은 기독교의 신약성서에 기술된 장면 가운데 하나로, 예수 그리스도가 수난을 당하기 전날 밤(성력 1월 14일 저녁, 유월절), 열두 제자들과 함께 가진 저녁 식사 또는 그 저녁 식사 자리에서 일어났던 일을 말한다.

고 왔다. 밤이 깊어서 어두웠기 때문에 누가 예수인지 분간할 수가 없었다. 그래서 누가 예수인지 알리는 신호로서 유다는 예수에게 다가가 입맞춤을 하였다. 이리하여 예수는 체포되었다.

죽음

다음날 예수가 단죄받아 산헤드린[4] 공회에서 십자가형을 선고받았는데, 산헤드린 공회에서는 시형을 집행할 권한이 없어서 폰티우스 필라투스 총독에게 예수를 데려가자 유다는 양심의 가책을 느껴 자신이 한 행동을 뒤늦게 후회하면서 대제사장들과 장로들에게 가서 은돈 서른 닢을 던지면서 "내가 죄 없는 사람을 팔아넘겨 죽게 만든 죄를 범하였다."라고 말했다. 그의 후회에 대해, 대제사장들은 "그게 우리들과 무슨 상관이냐? 그것은 네 일이다."라고 말하였다. 복음사가 마태오에 따르면, 가리옷 유다는 그 은돈을 성전 안에다 내던지고 나와서 목을 매달아 자살하였고, 마태 27:5 대사제들은 이를 주워다가 꺼림칙하여 의논한 후 나그네들을 위한 묘지용 토지를 샀다. 그 후 그 밭을 아겔다마, 즉 피밭이라 불렀다. 사도 1:19

그러나 마태오 복음서와 사도행전에서, 또는 초대교회 시대 저작들에서 전혀 다른 설명을 하고 있다. 가리옷 사람 유다는 자신이 한 행동을 뒤늦게 뉘우치면서 대제사장들과 장로들에게 가서 은돈 서른 닢을 던지면서 "내가 무죄한 피를 팔고 죄를 범하였습니다."라고 말했다. 그의 뉘우침에 대해 대제사장들은 "그것이 우리들과 무슨 상관이냐? 그것은 네 문제이다."라고 말하였다. 가리옷 유다는 그 은돈 서른 닢을 성전 안에다가 던지고 나와서 목을 매달아 자살하였다라고 마태오 복음서에서 말한다. 이와 반대로 사도행전은 가리옷 유다가 예수를 판 돈

4 산헤드린(synedrion, sanhderin 모여 앉는다)은 모든 유대의 도시에 유대교 법에 의해 세워진 23명의 판관들의 모임이다. 로마제국에서는 반(反)로마투쟁을 하지 않는다면, 식민지의 종교와 자치활동을 인정했으므로 고대 이스라엘 사회에서 산헤드린 의회는 영향력이 있는 집단이었다.

가롯 유다의 죽음

자료: leonheart15.tistory.com

으로 밭을 샀으나, 그러나 그는 죄의 값으로 땅에 거꾸러져서 배가 갈라져 내장이 온통 터져 나왔다라고 말하고 있다. 사도 1:18 마태오 복음서 27장 1-10절과 사도행전 1장 18절에 나오는 유다의 죽음에 대한 두 가지 다른 설명의 불일치는 성경의 무오성[5] 개념을 지지하는 자들에게 심각한 위기였다. 하지만 다양한 시도가 있었다. 일반적으로 그들은 히포의 감독 아우구스티누스와 같은 문자적 해석을 따랐다. 이는 단순히 유다가 밭에서 목을 매고 밧줄이 끊어지고 넘어져 그의 몸이 터져버린 사건의 서로 다른 양상을 설명할 뿐이라고 말한다. 또는 사도행전과 마태오 복음서의 기록이 참조하는 것이라 말하기도 한다.

복음서 저자들의 해석

유다의 악행과 비참한 죽음은 초대교회 설교자들과 복음서 저자들에 의하여 수없이 인용되곤 하였고, 유다의 죽음이 더욱 무섭게 보이도록 하기 위해서 소름이 끼치는 표현을 덧붙이기도 하였다. 성서학자들은 당시 기독교 공동체 내 일부 교우들의 배교행위를 경고하기 위해서 이스가리옷 유다에 대해서 복음사가들이

5 성서무오설(聖書無誤說, Biblical inerrancy) 또는 성경무오설(聖經無誤說)은 인류 구원을 위한 복음을 담은 성경의 권위를 강조하는 기독교 보편교회 전통의 주요 개념이다. 초대교회부터 성경이 구원의 지침으로 완전하고 무오하다는 의미로 사용되었으며, 이미 4세기 신학적 개념으로 활용했다.

언급했다고 분석한다. 즉, 복음서 저자들은 독자들에게 배교자는 가리옷 사람 유다처럼 비참한 결말을 맞게 된다고 경고한 것이다.

일부 진보적 신학자들은 복음서의 이야기들이 예수의 삶과 가르침을 직접 보고 들은 대로 받아 쓴 것이 아니라, 주로 구전 전승인 예수전승을, 즉 입으로 선해진 예수 이야기를 해석한 이야기라는 사실에 착안하여 가리옷 사람 유다 이야기를 예수가 구약성서에서 내다본 그리스도라고 이해한 복음서 저자들의 그리스도론기독론에 의해 창작된 이야기로 이해하기도 한다. 실제 성공회 신학자인 존 셸비 스퐁 주교Bishop John Shelby Spong[6]는 『비종교인을 위한 예수』한국기독교연구소에서 그러한 견해를 주장하였다.

존 셸비 스퐁

자료: ko.wikipedia.org

유다 복음서

2006년 복원이 완성된 영지주의 문서인 유다 복음서[7]에서는 이스가리옷 유다가 예수의 요구에 의해 배신하였으며, 희생과 부활로 인류를 구원하려는 예수

6 존 셸비 스퐁(John Shelby Spong, 1931년 6월 16일~2021년 9월 12일)은 미국의 성공회 주교(Episcopal Bishop)로, 1979년부터 2000년까지 성공회 뉴어크 교구(Episcopal Diocese of Newark) 교구장을 맡았다. 스퐁 주교는 노스캐롤라이나주 코네티컷에서 태어나 코네티컷 공립학교에서 교육을 받았다. 1952년 노스캐롤라이나 주립대학교를 졸업했으며, 1955년 버지니아주 알렉산드리아 성공회 신학교(Episcopal Theological Seminary in Alexandria)에서 신학 석사학위를 받았으며, 성 바울로 대학교(Saint Paul's College)에서 명예 신학 박사 학위를 받았다.

7 유다 복음서는 예수 그리스도와 사도 가롯 유다 사이에서 이루어진 대화가 기록되어 있다고 알려진 영지주의 복음의 하나이다. 이 문서가 유다 자신에 의해 쓰인 것이라고는 주장되지 않으며, 오히려 영지주의적 예수 추종자에 의해 쓰인 것이라고 본다. 현재는 4세기에 쓰인 콥트어(아프리카아시아어족에 속하는 언어로 고대 이집트어의 직계 후손이다. 후기 이집트어, 현대 이집트어라고 하기도 한다) 문서로 남아 있다.

의 계획에 충실했을 뿐이라는 내용을 담아 이스가리옷 유다를 긍정적으로 묘사하고 있어 논란을 불러일으키고 있다. 하지만, 복음서와 내용이 배치되고, 가리옷 유다의 배신행위를 하느님의 구속사를 이루기 위한 행동이라고 미화하기 때문에 설득력이 미약하다는 평가를 받고 있다.

영지주의Gnosticism 문서 중에서 유일하게 남아 있는 것이 유다 복음서이다. 영지주의는 기원전 2세기부터 4세기까지 근동지역 등에서 유행했던 종교로, 그리스도교와 유대교 헬레니즘과 서로 영향을 주고 받으며 서로 경쟁도 하며 존재했다. 영지주의라고 하면 일반적으로 이분법적인 세계관, 즉 착한 신 나쁜 신, 좋은 세계 나쁜 세계 등으로 나누어 본다고 이야기가 되지만, 이런 상식은 맞기도 하고 틀리기도 한다. 초기 그리스도교 안에서 각 분파가 다양했던 것처럼 영지주의도 단일하게 묶이기는 힘들고 서로 다른 세계관과 구원관을 가진 여러 개의 분파가 존재했던 것으로 보인다. 영지주의 문서는 거의 남아 있지 않으며, 남아 있는 기록이라곤 이레니우스Ireneus 등의 초대 교부들이 이단으로 비판했던 내용뿐이다. 다만 고대 영지주의 문서 중 콥트어로 쓰인 유다 복음서The Gospel of Judas가 유일하

Codex Tchacos p 33

유다 복음서

자료: vacillator.egloos.com

게 지금까지 전해지고 있다. 15%는 영원히 유실되어 알아볼 수 없다고 하는데 심지어 중간 보관자가 냉동실에 보관을 했다고 한다 그래도 고대 문서 중 이 정도로 복원된 문서는 매우 드문 케이스일 듯하다. 이 유다 복음서는 전지적 작가 시점에서 예수의 죽음 며칠 전의 일을 다루고 있으며, 예수와 제자들 특히 유다와의 대화를 담고 있다.

여기에서 중요한 것은 유다 복음서의 유다가 전인류의 구원을 돕는 자였냐 아니면 배신자였냐는 것이다. 영지주의에 대해 접하지 않은 그리스도교 신자라면 당연히 유다를 예수의 배신자, 악마의 꼬드김에 넘어가 예수를 죽게 만든 자라고 알고 있겠지만, 유다의 역할에 대해서는 영지주의 혹은 초대교회 교부들도 조금씩 다른 의견을 가지고 있었다. 특히 2006년 내셔널지오그래픽 National Geographic 과 여기에 참여한 학자들이 번역본을 발표한 유다 복음서의 유다 역할에 대해서는 해석이 판이하다. 내셔널지오그래픽에 소속된 학자들은 유다를 인류의 구원에 도움을 준 인물로 묘사하지만, 최근 원본을 접할 수 있게 된 몇몇 학자들은 그 해석이 잘못된 것이며 유다는 유다 복음서 안에서도 악한 인물로 그려졌다고 반

드코닉과 그녀의 저서

자료: rughookingmagazine.com

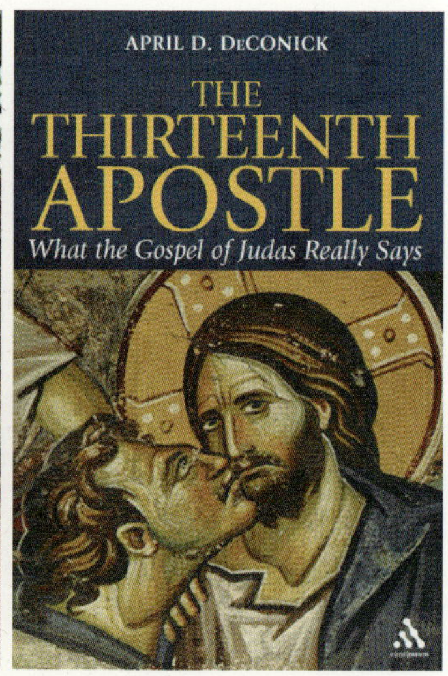

자료: aprildeconick.com

박한다. 두 번째 해석을 주장하는 드코닉April DeConick의 저서 『The Thirteenth Apostle: What the Gospel of Judas Really Says, Continum』2007에 의존해서 간단하게나마 이 논쟁을 정리해보고자 한다. 그리고 역시 같은 주장을 견지하는 학자들이 학술지[8]에 유다의 역할에 대해 논문들을 발표했다. 아마 여기에 실린 드코닉 교수의 글만 봐도 상황이 잘 이해되리라 본다. 그리고 빼놓지 말아야 할 것은 여기서 영지주의가 이단인지 아닌지, 유다가 예수의 참된 제자인지 아닌지는 중요하지 않다.

유다 복음서는 학계에 어마어마한 센세이션을 일으키게 되는데, 그 이유는 번역된 유다 복음서에서 이스카리옷 유다Judas Iscariot를 예수의 가장 참된 제자로 그리고 있기 때문이다. 예수의 다른 제자들이 참된 신이 아닌 거짓 신, 세상에 악을 불러온 창조주에게 의식을 드리고 있을 때 예수가 갑자기 나타나 제자들을 비웃고 유다를 따로 불러내어 예언을 한다. 예수는 앞으로 무슨 일이 일어날

유다는 예수의 가장 참된 제자인가?

자료: egloos.zum.com

8 Madelein Scopello ed., The Gospel of Judas in Context: Proceedings of the First International Conference on the Gospel of Judas, Brill, 2008.

Vox populi, vox Dei.

지 알려주고, 유다를 가장 뛰어난 제자라고 일컫는다. 그리고 그가 참된 세대true generation에 합류할 것이라고 알려주고 유다 복음서의 마지막에 유다는 하늘 세계를 보고 승천한다.

내셔널지오그래픽에 소속된 학자들은 이 해석을 바탕으로, 유다가 예수를 가장 잘 이해했고, 유다가 전인류의 구원을 위해 예수가 죽었다가 다시 살아나게 한 조력자로 그려졌다고 말한다. 사실 유다 '복음서'라는 이 문서의 이름에서 이렇게 생각하는 것도 무리는 아니다. 예를 들어, 토마스 복음서나 마리아 복음서 등의 다른 고대 문서들도 각각 토마스, 마리아를 예수의 참된 제자로 그려내고 있기 때문이다. 이는 그리스도교 내에서 어마어마한 파장을 일으킬 만한 내용이다. 물론 그리스도교가 영지주의에 대해 내내 적대적인 태도를 취했다고 할지라도, 초대교회 기록도 얼마 남아 있지 않은 상태에서 이런 내용의 문서가 존재했다는 것이 알려지면 역시나 성서 해석에 파장이 일어날 수밖에 없기 때문이다.

유다가 예수의 조력자든 배신자든지 간에 유다 복음서는 성서의 복음서들에 익숙한 사람에게는 일종의 충격을 주었다. 이 문서에서 예수의 열두 제자는 여전히 무지몽매한 제자들이고, 정경에서 웃지 않는 예수가 여기서는 자주 웃고, 유다는 여전히 예수를 가장 잘 이해했던 제자이기 때문이다. 이 글이 이단이건 아니건 간에 중요한 것은 초대교회가 있었던 2~4세기에 성서와 교리를 이해하려는

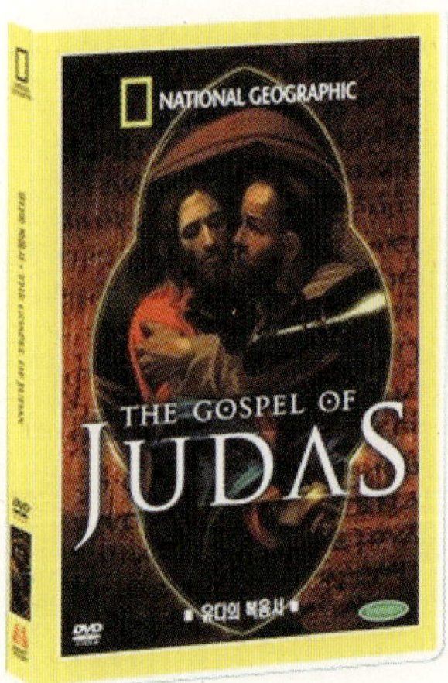

가롯 유다는 예수를 배반했다는 이유로 역사상 미움을 한 몸에 받았던 사람이다. 수 세기 동안 그의 이름은 배반과 사기의 대명사였다. 2,000년 동안 감춰져 있다가 이집트 사막에서 발견된 고대 유다 복음서에는 예수의 마지막 며칠에 대한 상이한 해석과 악의 사도로서의 가롯 유다라는 인물에 관한 물음이 제기되고 있다. 내셔널지오그래픽과 성서 연구팀이 공동으로 이 놀라운 원본의 연대를 증명하고 그 종교적인 의미와 가치를 가린다. 이 고대 문서가 먼지가 되어 버리기 전에 그 찢어진 조각을 맞춰 진위를 검증하는 것은 시간문제다. 세계 일류급 전문가들의 분석으로 유다의 복음서를 영화화하고 예수의 배반에 관한 새로운 해석을 내린다.

자료: www.yes24.com

여러 노력이 있었으며, 복음서만으로는 불충분했던 유다의 배신 사건, 예수의 부활, 제자들의 역할에 대해 그들 나름의 논리로 접근하려는 시도들이 다양하게 있었다는 점이 중요하다.

마르틴 루터의 해석

마르틴 루터는 『탁상담화』[9]에서 가룟 유다는 초기에 이단들의 주장을 논박했기 때문에 사도들 가운데 요긴한 사람이었다고 평가했다. 또 그가 자신의 직무를 수행한 것은 옳고 정당했으나, 도둑질을 함으로써 죄를 범했다며 유다의 인격과 직무를 구분해서 생각해야 한다고 주장했다. 또 루터는 주의 만찬상에 앉은 가룟 유다가 로마 가톨릭 교황의 직접적인 표상이라고 말하며 이렇게 비판했다.

"교황도 전대에 손을 댄 자요, 탐욕이 가득한 도둑이요, 배를 신으로 삼고 사는 자입니다. 입으로는 그리스도를 높이지만 실제로는 가룟 유다와 같은 자입니다."

마르틴 루터와 그의 저서 『탁상담화』

자료: ko.wikipedia.org

자료: mall.duranno.com

[9] 마르틴 루터가 자택 식탁에서 필리프 멜란히톤, 카스파르 크루치거, 유스투스 요나스, 비투스 디트리히, 요한 부겐하겐, 요한 포스터 같은 다양한 부류의 신학자들과 더불어 신앙과 교리 문제에 관해 나눈 대화를 주제별로 정리한 책이다. 루터의 신학과 신앙의 개혁사상이 담긴 최고의 엑기스로 평가받고 있다.

베드로와 유다의

배신 2장

베드로의 배신

베드로는 왜 배신했는가?

베드로는 호탕한 사람이다. 질문에 앞서 대답하는 사람이다. 예수님이 체포될 때도 칼을 들고 막을 정도로 적극적이다. "다 버릴지라도 나는 버리지 않는다."고 호언장담하던 사람이다. 그런 베드로가 여종 앞에서 세 번이나 예수님을 부인한다. 왜 그랬을까?[1]

"주님, 저에게서 떠나 주십시오. 저는 죄 많은 사람입니다."(루카 5:8)

자료: yooshinchoi.com

1 전병욱, 전병욱 목사 칼럼, 홍대새교회, 2014년 8월 29일.

대개는 두려움에 굴복하거나 내몰려 자포자기해서 사고를 치고 폐인이 되지만, 이것을 연료 삼아 감정의 반전으로 역의 동력을 만들어내는 이들도 있다. 오래전에 개봉한 영화 두 편은 그런 인물들을 그린다. 두려움이 용기로 바뀌는 〈명량〉과 두려움이 증오로 바뀌는 〈군도〉가 그렇다.

자료: www.epeopletoday.com

'두려움' 때문이다. 너무 큰 두려움으로 인해 믿음을 거둔 것이다. 큰 두려움을 만나 보았는가? 우왕좌왕한다. 흔들린다. 베드로는 이전에도 두려움에 빠질 때가 있었다. 풍랑이라든가, 공격 등의 상황이다. 그런데 그때는 어떻게 이겨냈는가? '두려움을 없애줄 기적'이 있었기 때문이다. 풍랑 중에도 기적이 있었고, 결핍 중에도 기적이 있었다. 그러데 지금은 기적 없는 두려움이 밀려오는 것이다. 두려움은 있는데, 기적은 없다. 그래서 그냥 끌려가는 것이다. 예수님이 "너는 내가 내 아버지께 청할 수 없다고 생각하느냐? 청하기만 하면 당장에 열두 군단이 넘는 천사들을 내 곁에 세워 주실 것이다."마태 26:53라고 말씀하신다. 만약 이런 기적이 있었다면, 믿음은 흔들리지 않았을 것이다.

기적에 기반을 둔 믿음은 초라하다. 기적만 사라지면, 믿음도 사라진다. 힘만 사라지면 그냥 무너져 내리는 믿음이기 때문이다. 기적에 기반을 둔 믿음은 허약한 믿음, 비약하면 가짜 믿음이다.

예수님은 이전에 세 번이나 십자가를 지실 것을 '예고'하셨다. 예수님은 '말씀'하셨다. 이 말은 잊을 수 있는 내용이 아니라는 말이다. 잘못 들을 가능성을 배제

한다. 베드로는 말씀을 믿지 않았다. 그냥 기적을 따랐다. 기적은 있을 때도 있고, 없을 때도 있다. 기적의 유무에 따라 믿음의 유무가 드러난다면 그것은 믿음이 아니다. 상황과 조건에 관계없이 '말씀'에 기반을 둔 믿음을 가져야 믿음이 흔들리지 않는다.

지금 '기적 없는 두려움', '힘 없는 두려움', '결과물 없는 두려움'에 빠진 사람이 있는가? 말씀 붙들고 굳건히 서라. 그것이 믿음이다. 오히려 지금의 치열한 어려움이 굳센 믿음으로 자라는 과정이 될 것이다. 기적이 없을 때는 믿음이 자랄 때이다. 믿음이 드러날 때이다. '굳센 믿음'보다 더 큰 축복은 없다. 메마름과 고통의 시기에 믿음 성장의 은혜[2]를 체험하기를 소망한다.

두려움 공황 공포

자료: pixabay.com

2 은혜 가운데 성장한다는 것은 그리스도를 닮아가는 것이다. - 싱클레어 퍼거슨-

베드로는 왜 예수님을 부인했을까?

오래전에 베드로의 이야기가 뮤지컬로 만들어졌다. 뮤지컬 〈더 락〉The Rock은 베드로의 일생을 다룬 창작 뮤지컬이다. 특히 예수님의 제자이기 이전에 부족하고 나약한 인간 베드로의 모습에 집중한 점이 특이하다.[3]

'더 락'의 주인공인 시몬은 로마와의 독립전쟁을 치르기 위해 떠난 아버지 요나를 찾아 정신없이 전쟁터를 헤매던 중, 아버지가 믿고 따랐던 '선택받은 자'가 십자가에 매달려 죽어 있는 모습을 보고 순간 엄청난 충격을 받게 된다. 그때부터 시몬은 아버지의 죽음으로 말미암아 '십자가'와 '메시아'에 대한 트라우마가 생기게 된다. 시간이 흐른 뒤 가정을 책임지기 위해 묵묵히 어부가 되는 시몬. 그렇게 생계를 유지해 나가고 있는데 다시 한번 온 나라가 '선택받은 자'의 등장으로 술렁이기 시작한다.

마음의 상처를 품은 채 묵묵히 어부생활로 생계를 유지하던 시몬 앞에 예수라고 불리는 또 다른 메시아가 나타난다. 그가 자신을 만나고 싶어 한다는 이야기를 듣지만 시몬은 어린 시절의 상처 때문에 새로운 메시아에 대한 반감과 거부반응을 드러낸다. 그러나 그런 시몬조차 사랑한다며, 너의 아픔을 감싸안겠다고 고백하는 예수의 절절한 구애 앞에 시몬은 마음의 장벽을 무너뜨리고 그의 제자로 거듭나게 된다.

뮤지컬 '더 락'은 인간 베드로에 주목한다. 12제자 중 예수님을 가장 많이 따랐던 시몬의 일생을 다루고 있다. 어부 시몬, 예수님의 제자 시몬 베드로, 그의 배신과 회개까지의 이야기가 약 100분의 공연으로 펼쳐진다. 뮤지컬 '더 락'의 특징은 인간 베드로의 나약함과 연약함을 통해 관객에게 다가간다는 점이다. 전술한 바와 같이 시몬은 어릴 적에 아버지의 죽음으로 인해서 '십자가'와 '메시아'에 대한 격렬한 감정적 충격을 받았다. 그것으로 인해 예수님에게 다가서지 못하는 것이다. 이러한 시몬의 모습은 상처를 가진 채 살아가는 현대인의 모습과 닮아 있

3 최샘, "베드로는 왜 예수를 배신했을까?", 한국 성결신문, 2012년 2월 9일.

뮤지컬 〈더 락〉 포스터

자료: www.sisakorea.kr

어 공감대를 이끌어낸다. 특히 인간적인 경험 때문에 하느님을 아버지라고 부르기 어려워하는 현대인의 모습, 죄지은 자신이 부끄러워 예수님에게 부끄러운 모습으로도 다가서지 못하는 현대인의 모습이 베드로의 모습 속에 투영된다. 뮤지컬 '더 락'은 이러한 트라우마 때문에 결국 베드로가 예수님을 배신할 수밖에 없었다고 강조하며, 현대인들이 베드로와 같은 잘못을 저지르지 말 것을 조용히 경고하고 있다.

베드로의 두려움

요한 복음서 13장에서 베드로는 "주님을 위해서라면 저는 목숨까지 내놓겠습니다." 13:37라고 호언장담했다. 그런데 그 장담은 24시간도 지나지 않아 물거품이 되고 만다. 예수께서 대사제의 심문을 받은 후의 일이다.

문지기 하녀가 베드로에게 "당신도 저 사람의 제자 가운데 하나가 아닌가요?" 하고 물었다. 여기서 '당신도'라는 말은 예수님의 사랑받던 제자를 염두에 두고

베드로의 배신

자료: www.ofmkorea.org

한 것이다. 이 점에 대해서는 바로 앞의 두 구절을 보면 알 수 있다. "시몬 베드로와 또 다른 제자 하나가 예수님을 따라갔다. 그 제자는 대사제와 아는 사이여서, 예수님과 함께 대사제의 저택 안뜰에 들어갔다. 베드로는 대문 밖에 서 있었는데, 대사제와 아는 사이인 그 다른 제자가 나와서 문지기 하녀에게 말하여 베드로를 데리고 들어갔다."요한 18:15-16 이 질문에 베드로는 "나는 아니오."라고 대답한다. 이는 "저 사람은 예수님의 제자인지 모르지만 나는 그렇지 않소."라는 뜻이다. 어떻게 다른 사람도 아닌, 예수님의 수제자라는 사람이 이런 말을 할 수 있는가? 그는 최후의 만찬을 나누는 자리에서 이렇게 장담했다. "모두 스승님에게서 떨어져 나갈지라도, 저는 결코 떨어져 나가지 않을 것입니다."마태 26:33

학자들은 베드로가 예수님의 제자라고 고백했다 해도 체포될 확률은 없었을 것이라고 한다. 유대 지도자들로서는 예수 운동의 주동자만 잡으면 그 추종자들은 자연히 흩어질 것이라 생각했기 때문이다.

도대체 베드로는 무엇 때문에 스승을 부인했을까? 그것은 죽음에 대한 두려움 때문이었다. 본시 믿음과 두려움은 서로 반대 방향으로 움직인다. 하느님께 대한 믿음이 굳건할수록 두려움은 적어질 것이요, 믿음이 적을수록 두려움은 커지게 마련이다.

하느님을 굳게 믿었던 예수님은 두려울 것이 없었다. 한 번은 사람들이 예수께 헤로데가 죽이려 하니 어서 피하라고 하자 이렇게 말씀하셨다. "가서 그 여우에

그리스도를 부인하는 성 베드로

자료: egloos.zum.com

게 이렇게 전하여라. '보라, 오늘과 내일은 내가 마귀들을 쫓아내며 병을 고쳐주고, 사흘째 되는 날에는 내 일을 마친다. 그러나 오늘도 내일도 그다음 날도 내 길을 계속 가야 한다. 예언자는 예루살렘이 아닌 다른 곳에서 죽을 수 없기 때문이다.'" 루카 13:32-33

베드로는 육신의 목숨을 잃는 것을 두려워했다. 그런데 예수님은 진짜 두려워해야 할 것이 무엇인지 말씀하신다. "육신은 죽여도 영혼은 죽이지 못하는 자들을 두려워하지 마라. 오히려 영혼도 육신도 지옥에서 멸망시키실 수 있는 분을 두려워하여라." 마태 10:28

두려움이란

두려움은 어둠의 세력이다. 두려움에 빠진 사람에겐 삶 자체가 두려움이다. 삶에서 벌어지는 모든 일이 두려움을 증폭시킬 뿐이다. 두려움에 사로잡힌 사람들은 '당신을 해치려고 온 것이 아니라 도우려고 왔어요.'라고 해도 '말은 그렇게 해도 속으로는 꿍꿍이가 있겠지.' 하며 의심하고 겁을 낸다.

죽음의 사자가 어떤 마을에 들어가다가 한 사람을 만나 이렇게 말했다. "오늘 이 마을에서 100명의 목숨을 거두어 갈 것이다." 그 사람은 서둘러 마을 사람들에게 가서 그 말을 전하며 조심해야 한다고 일렀다. 그런데 그날 1,000명이 죽었다.

다음날 그 사람이 죽음의 사자를 만나자 항의했다. "아니, 100명이라더니 왜 1,000명이나 데려간 겁니까?" 죽음의 사자가 대답했다. "나는 100명만 데려갔을 뿐인데 두려움이란 놈이 900명을 더 데리고 왔더군."

이 우화의 가르침은 무엇일까? 수명이 다해 죽는 사람들보다는 두려움에 사로잡혀 죽는 사람들이 훨씬 더 많다는 이야기다. 우리는 두려움을 직면해야 한다. 그 두려움이 고독이건, 상처건 또는 질병·실패·죽음·실직, 신앙의 상실이건 우리의 마음과 정신을 공포의 도가니 속에 몰아넣는 것이면 어떤 것이든 직시해야 한다. 두려워하는 것을 두려워하지 않고 맞설 때 비로소 두려움이라는 엄청난 힘에서 벗어날 수 있다.

『쓰러지지 않는 영혼을 위한 닭고기 수프』에 나오는 모리스 슈발리에의 이야기다. 그는 프랑스 뮤지컬 배우로 전성기를 누리던 어느 날 갑자기 쓰러졌다. 과로와 수면 부족 때문이었다. 무대에 서긴 했지만 도저히 대사가 생각나지 않았다. 식은땀이 났다. 정신을 차리려고 했지만 그러면 그럴수록 기억이 나지 않았다. 어

『쓰러지자 않는 영혼을 위한 닭고기 수프』의 표지

자료: www.yes24.com

떻게 공연이 끝났는지도 몰랐다. 그는 공포에 사로잡혔다. 내일도 이러면 어쩌나 싶어 겁이 났다. 결국 그날 이후로 그는 다시 무대에 설 수 없었다. 병원에서는 신경쇠약이란 진단을 내렸다. 의사는 시골로 내려가 요양할 것을 권했다. 이제 끝장이구나 싶었다. 그런데 다행히 시골에 살면서 차츰 마음의 안정과 평온을 되찾게 되었다. 만성피로도 가시고 손상되었던 신경계도 완전히 회복되었다. 그러자 의사는 시골 사람들을 위해서 공연을 해보면 어떻겠느냐고 권했다. 하지만 그는 무대에 선다는 생각만 해도 공포스러워 몸을 떨었다. 그러자 의사가 말했다. "두려워하는 것을 두려워하지 마세요. 당신은 무대에 서는 것을 두려워하고 있습니다. 당신의 두려움은 핑계일 뿐입니다. 두려움을 핑계 삼아 달아나려고 하는 것입니다. 용감한 사람은 두려움을 인정하면서도 앞으로 나아갑니다."

용감했던 우리 순교자들

비겁한 베드로와 비교해 우리 순교자들은 얼마나 용감했던가! 순교자들은 예수님 때문에 곤장을 맞고 주리를 틀리고 인두로 살을 지지는 고통 속에서도 배교하지 않았다. 어떻게 그럴 수 있었을까? 성령의 힘이다. 순교자들은 투사가 아니었다. 우리와 똑같은 약한 인간이었다. 하지만 그들 안에서 활동하시는 성령께서 고문의 모진 고통과 죽음의 두려움을 극복하도록 도와준 것이다.

이 점은 베드로 사도도 마찬가지다. 어린 여종 앞에서 벌벌 떨며 예수님을 부인했던 베드로가 오순절 날 성령을 받은 후에는 완전히 다른 사람이 되었다. 그는 유대 최고법정에서 대사제로부터 예수의 이름으로 아무것도 선포하지 말라는 명령을 받자 단호히 거부한다. "하느님의 말씀을 듣는 것보다 여러분의 말을 듣는 것이 하느님 앞에 옳은 일인지 여러분 스스로 판단하십시오. 우리로서는 보고 들은 것을 말하지 않을 수 없습니다." 사도 4:1920

우리도 우리 안에서 활동하시는 성령께 순종할 때 어떤 두려움이든 물리치고 진리 편에서 용기 있게 행동할 수 있다.

Vox populi, vox Dei.

구스타브 도레 〈크리스찬의 순교〉

자료: kms75.or.kr

우리도 배반할 수 있다

그러나 성령께 순종하지 않고 우리 뜻대로 산다면 쉽게 예수님을 부인할 수 있다. 예수님을 배신하는 것은 베드로처럼 목숨이나 신변의 위협을 느낄 때만 하는 것이 아니다. "절개 없고 죄 많은 이 세대에서 누구든지 나와 내 말을 부끄럽게 여기면, 사람의 아들도 아버지의 영광에 싸여 거룩한 천사들과 함께 올 때에 그를 부끄럽게 여길 것이다." 마르 8:38

세상의 원리를 따라가고 그들과 어울리다 보면 자연히 예수님과 그분의 말씀을 부끄럽게 여기게 된다. 세상 친구들에게 외계인 취급당하는 것이 싫어 신자가 아닌 척하거나 신앙의 신념에서 비롯되는 행위를 포기한다면 그것이 예수님과 예수님의 가르침을 부끄럽게 여기고 예수님을 부인하는 것이다.

베드로의 배신

자료: m.blog.naver.com

유다의 배신

유다는 왜 예수님을 배신했는가?

유다가 예수님을 배반한 이유를 절대적으로 확신할 수는 없지만, 몇 가지는 확실하다. 첫째, 유다는 열두 제자 중 한 사람으로 선택되었지만, 성경의 모든 증거는 그가 결코 예수님을 하느님으로 믿지 않았던 사실을 나타낸다. 그는 심지어 예수님이 메시아라고 확신하지 못했을 수도 있다. 예수님을 "주님"이라고 불렀던 다른 제자들과는 달리, 유다는 결코 예수님을 향해 이 칭호를 사용하지 않았고, 그 대신 예수님을 "랍비"라고 부르며 선생 이상으로는 인정하지 않았다. 다른 제자들은 때때로 믿음과 충성을 드러내는 위대한 고백을 하였지만, 요한 6:68, 11:16 유다는 결코 그렇게 하지 않고 침묵하였던 것처럼 보인다. 예수님에 대한 이러한 믿음의 부족은 아래 열거된 다른 모든 고려 사항의 근간이 된다. 이는 우리에게도 마찬가지이다. 만일 우리가 예수님을 성육신하신 하느님으로 인식하지 못한다면, 즉, 우리의 죄를 용서하실 수 있는 유일한 분으로, 그리고 죄 사함과 함께 영원한 구원을 주시는 분으로 인식하지 못한다면, 우리는 하느님에 대한 잘못된 시각으로부터 비롯되는 수많은 다른 문제들을 직면하게 될 것이다.

둘째, 유다는 그리스도에 대한 믿음이 부족했을 뿐만 아니라, 예수님과의 인격적인 관계도 거의 없거나 전혀 갖지 못했다. 공관 복음서가 열두 제자 명단을 나열할 때, 조금씩 변화는 있지만 항상 똑같이 일반적인 순서로 열거된다. 마태 10:2-4, 마르 3:16-19, 루카 6:14-16 일반적인 순서는 예수님과의 인격적 관계에 있어서 상대적인 친밀감의 정도를 나타내는 것으로 여겨진다. 약간의 변화는 있더라도 베드로와 그의 형제 야고보와 요한은 언제나 가장 먼저 나열되어 있으며, 이것은 예수님과의 관계와 일치한다. 유다는 항상 마지막으로 열거되어 있는데, 그리스도와의 인격적인 관계가 상대적으로 부족했다는 것을 나타낸다. 게다가, 예수님과 유다 사이의 대화 가운데 유일하게 문서화된 대화는 유다가 마리아에게 탐욕적인 동기를 가지고 말한 것 때문에 예수님께 책망받은 것, 요한 12:1-8 배신에 대해서 유다가 부인한 것, 마태 26:25 배신 그 자체루카 22:48이다. 루카 복음서 22장 48절, "예수님께서 그에게 '유다야, 너는 입맞춤으로 사람의 아들을 팔아넘기느냐?' 하고 말씀하셨다."

유다의 입맞춤

셋째, 우리가 요한 복음서 12:5-6에서 "'어찌하여 저 향유를 삼백 데나리온에 팔아 가난한 이들에게 나누어 주지 않는가?' 그가 이렇게 말한 것은, 가난한 이들에게 관심이 있어서가 아니라 도둑이었기 때문이다. 그는 돈주머니를 맡고 있으면서 거기에 든 돈을 가로채곤 하였다."는 식으로, 유다는 탐욕에 사로 잡혀서 예수님뿐만 아니라 동료 제자들의 신뢰를 배신하는 지경에 이르렀다. 유다는 단지 예수님에게 많은 추종자들이 있다는 사실을 알고, 그 단체를 위해 거둬지는 모금으로부터 이익을 취할 수 있다고 믿었기 때문에 예수님을 따르기를 원했을 수도 있다. 유다가 그 그룹을 위한 돈 가방을 맡고 있었다는 사실은 그의 관심이 돈에 있었다는 것을 나타낸다. 요한 13:29

또한 유다는 그 당시 대부분의 사람들처럼, 메시아가 로마의 식민지배를 전복하고 이스라엘 국가를 다스릴 권력을 행사할 지위를 취할 것으로 믿었다. 유다는 새로운 지배 정치 세력으로 부상할 그분과의 연관을 통하여 이익을 얻기를 바라는 마음으로 예수님을 따랐을 수도 있다. 의심할 여지없이 그는 혁명 이후 자신이 지배 엘리트 중 한 사람이 될 것을 기대했다. 유다가 배반할 무렵에 예수께서는 로마에 대한 반란을 시작하지 않고 오히려 죽을 것을 계획하셨다는 것을 분

유다의 탐욕

자료: www.bing.com

Vox populi, vox Dei.

명히 하셨다. 그래서 유다는 바리새인들이 그러했던 것처럼, 그가 로마를 전복시키지 않는다면 자신이 기대했던 메시아가 결코 아니라고 확신했을 것이다.

구약 성경에 이 배신을 가리키는 성경 구절들이 몇 군데 있는데, 어떤 구절들은 다른 구절들보다 더욱 구체적이다. 다음은 그 두 구절이다.

"제가 믿어 온 친한 벗마저, 제 빵을 먹던 그마저 발꿈치를 치켜들며 저에게 대듭니다." 시편 41:10, 마태 26:14, 48-49에 나오는 예언 성취 참조 또한 "내가 그들에게 이르되 너희가 좋게 여기거든 내 품삯을 내게 주고 그렇지 아니하거든 그만두라 그들이 곧 은 삼십 개를 달아서 내 품삯을 삼은지라. 여호와께서 내게 이르시되 그들이 나를 헤아린 바 그 삯을 토기장이에게 던지라 하시기로 내가 곧 그 은 삼십 개를 여호와의 전에서 토기장이에게 던지고". 스가랴 11:12-13, 스가랴의 예언 성취는 마태 27:3-5 참조 마태복음서 27:3-5, "그때에 예수님을 팔아넘긴 유다는 그분께서 사형 선고를 받으신 것을 보고 뉘우치고서는, 그 은돈 서른 닢을 수석 사제들과 원로들에게 돌려주면서 말하였다. "죄 없는 분을 팔아넘겨 죽게 만들었으니 나는 죄를 지었소." 그러나 그들은 "우리와 무슨 상관이냐? 그것은 네 일이다." 하였다. 유다는 그 은돈을 성전 안에다 내던지고 물러가서 목을 매달아 죽었다." 이러한 구약의 예언들은 유다의 배반이 하느님께 알려져 있음을 나타내며, 그 배반은 예수님이 죽임을 당할 수단으로 주권적으로 미리 계획되었음을 나타낸다.

유다가 수석 사제들로부터 받은 은돈 서른 닢은 스가랴의 예언 성취

자료: 1.bp.blogspot.com

그러나 만일 유다의 배신이 하느님께 알려져 있었다면, 유다에게 선택권이 있었을까? 또한 배신에 대하여 그에게 책임이 있을까? 많은 사람들이 '자유 의지'의 개념과 미래의 사건에 대한 하느님의 예지를 조화시키는 데 어려움을 겪는다. 이는 주로 직선의 방식으로 시간을 지나는 우리의 제한된 체험 때문이다. 만일 우리가 '시간'이 시작되기 전에 모든 것을 창조하신 시간 밖에 계시는 하느님을 본다면, 하느님은 모든 순간을 현재처럼 보신다는 것을 이해할 수 있다. 우리는 직선적인 방식으로 시간을 체험한다. 우리는 시간을 직선으로 보고, 한 점에서 다른 점으로 점차적으로 움직인다. 우리는 이미 지나간 과거는 기억하지만, 우리가 접근하고 있는 미래를 볼 수는 없다. 그러나 하느님은 시간을 지으신 영원한 창조주이시므로, '시간 안'이나 시간의 선상에 계시지 않고 시간 밖에 계신다. 이 사실에 대해서는 시간을 하느님과 관련하여 하느님을 중심으로 하는 원으로 생각하고 모든 점이 그 중심과 동등한 거리에 있는 것으로 생각하면 도움이 될 것이다.

아무튼, 유다는 적어도 사탄이 그에게 들어가는 시점요한 13:27까지는 주어진 선택을 맘껏 할 수 있었으며, 하느님의 예지요한 13:10, 18, 21는 결코 유다의 선택 능력을 대체하지 않았다. 오히려 유다가 궁극적으로 무엇을 선택할지 하느님은 마치

예수를 팔아넘기고 받은 돈주머니를 쥐고 있는 유다가 오른팔로 소금통을 쏟았다. 이 장면에서 소금이 상징하는 의미가 있다.
이는 유다가 '신의 속성'을 쏟아버렸음을 뜻한다. 이미 자신의 마음에서 '짠맛'을 잃어버렸음을 상징적으로 보여준다.

자료: joongang.co.kr

Vox populi, vox Dei.

현재를 보는 것처럼 보셨던 것이다. 예수님은 유다의 선택에 대해서는 유다에게 책임이 있음을 분명히 하셨다. "내가 진실로 너희에게 말한다. 너희 가운데 한 사람, 나와 함께 음식을 먹고 있는 자가 나를 팔아넘길 것이다."마르 14:18 예수님이 유다가 배신에 참여하는 것을 분명하게 한 사실을 주목하기 바란다. 그리고 이 배반에 대한 책임에 관해서 예수께서는 "사람의 아들을 팔아넘기는 그 사람! 그 사람은 차라리 태어나지 않았더라면 자신에게 더 좋았을 것이다."마르 14:21라고 말씀하셨다. 요한 복음서 13:26-27에서 볼 수 있듯이, 사탄도 이 부분에 참여했으며, 그는 또한 자신의 행위에 대해 책임을 질 것이다. 하느님은 항상 그러하신 것처럼, 그분의 지혜 가운데 인류의 이익을 위해 사탄의 반란까지 다스릴 수 있으셨다. 이에 사탄은 예수님을 십자가에 보내고, 십자가에서 죄와 죽음이 패배하게 하고, 이제 하느님의 구원이 예수 그리스도를 구세주로 영접하는 모든 사람들에게 무상으로 허락되도록 하는 일을 도왔을 뿐이다.

열두 제자 중 가롯 유다

복음서 말씀에 의하면, 예수님은 열두 제자를 파송하시면서 복음 전파자의 임무와 자세를 말씀하신다. 적대자들과의 마찰은 피하고, 그들을 온유와 겸손으로 대할 것을 당부한다. 그리고 세상과 타협하거나 두려워하지 말라고 말씀하신다. 복음서 말씀을 살펴보자. 먼저 열두 제자의 명단을 언급하고 있다.

"예수님께서 열두 제자를 가까이 부르시고 그들에게 더러운 영들에 대한 권한을 주시어, 그것들을 쫓아내고 병자와 허약한 이들을 모두 고쳐 주게 하셨다. 열두 사도의 이름은 이러하다. 베드로라고 하는 시몬을 비롯하여 그의 동생 안드레아, 제베대오의 아들 야고보와 그의 동생 요한, 필립보와 바르톨로메오, 토마스와 세리 마태오, 알패오의 아들 야고보와 타대오, 열혈당원 시몬, 그리고 예수님을 팔아넘긴 유다 이스카리옷이다."마태 10:1-4

그런데 예수님께서 열두 제자를 세워 파송하시면서 먼저 이스라엘 집의 잃어버린 양에게로 가라고 한다.

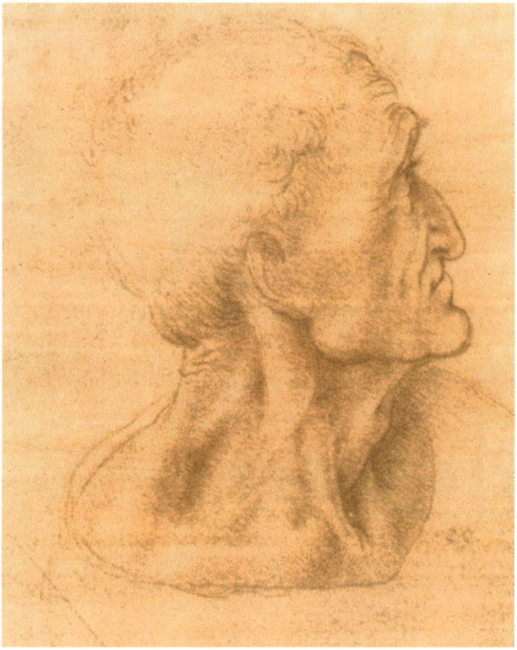

레오나르도 다빈치가 그린 유다의 두상 스케치

자료: band.us

"예수님께서 이 열두 사람을 보내시며 이렇게 분부하셨다. '다른 민족들에게 가는 길로 가지 말고, 사마리아인들의 고을에도 들어가지 마라. 이스라엘 집안의 길 잃은 양들에게 가라. 가서 '하늘 나라가 가까이 왔다.' 하고 선포하여라. 앓는 이들을 고쳐 주고 죽은 이들을 일으켜 주어라. 나병 환자들을 깨끗하게 해 주고 마귀들을 쫓아내어라. 너희가 거저 받았으니 거저 주어라.'" 마태 10:5-8

이것은 복음이 전파되는 순서를 뜻한다. 먼저 이스라엘 자손 가운데 아직 복음을 듣지 못한 이들부터 시작하지만, 결국 하느님의 복음은 이방 세계에까지 확장될 것이다. 따라서 제자들은 유대 땅을 두루 다니며 복음을 전하는 단기적인 전도 훈련을 통해 먼저 선민 이스라엘에 복음을 증거하고, 이후 오순절 성령 강림 때, 성령의 은사로 사마리아와 땅끝까지 이르러 복음을 전하는 이들로 성장해가게 된다.

이때 바오로 사도와 그의 동역자들이 등장하여 이방 세계까지 그리스도의 복음을 전하게 된다. 그것은 서신서에 나온다. 아무튼 예수님은 제자들에게 전도

제자 파송 이전의 교훈

자료: m.blog.naver.com

여행을 떠날 때 배낭이나 옷, 신발 등 준비물을 충분히 가져가지 말라고 한다. 왜냐하면 하느님의 일꾼이기에 하느님께서 채워주신다고 한다. 그러나 하느님께서 채워주시는 방법은 바로 사람을 통해서이다. 말씀을 들어보자.

"전대에 금도 은도 구리 돈도 지니지 마라. 여행 보따리도 여벌 옷도 신발도 지팡이도 지니지 마라. 일꾼이 자기 먹을 것을 받는 것은 당연하다. 어떤 고을이나 마을에 들어가거든, 그곳에서 마땅한 사람을 찾아내어 떠날 때까지 거기에 머물러라. 집에 들어가면 그 집에 평화를 빈다고 인사하여라. 그 집이 평화를 누리기에 마땅하면 너희의 평화가 그 집에 내리고, 마땅하지 않으면 그 평화가 너희에게 돌아올 것이다." 마태 10:9-13

무슨 말씀일까? 어떤 성이나 마을이든지 말씀 받기에 합당한 자가 채워준다는 것이다. 그러나 그렇지 않은 경우가 있을 것이다.

"누구든지 너희를 받아들이지 않고 너희 말도 듣지 않거든, 그 집이나 그 고을을 떠날 때에 너희 발의 먼지를 털어 버려라. 내가 진실로 너희에게 말한다. 심판 날에는 소돔과 고모라 땅이 그 고을보다 견디기 쉬울 것이다." 마태 10:14-15

심판하시겠다는 것이다. 이렇게 선명하게 나뉘진다. 예수님을 받아들이는가, 그렇지 않은가! 선한 길을 사모하는가, 아니면 악한 길로 가는가! 따라서 서신서에서는 이러한 선한 길을 사모하고 달려온 동역자들에게 바오로는 문안 인사를 한다. 물론 나중에 예수님의 제자 가운데 가룟 유다와 바오로의 동역자 가운데 데마 같은 이는 세상을 좇아 딴 길로 가기도 한다. 그럼 서신서 말씀을 살펴보자.

바울의 동역자들과 데마

"주님 안에서 사랑하는 형제이고 충실한 일꾼이며 나의 동료 종인 티키코스가 내 모든 사정을 여러분에게 알려 줄 것입니다. 그 때문에 내가 티키코스를 여러분에게 보냅니다. 우리의 형편을 알리고 여러분의 마음을 격려하게 하려는 것입니다."콜로 4:7-8

서신서 콜로새 신자들에게 보낸 서간 말씀은 바오로가 동역자들에게 문안 인사를 하고 축도로 서신을 끝맺는 말씀이다. 가장 먼저 티키코스'행운'이라는 뜻, 두기고가

티키코스

자료: lilaacpoem.tistory.com

Vox populi, vox Dei.

나온다. 티키코스는 아시아 사람으로 바오로가 에페소에서 3년 동안 말씀을 강론할 때 제자가 되고 훗날 동역자가 된 사람이다. 그는 바오로의 수족과 같은 역할을 하여 바오로의 편지를 여러 교회에 전달하는 임무를 맡았다.

두 번째 인물은 오네시모스[4]이다. 말씀을 보자. "충실하고 사랑받는 형제 오네시모스도 같이 보냅니다. 그는 여러분의 동향인입니다. 이들이 이곳 사정을 여러분에게 다 알려 줄 것입니다."콜로 4:9 오네시모스'유익하다'는 뜻는 빌레몬서의 주인공이다. 빌레몬의 노예로서 재물을 훔쳐 달아났다가 로마에서 붙잡혀 감옥에 들어간 사람이다. 그러나 오네시모스는 감옥에서 사도 바오로를 만나 거듭나게 되었다. 바오로는 그를 투옥 중에 복음으로 난 아들이라 불렀다.필레 1:10 나중에 오네

오네시모스

자료: m.blog.naver.com

4 오네시모 또는 오네시모스(? ~ 68년)는 기독교의 신약성서인 빌레몬서에 나오는 빌레몬의 노예로, 바오로를 만난 후 개종했다. 이후 에페소의 동방교회 주교가 되었다.

시모스는 에페소교회의 감독이 되어 평생 주님의 노예로 헌신하였다. 특히 오네시모스가 에페소교회 감독으로 있을 때 바오로의 서신을 수집하고 편집하여 오늘날 우리가 바오로 서신을 읽을 수 있도록 많은 도움을 주었다.

"나와 함께 갇혀 있는 아리스타르코스, 그리고 바르나바의 사촌 마르코가 여러분에게 인사합니다. 이 마르코에 관해서는 여러분이 이미 지시를 받았으니, 그가 여러분에게 가거든 잘 받아들이십시오."콜로 4:10 먼저 아리스타르코스'선한 정치, 최고의 통치자'라는 뜻는 사도도 지도자도 아닌, 이름 없는 평신도였다. "나와 함께 갇혀 있는 아리스타르코스"라는 바오로의 말을 통해, 아리스타르코스는 바오로와 함께 옥에 갇혀 있었다는 것을 알 수 있다. 그리고 그는 바오로보다 먼저 순교를 당하였다. 순교하기 전, "나의 신앙의 아버지, 바오로를 끝까지 보살피지 못하고 먼저 갑니다."라고 편지를 남겼는데, 끝까지 믿음을 버리지 않았던 바오로의 참다운 동역자였다.

주지하는 바와 같이 바나바[5]의 누이의 아들인 마르코'큰 망치, 의젓하다'라는 뜻는 마르코 복음서의 저자로 알려진 인물이다. 지중해 구브로 섬 출신이며 예루살렘에서 성장한 레위 족속으로 마르코의 집은 예루살렘에 있었고 그리스도인의 집회 장소였다. 그의 집에는 넓은 다락방이 있어, 예수님께서 잡히시기 전날 밤에 열두 제자를 데리고 이곳에서 최후의 만찬을 하셨다.루카 22:12-13 예수님의 부활 승천 후에는 120명의 성도와 제자들이 모여 기도하던 중 성령께서 임하셨던 곳이기도 하다.사도 1:13-15, 사도 12:12 마르코는 바오로의 1차 전도 여행 때 시중드는 수종자로도 동행했으며, 바오로가 죽은 후에는 베드로와 동행하였다. 이때 베드로를 통해 얻은 증언과 진리를 모아서 책을 펴낼 정도로 기억력이 뛰어나고 섬세한 인물이다.

"유스투스라고 하는 예수도 여러분에게 인사합니다. 할례받은 이들 가운데에서 하느님의 나라를 위하여 일하는 나의 협력자는 이들뿐인데, 이들이 나에게

5 바르나바(Barnabas) 또는 바나바는 신약성서의 사도행전에 나오는 키프로스 태생의 유대인이다.

위안이 되었습니다."콜로 4:11 유스투스'의로운'이라는 뜻는 할례파, 즉 유대인 그리스도인이었다. 보통 유대인 그리스도인들은 율법 문제로 바오로와 사이가 좋지 않고 바오로의 적대자이다. 그런데 유스투스는 유대인이면서도 바오로를 이해하고 도와주었다. 따라서 바오로에게 큰 힘이 되었다.

"여러분의 동향인이며 그리스도 예수님의 종인 에파프라스가 여러분에게 인사합니다. 그는 여러분이 완전한 사람으로, 또 하느님의 모든 뜻에 확신을 가진 사람으로 굳건히 서 있도록 언제나 여러분을 위하여 열렬히 기도하고 있습니다. 나는 그에 관하여 증언할 수 있습니다. 그가 여러분을 위하여, 또 라오디케이아와 히에라폴리스에 있는 이들을 위하여 수고를 많이 하고 있다는 것입니다."콜로 4:12-13

에파프라스'매력적인, 호감이 가는'는 이름처럼 주를 위해 매력적인 일을 하였다. 바오로로부터 복음을 받고 필레몬의 집에서 필레몬과 함께 콜로새 교회를 개척하였으며 라오디게아 교회와 히에라볼리 교회도 섬겼다. 나중에 사도 바오로가 감옥에 갇히게 되자, 에파프라스는 로마 감옥까지 찾아가서 교회설립의 기쁜 소식과 교회의 기도 제목을 전했다.

에파프라스

자료: urbanpost.it

"사랑하는 의사 루카와 데마스가 여러분에게 인사합니다. 라오디케이아에 있는 형제들에게, 또 님파와 그의 집에 모이는 교회에 안부를 전해 주십시오. 여러분이 이 편지를 읽고 난 뒤에 라오디케이아 교회에서도 읽게 해 주십시오. 그리고 라오디케이아에서 가는 편지를 여러분도 읽으십시오."콜로 4:14-16

루카'총명하다, 빛을 주는 자'라는 뜻는 바오로의 동역자이자 전도 여행의 동료이다. 의사이자 역사가이기도 하다. 바오로와 마지막까지 함께했던 사람이다. 후카는 헬라인이며, 루카 복음서와 사도행전의 저자이다.

데마스'다스리는 자'는 한때 사도 바오로의 제자이자 선교사역의 동역자였는데, 바오로가 두 번째로 로마 감옥에 투옥되자, 옥에서 고생하는 바오로를 버리고 테살로니카로 돌아가 버리고 만다. 바오로가 죽기 전에 마지막으로 기록한 티모테오에게 보낸 둘째 서간 후서에 보면, 데마스가 바오로를 떠났다고 한다.2티모 4:10 이렇게 모든 바오로의 동역자가 바오로와 함께 끝까지 복음을 전하는 사역자로 남지만, 데마스만이 바오로를 배반하고 그릇된 길로 가게 된다. 또 눔바는 라오디게아 여인으로 자신의 집에서 집회를 가졌던 것 같다.

티모테오

자료: ko.wikipedia.org

Vox populi, vox Dei.

마지막으로 "아르키포스에게는 이렇게 전해 주십시오. '그대가 주님 안에서 받은 직무를 완수할 수 있도록 주의를 기울이십시오.'"콜로 4:17 아르키포스는 필레몬과 아피아의 아들이었다. 바오로 사도가 아르키포스를 "아피아 자매와 우리의 전우 아르키포스, 또 그대의 집에 모이는 교회에 인사합니다."필레 1:2라고 소개한 것으로 보아 아르키포스는 콜로새 교회에서 젊은 사역자인 것 같다. 오늘날 표현대로 '이대남'이다. 믿음의 부모님과 자신의 집에서 예배 모임이 있었다는 것 등으로 보아 생활환경이 신앙을 받아들이기 쉬운 조건이었다. 그러나 젊은 혈기가 그를 그릇된 길로 이끌 수도 있었을 것이다. 따라서 바오로는 아르키포스에게 하느님께서 맡겨주신 사역직분을 끝까지 감당하라고 말씀한다.

이제 마지막 결론이다. "이 인사말은 나 바오로가 직접 씁니다. 사슬에 묶여 있는 나를 기억해 주십시오. 은총이 여러분과 함께하기를 빕니다."콜로 4:18 바오로는 자신이 그리스도에게 매인 것을 이야기하며 동역자들에 인사한다.

실로 매우 많은 인물이 등장한다. 그러나 오늘 우리가 말씀에서 기억할 것은 가룟 유다와 데마스이다. 예수님의 제자 가운데도, 그리고 바오로의 동역자 가운데도 이렇게 배신하며 떠나는 사람이 있다는 것이다. 따라서 사람을 제대로 잘 세워야 한다. 왜냐하면 하느님 뜻대로 살기가 쉽지 않기 때문이다.

예정된 악인, 유다

역사상 가장 악명 높은 배신자를 해석하는 새로운 시각

교황 레오 1세가 '이 세상에서 가장 사악하고 가장 불행한 자'라고 단언하고, 요한 복음서가 '멸망의 자식'이라고 저주를 퍼부었으며, 단테가 『신곡』 〈지옥편〉에서 참혹한 형벌을 받으며 극심한 고통을 받는 모습으로 묘사한 희대의 악인 유다. 하지만 정말로 유다는 뼛속까지 사악한 악당이었을까? 아니면 기독교의 교세 확장을 위해 버림받은 희생양이었을까? 유다의 배신은 악마의 부추김이 아니라, 예수의 죽음과 부활을 위해 예정된 신의 기획이었다는 것이 『예정된 악인, 유다』

『예정된 악인, 유다』 표지

자료: nocutnews.co.kr

저자의 주장이다. 지배적인 담론이 철저히 숨겨온 유다의 이면을 문헌학, 종교학, 역사학, 심리학 등 다양한 토대 위에서 입체적으로 살펴본다.

지속적으로 변주되는 유다의 의미

2016년 노벨문학상을 수상한 밥 딜런, 40년 넘게 사랑받고 있는 뮤지컬 〈지저스 크라이스트 슈퍼스타〉, 그리고 포르투갈의 축구 스타 루이스 피구 사이의 공통점은 무엇일까? 이들을 연결하는 키워드는 바로 '유다'다. 밥 딜런은 1966년 5월 17일 공연에 전자기타를 메고 등장해 열혈 팬들로부터 '유다'라는 야유를 들었다. 포크 음악을 배신했다는 이유에서였다. 〈지저스 크라이스트 슈퍼스타〉는 유다를 악당이 아니라 민족의 미래를 걱정하는 현실주의자로 재해석한 뮤지컬이며, 루이스 피구는 라이벌 팀으로 이적한 뒤 이전 소속 팀의 팬에게서 배신의 대가를 톡톡히 치러야 했다.

뮤지컬 〈지저스 크라이스트 슈퍼스타〉 포스터

자료: post.naver.com

예수에게 입을 맞춤으로써 인류 역사상 가장 사악한 배신자로 낙인찍힌 이스가리옷 유다. 유다는 기독교라는 특정 종교와 로마 제국이라는 시공간적 제약을 뛰어넘어 오늘날에도 그 의미가 수용되고 재해석되는 논쟁적인 인물이다. 이 책에서 저자는 유다를 언급한 마르코·마태오·루카·요한 복음서의 4대 복음서를 비롯한 성경, 유다를 기록한 다양하고 방대한 문헌, 나치의 반유대주의와 같은 역사적 사건, 유다를 새로운 관점에서 창조적으로 수용한 대중문화의 흔적 등을 통틀어 관찰해 유다의 본모습을 탐구하는 순례길에 오른다. 제1부는 유다에게 덧씌워진 배신의 이미지가 어떻게 형성되었는지를 살펴보며, 제2부는 그렇게 형성된 부정적인 유다의 이미지가 역사적으로 활용된 면면을 뜯어본다. 이어 제3부는 근대 이후 유다를 바라보는 새로운 시각을 소개한다.

복음서를 쓴 마태오·마르코·루카·요한(왼쪽부터). 아래에는 각각의 복음사가를 상징하는 사람·사자·황소·독수리가 그려져 있다. 타데오 디 바르톨로의 작품

자료: m.catholictimes.org

유다의 배신을 만든 왜곡의 신화

유다에 대한 반감이 극에 달했던 중세 시대의 종교적 미술작품이나 문헌을 찾아보면, 유다의 얼굴을 정면에서 표현한 경우가 없다. 유다의 얼굴을 반쪽만 보여준 이유는 유다의 '사악한 한쪽 눈'을 감춰 그 부정한 기운이 퍼지는 것을 막기 위해서였다. 사실 '지옥의 상징'으로서의 유다는 초기 기독교의 성경 저자들이 만든 '왜곡의 신화'에서 출발했다고 저자는 말한다. 4대 복음서에 22번에 걸쳐 언급되는 유다가 인간적인 면모를 잃고 서서히 사탄으로 변모한다는 것이다. 첫 복음서인 마르코 복음서에서 예수의 몸값을 요구한 것은 대제사장이었지만 이후에 쓰인 마태오 복음서에서는 유다가 요구한 것으로 나온다거나, 마르코 복음서에서는 죄를 뉘우치는 유다가 마지막 요한 복음서에 와서는 뼛속까지 악인으로 묘사된다는 것이 그 근거다.

그렇다면 복음서 저자들은 그 정도에 차이는 있지만 왜 유다를 용서받지 못할 죄인으로 몰아간 것일까? 유다가 예수를 배신했기 때문이라지만, 그것도 쉽사리 납득하기가 어려운 설명이다. "네가 하려는 일을 어서 하여라."요한 13:27 마태오 복

예수에게 입맞춤하는 유다

자료: leonheart15.tistory

음서와 요한 복음서에서 공히 예수가 유다에게 한 말이다. 마치 예수는 이미 유다가 곧 자신을 해할 것을 알고 있는 듯한 뉘앙스를 풍긴다. 유다의 배신이 예수의 부활을 위해 실행되어야 할 중간 단계라고 해석될 여지가 있다. 이때 복음서 저자들이 유다를 유대인과 밀접한 관련이 있는 것으로 규정한 것은 초기 기독교 시대 당시 다양한 종파가 경쟁했던 정세에서 기인한다. 그들이 속해 있던 주류 종파인 사도교회가 유대인 기독교와 같은 다른 종파들을 누르고 교세를 확장하기 위해 유다와 같은 희생양이 필요했던 셈이다.

유다의 배신이 만든 편견의 역사

중세 시대에 유다의 이야기는 더욱 풍성해진다. 교회가 지배하는 시대에 예수의 믿음을 변절로 갚은 유다는 절대악으로 자리매김해 큰 공포심을 조장했고, 이는 다양한 형태로 중세의 풍속을 규율하게 된다. 교부 철학자로 잘 알려진 아우구스티누스는, 유다가 스스로 목숨을 끊은 것을 배신행위에 대한 속죄가 아니라 "살인하지 말라"는 계명을 어긴 더 큰 죄로 보았다. 『신곡』 〈지옥편〉에서 단테는 가장 악랄한 죄인을 가둔 맨 아래층 지옥에서 악마 루시퍼에게 뜯어먹히며 고통받는 유다를 상상하며 치를 떨었다. 중세 연극이나 교회에 걸린 그림에 등장하는 유다의 외양은 이미 인간의 모습이 아니다. 거칠고 얼룩덜룩한 피부는 비늘로 덮여 있으며, 사탄이 유다의 뱃속에서 아기를 꺼내는 엽기적이고 추악한 형상까지 등장한다. 은화 30냥에 예수를 판 유다는 고리대금업에 종사하던 유대인을 옥죄는 또 하나의 무거운 족쇄로 작용했을 것이다.

이러한 유다에 대한 적대가 현실 세계에서 향한 곳은 유대인과 그들의 공동체였다. 예수가 십자가에 못 박혀 죽는 과정을 묘사한 연극인 예수 수난극은 시간이 지날수록 유대인을 극단적인 악의 화신으로 설정했다. 없는 죄를 날조해 유대인 공동체를 핍박한 12세기 영국의 사례도 충분히 끔찍하지만, 오늘날 독자에게는 드레퓌스 사건이 더욱 피부에 와닿을 것이다. 빈약한 증거에도 불구하고 적국에 첩보를 팔아넘겼다는 이유로 기소된 유대인 장교 드레퓌스는 에밀 졸라의 『나는 고발한다』가 결정적인 역할을 해 누명을 벗기까지 10년 이상 숨죽여야 살

단테의 『신곡』 〈지옥편〉 제34곡, 주데카. 지옥의 마왕 루키페르(Lucifer, 루시퍼). 주데카에는 주인을 배반한 세 명의 배반자(유다, 브루투스, 카시우스)가 있고, 지옥왕 루키페르에게 물어뜯기는 형벌을 받는다.

자료: m.blog.naver.com

아야 했다. 여기에 나치의 유대인 학살까지, 가까운 과거에 이르기까지도 '유다 혐오'가 기승을 부린 것이다.

누가 유다를 배신자로 만들었는가

계몽주의 시대부터 유다를 새롭게 조명하려는 시도가 움튼다. 과학과 사상의 발전이 교회권력이 가둔 이성적 사유의 능력과 학문의 자유를 해방시키면서 유다의 '복권'이 시작된 것이다. 영국의 수필가 토머스 드퀸시는 예수를 결함 있는 인간의 지위로 내려놓은 반면 유다를 그런 예수를 꿰뚫어보는 통찰을 지닌 인물로 재해석했으며, 아르헨티나의 문호 보르헤스는 유다를 신의 기획에서 이탈해 자유의지를 실현한 철저한 근대적 개인으로 구현했다. 그리스의 작가 카잔차키스의 유다는 인류의 죄를 대속하도록 유약한 예수를 독려하는 역할을 수행한다. 무엇보다도 로마 교황청이 불과 10여 년 전 구태의연한 관점에서 벗어나 유다에

후회하는 유다

자료: blog.naver.com

게도 회개의 가능성을 부여하기에 이른 점은 유다를 희생양으로 삼아 편견과 혐오의 역사를 쓴 종교의 세계에도 큰 변화가 일어나고 있음을 명징하게 보여준다.

자신의 뜻과 관계없이 이용되고 재구성되기를 반복한 유다의 기구한 운명은 종교에 구속되었던 과거에나 세속적인 현대사회에나 큰 공감대를 형성한다. 동서고금을 막론하고 배신과 악이라는 테마가 잠재해 있는 인간의 내면에 호소하기 때문일 것이다. 이러한 '친화력'이 지난 2,000년간 사탄부터 혁명가까지 실로 다종다양한 모습으로 유다가 재해석되는 이유다. 그래서 어쩌면 이 책의 부제인 "누가 그를 배신자로 만들었는가"에 대한 답변은 가장 단순하면서도 가장 복잡한 문제인지도 모른다. 문헌을 따져보면 교세 확장을 위해 유다를 희생양으로 삼은 초기 기독교 지도자들이겠지만, 그 이후 유다의 만들어진 이미지를 수용하고 거부한 것은 인류 자신이기 때문이다.

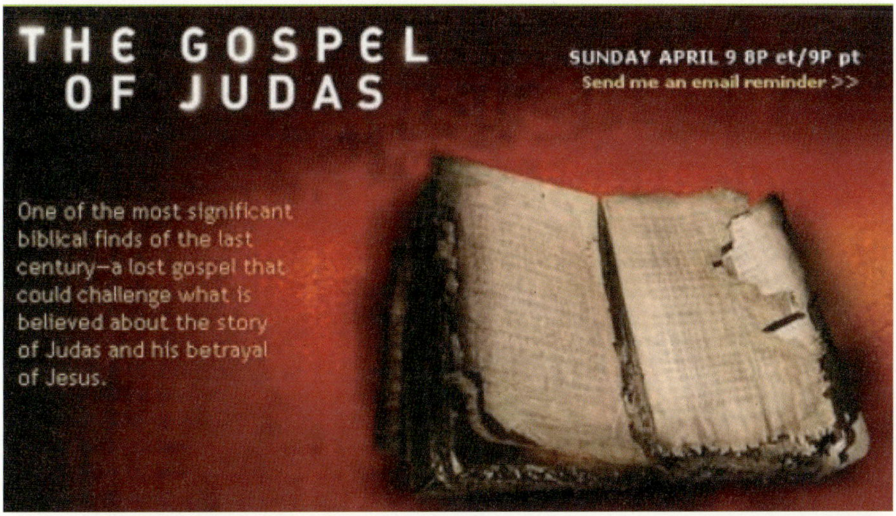

〈National Geographic〉이 2006년 4월 9일 방영한 〈The Lost Gospel of Judas〉로 인해서 '유다복음'에 대한 기사가 꽤 많이 나오고 있다. 주요 내용은 유다가 예수 그리스도를 팔아넘긴 것은 예수의 요구에 의한 것이었고 그리스도가 유다를 용서하고 사막으로 보내 참회하도록 했다는 것이다. 현재의 4복음서와는 판이하게 다른 내용이라 주목의 대상이 되고 있다고 한다. 교회는 경직되었고, 교회를 찾는 신도들은 점차 줄어들고 있다. 그리스도는 이웃에 대한 사랑을 요구하셨고, 그것은 억압에 대한 저항과 기존의 관계에 대한 변화를 뜻하는 것이다.

자료: pds2.egloos.com

베드로와 유다의

배신 3장

베드로와 가룟 유다와 차이

예수님께서 제자 중 하나인 가룟 유다의 배신으로 체포당하시고 불법재판을 받으실 때 제자들은 모두 예수님을 배신하고 도망쳤다. 그중에 가장 심하게 배신한 두 사람이 있었다. 바로 베드로와 가룟 유다이다. 그런데 이 두 사람의 삶이 마치 하늘과 땅처럼 달라졌다. 베드로는 예수님의 수제자이며 3번씩이나 부인했지만 예수님 이후에 초대기독교회의 지도자로 역사에 길이 빛나는 인생이 되었지만 그에 반해 가룟 유다는 스스로 목을 매 비참하게 죽고 말았다.

인간적으로 보면, 베드로보다 가룟 유다가 훨씬 더 똑똑하고 잘난 사람이었을 것이다. 베드로는 갈릴리 바다의 어부 출신으로 불학무식한 사람이었지만 가룟 유다는 제법 똑똑했을 것으로 추론되는 것이 살림을 맡는 회계를 담당했기 때문이다. 회계는 셈이 빠르고 수입과 지출을 잘 운영하여 재정에 문제가 되지 않도록 해야 하기 때문이다. 그런데 베드로는 똑같은 잘못을 하고도 나중에 큰 쓰임을 받았지만 가룟 유다는 멸망하고 말았다.

베드로와 가룟 유다와 차이

자료: www.youtube.com

과연 그 차이가 무엇일까?

베드로가 가룟 유다와 다른 이유는 무엇일까? 결론부터 말하자면 그것은 회개悔改를 하고 안 하고에 차이가 있다. 똑같은 죄를 지은 후 후회를 한 것은 같지만 한 사람은 후회 뒤에 회개한 후 변화된 인생을 살았고, 다른 한 사람은 후회를 했지만 끝끝내 회개하지 않고 양심의 가책으로 자살하여 회개할 수 있는 길을 스스로 버리고 말았다. 가룟 유다는 얼마나 불쌍하고 한심한 인생인지 모른다. 오죽하면 예수님조차 그를 가리켜 "차라리 태어나지 않았더라면 자신에게 더 좋았을 것"이라고 말씀하지 않았는가?

사람은 누구나 실수할 수 있고, 수시로 죄를 범한다. 우리는 살면서 수도 없이 하느님을 섭섭하게 해드리고 예수님 말씀대로 살지 않는 경우가 비일비재하다. 그러나 회개하면 하느님께서 얼마든지 용서해 주신다. 그리고 우리를 새롭게 변화시켜주신다. 물론 진심 어린 회개를 해야 된다. 만일 형식적인 회개만 하고 예

회개하는 베드로

자료: www.mulori45.kr

전과 같은 행동을 반복하면 그것은 진정한 회개가 아니기에 용서받을 수도 없으며 새로운 인생으로 변화될 수도 없다.

예수님은 베드로나 가룟 유다에게 이들이 배반을 할 것에 대한 암시를 주면서 회개를 할 수 있는 기회를 주셨다. 하지만 배반을 하기 전엔 둘 다 깨닫지 못하고 배반을 하였지만 그 이후의 둘의 태도는 정반대로 향했다. 아무리 어려운 고난이 닥쳐와도 고난 뒤에 숨어 있는 하느님의 축복을 믿는다면 고난으로 인해 좌절하지 않고 극복하려는 것과 다르지 않다. 우리는 이 둘의 삶을 통해 교훈을 얻고 가룟 유다가 아닌 베드로의 삶을 살아야 하겠다.

가룟 유다의 회개가 없는 후회

사람이 죄인이라도 양심의 흔적이 남아 있어서 죄를 지으면 괴롭다. 뉘우치고 후회한다. 가룟 유다도 마찬가지였다. 그러나 이건 진정한 회개가 아니다. 잘못한 것을 느낄 뿐 하느님께로 돌아가지 않았기 때문이다. 죄를 후회했으면 그다음에 회개 즉 반성 후 돌이키는 마음과 행동이 따라야 한다. 그렇지 않으면 회개는 아니라는 것이다.

가룟 유다의 회개가 없는 후회

자료: www.bonhd.net

가룟 유다를 보면 그는 후회만 하고 만다. 마태오 복음서 27:3을 보면 "그때에 예수님을 팔아넘긴 유다는 그분께서 사형 선고를 받으신 것을 보고 뉘우치고서는, 그 은돈 서른 닢을 수석 사제들과 원로들에게 돌려주면서"라고 되어 있다. 예수님이 불법재판으로 사형선고를 받자 양심의 가책으로 괴로워한다. 그러나 그는 예수님께로 돌아가지 못했고 갈 수 있는 길조차 스스로 버렸는데 이것이 가룟 유다의 한계이다. 우리는 이것을 교훈 삼아 가룟 유다와 같은 우를 범하지 말아야겠다.

베드로의 후회 후 회개

반면에 베드로는 어떠한가? 그는 심히 통곡하고 후회했으며 진정으로 회개했다. 루카 복음서 22:61-62를 보면 "주님께서 몸을 돌려 베드로를 바라보셨다. 베드로는 주님께서 '오늘 닭이 울기 전에 너는 나를 세 번이나 모른다고 할 것이다.' 하신 말씀이 생각나서, 밖으로 나가 슬피 울었다."고 되어 있다. 그가 세 번째 부인하는 순간 예수님께서 돌아보셨다. 예수님의 시선이 베드로와 마주쳤다. 그 시선은 책망보다는 용서와 사랑 그리고 회개하라는 시선이었다. 마치 이렇게 말씀하시는 것 같았다. 내 말이 기억나느냐? 용서할 테니 회개하고 진정으로 나를 따르도록 하겠는가?

진정한 회개는 잠시 마음속으로 후회하는 게 아니다. 입술로만 잘못했다고 말하는 게 아니다. 베드로는 진정으로 죄를 깨닫고 후회할 뿐 아니라 행동으로 보여주었다. 진정한 회개가 베드로를 살린 것이다. 그런데 우리가 잊지 말아야 할 것은 회개하는 것조차 하느님의 은혜라는 사실이다. 베드로가 스스로 회개한 것 같지만, 사실은 그 이전에 예수님의 기도가 있었다.

베드로의 변화

베드로가 예수님을 대신하여 담대하게 말씀을 전하며 여러 이적을 행한다. 그 어떤 위협에도 굴하지 않고 열성을 다하는 모습을 우리는 잘 안다. 예수님이 부활하신 후 베드로에게 나타나 뭐라고 말씀하셨나? 세 번씩이나 예수님을 사랑하느냐고 묻는다. 왜 그랬을까? 세 번씩 부인한 것을 용서하시고 격려해 주시려고 그런 것이다. 또한 사명을 재확인시켜주신 것이다. "예수님께서 세 번째로 베드로에게 물으셨다. '요한의 아들 시몬아, 너는 나를 사랑하느냐?' 베드로는 예수님께서 세 번이나 '나를 사랑하느냐?' 하고 물으시므로 슬퍼하며 대답하였다. '주님, 주님께서는 모든 것을 아십니다. 제가 주님을 사랑하는 줄을 주님께서는 알고 계십니다.' 그러자 예수님께서 베드로에게 말씀하셨다. '내 양들을 돌보아라.'" 요한 21:17

그 후 오순절 성령강림시 성령 충만함을 받은 베드로가 어떻게 변화됐는가? 핍박을 감수하며 복음을 담대히 전한다. 그때 어떤 일이 벌어지는가? "베드로의 말을 받아들인 이들은 세례를 받았다. 그리하여 그날에 신자가 삼천 명가량 늘었다." 사도 2:41 하루에 삼천 명이 예수 믿고 세례를 받는 놀라운 일이 벌어진 것이다. 이렇게 해서 초대 예루살렘교회가 시작된 것이다. 그는 최선을 다해서 주님의 명령대로 복음을 전하고 결국에는 십자가에 거꾸로 못 박히어 순교하는 충성스런 사도가 되었던 것이다.

마가의 다락방에 성령이 내리는 모습을 표현한 그림

자료: christiantoday.co.kr

Vox populi, vox Dei.

가룟 유다의 배신과 베드로의 부인

가룟 유다는 12제자 중의 한 사람이지만 성경에 많이 나오는 인물은 아니어서 일반화하기 힘들지는 모르지만 그가 예수님을 '주主'라고 부른 적은 없다. 그는 배신의 아이콘인 것은 맞지만 다른 제자라고 예수님을 부인하거나 배신하지 않은 것은 아니다. 예수님께서 군병들에게 잡혀가자 모두 예수님을 버리고 도망갔다. 그런데 가룟 유다는 스스로 목숨을 끊고 저주를 받은 반면 다른 제자들은 모두 사도가 되어 예수님의 복음을 전했고 그 은혜로 오늘 우리가 이렇게 예수님을 묵상하여 우리 존재의 목적과 삶의 의미를 찾을 수 있게 되었다.

이러한 차이는 그리스도의 정체성을 대하는 차이로 인한 것이다. 가룟 유다는 자신이 정한 그리스도의 정체성을 버리지 않았다. 반면에 다른 제자들은 자신들이 조각한 그리스도를 버리고 예수님이 보이신 그리스도를 온전한 그리스도로 순종했다. 그 과정에서 절대적인 것이 두 가지 있다. 가룟 유다는 자신이 조각한 그리스도를 기준으로 예수님을 보았고, 나머지 11제자는 예수님이 그리스도라는 것을 기준으로 왜 자신이 아는 그리스도와 예수님의 모습이 다른지를 알고자 했다. 그리고 또 하나의 차이가 바로 성령강림이다.

향유 옥합 사건에서 언급한 것처럼 유다는 예수님은 사람들이 기대하는 그리스도가 아니라는 것을 가장 빨리 알았다. "가난한 자들은 항상 너희와 있을 것"이라는 말씀을 듣자 예수님은 사람들이 기대하는 그리스도, 종려나무 가지를 흔들며 환호하던 사람들이 기대하는 그리스도가 아니라는 것을 알았다. 사람들이 기대하는 그리스도는 가난도 해결해야 하는 그리스도다. 그러나 가난이 항상 있을 것이라는 예수님의 말씀이 "나는 가난을 해결하는 그리스도가 아니다."라는 말씀이라는 의미를 가룟 유다는 제대로 인지한 사람이다.

가룟 유다는 당연히 예수님은 가난을 해결하는 그리스도라고 생각한 사람이고 무엇보다 자기 생각을 버리지 않은 사람이다. 가난의 문제를 해결하는 것이 그리스도인데 예수는 그런 사람이 아니니 가치가 없다고 판단했고, 그 판단대로 예수님을 팔아 버렸다. 오병이어의 기적과, 병자들을 고치고 귀신 들린 자를 회복시

향유 옥합 사건

자료: www.ugepc.com

키는 능력과, 성경을 전하는 권세 있는 모습을 보았다. 그리고 백성들 눈에는 로마나 비슷하게 보이는 대제사장, 바리새인, 서기관 등을 압도하는 예수님은 분명히 인정할 수 있다. 하지만 십자가를 지는 예수, 가난을 해결하는 것이 직임職任이 아니라는 예수는 그리스도는커녕 한낱 종과 같은 존재일 뿐이었다. 그래서 종의 몸값 정도에 예수님을 팔아 버렸다.

가룟 유다는 예수님을 종의 몸값에 팔았다. 세상을 구원하지 않는 그리스도며 십자가로 가는 예수는 그에게 종과 다름없었다. 종이나 죄인은 어느 시대나 같은 개념의 존재들이다. 전쟁에서 패전국이 되면 종이 되었다. 십자가로 간다는 것은 죄인이 되는 것이니 당연히 종이나 노예와 같다. 세상의 가치로 경쟁하는 세계 안에서 경쟁에 패한 사람 역시 낮은 자리로 가는 것은 종에 불과하다. 그것이 가룟 유다의 생각이었다. 그리고 오늘날 사람들이 가진 가치관이다. 사람들은 가룟 유다를 배신자라고 욕하고 배신의 대명사로 사용하지만, 사실 모든 사람들은 스스로 존재하지 않은 인생의 목적을 가지신 이의 창조 목적을 늘 배신하는 존재다.

열둘 중에 하나인 가룟 유다라는 자가 대제사장들에게 가서 말하되 내가 예수를 너희에게 넘겨주리니 얼마나 주려느냐 하니 그들이 은 삼십을 달아 주거늘(마태 26:14-16)

자료: www.iwomansense.com

예수님에게 종의 몸값을 붙인 가룟 유다 그리고 그와 동일하게 그리스도를 정의하고 예수님을 십자가에 못 박은 사람들의 생각은 그 시대의 유물이 아니다. 사람들은 생각조차 못하고 살지만 사실 오늘날 예수님을 도깨비 방망이처럼 생각하는 사람들도 동일한 부류다. 하느님께 예수님의 이름으로 자기 필요를 구하는 사람은 모두 가룟 유다라는 말이다. 오늘날 하느님을 믿는다는 사람들이 말로는 거룩하게 예수님을 경배하나 실상은 자기 필요한 것을 구해서 대주는 빵셔틀이나 진배없다. 자기 필요한 것을 달라고 예수님께 기도하는 것은 예수님을 부리는 것 이상도 이하도 아니다. 교회에 좀 다니다가 자기가 원하는 것이 안 되면 교회를 안 나오거나 세상의 문제를 잘 해결하는 교회를 찾아 떠나는 사람은 가룟 유다와 같이 예수님을 종으로 여기는 사람이다.

예수님의 이름으로 돈 달라, 밥 달라, 건강 달라 기도하는 사람, 세상에서의 성공이 하느님께 영광이니 그것을 달라고 기도하는 사람들은 가룟 유다의 진정한 후손이다. 가룟 유다와 구분되는 베드로를 비롯한 다른 제자들도 겉으로 드러난 모습은 가룟 유다와 비슷했다. 예수님께서 "너희 중에 하나가 나를 팔리라" 하시니 모두들 자신인가 생각했다는 것에서 모든 제자들이 십자가를 지러 간다는 예수님의 낯선 모습에 불안해하고 있었다. 그 불안한 모습을 베드로가 보여준다. 다 주님을 버릴지라도 자신은 버리지 않겠다고 말하지만 예수님께서는 "네가 오늘 나를 세 번 부인할 것"이라고 말씀하셨다.

"베드로가 다시 '주님, 어찌하여 지금은 주님을 따라갈 수 없습니까? 주님을 위해서라면 저는 목숨까지 내놓겠습니다.'" 요한 13:37 하자, "예수님께서 대답하셨다. '나를 위하여 목숨을 내놓겠다는 말이냐? 내가 진실로 진실로 너에게 말한다. 닭이 울기 전에 너는 세 번이나 나를 모른다고 할 것이다.'" 요한 13:38라고 했다.

이와 같이 모든 제자들도 예수님을 배반했고, 무엇보다 변화산 이후부터 최후의 만찬에서 자신들이 지금 마주하고 있는 예수님은 자신들이 알고 기대했던 그리스도가 아니라는 것에 많이 당황하고 있었다. 예수님이 자신들이 생각한 그리스도가 아니라는 것은 가룟 유다나 베드로를 비롯한 11제자가 모두 분명하게 알게 되었다.

유다가 받은 은 30세겔은 종의 몸값

자료: m.blog.naver.com

Vox populi, vox Dei.

그러나 가룟 유다는 다른 제자들과는 절대적으로 다른 점이 있었다. 예수님과 그리스도에 대한 생각이 다른 두 부류 중 가룟 유다와 유대인들은 자신들이 생각하는 그리스도를 기준으로 예수님을 보았고, 11제자는 예수님이 그리스도라는 것은 믿었다. 그러나 그리스도가 어떤 존재인지에 대하여 자신이 알고 있는 것과 예수님이 말씀하시는 것이 다르다는 것에 매우 심각한 고민에 빠져 있었다. 가룟 유다와 유대인들은 자신들이 생각하는 그리스도가 하느님의 그리스도며 그 의로움으로 볼 때 예수님은 그리스도가 아니라고 심판했다. 그 생각이 가룟 유다로 하여금 예수님을 팔게 했고, 유대인들은 바라바 대신에 예수님을 십자가에 못 박은 것이다.

베드로와 제자들은 예수님이 그리스도라는 것은 확신했지만 그리스도가 어떤 존재인지에 대해서 몰랐다. 하지만 가룟 유다와 유대인들은 예수님이 그리스도가 아니라고 확신했다.

베드로를 비롯한 다른 제자들이 예수님이 자신들이 기대한 그리스도가 아니라면 예수님이 말씀하시는 그리스도란 어떤 사람인지를 모르고 있었다. 그래서 제자들에게 "너희가 지금은 내가 가는 곳에 가지 못한다."고 하시는 것이다. "지금"은 가지 못하지만 성령이 오시면 갈 수 있기 때문에 이렇게 말씀하셨다. 반면에 가룟 유다에게 예수님은 예수님 가시는 곳으로 오지 못한다는 말씀이 아니

후안 후아네스 〈최후의 만찬〉

자료: jejudomin.co.kr

라, 네가 행하고자 하는 것을 속히 행하라고 하시고, 나지 않았으면 좋았을 것이라고 하셨다.

이와 같이 그리스도에 대한 기준을 자기 생각에 두는지 아니면 예수님의 말씀에 두는지는 극과 극의 결과를 낳는다. 누구나 그리스도를 세상의 문제를 해결하는 존재로 여기는 과정을 거친다. 그러나 그런 자신의 생각이 예수님이 보이신 그리스도의 정체성, 십자가로 가신 예수님의 모습과 상충된다는 것을 발견하는 사람에게는 성령이 오실 수 있다. 하지만 그렇지 않고 그리스도에 대한 자기 생각을 버리지 않는다면 예수님을 십자가에 늘 못 박는 사람일 뿐이다.

그래서 예수님의 말씀이 자기 삶이 되고, 그리스도로 거듭난 사람이 되는 과정에서는 필연적으로 십자가를 지신 예수님이 아주 낯설게, 버리고 도망가고 싶을 정도로 낯설게 다가올 수밖에 없다. 회개하고 죄를 고백하려면 자신이 잘못되었다는 것을 깨닫는 것이 필수인데 하나님과 자신이 다른 생각을 하고 있었다는 낯설음이 없을 수는 없는 것이다. 그리스도가, 십자가를 지신 예수님이 낯설지 않다는 것은 분명히 세상의 가치관에 의하여 죄인이 되어 십자가를 지신 예수님께 세상의 가치로 귀한 것을 구하는 신앙 안에 있기 때문일 것이다. 그 신앙은 가치가 전혀 바뀌지 않은, 그러니까 거듭나지 않은 신앙이기 때문이다.

십자가의 도(道)

자료: headstone.pe.kr

베드로와 유다의 배신

예수님이 체포되어 가야바 집에서 모인 산헤드린 공회에서 신성모독이라는 죄목으로 사형언도를 하고 예수를 죽이려고 결박하여 총독 빌라도에게 넘겨주었다. 이 상황에서 예수님을 따랐던 제자들이 예수님이 체포되는 현장에서 모두 예수를 버리고 도망을 쳤었다. 그런 중에 예수님의 제자인 배드로의 배신과 유다의 배신을 마태오가 기록하면서 그들의 결론을 보게 하신다.

베드로는 마지막 유월절 만찬에서 "내가 주와 함께 죽을지언정 주를 부인하지 않겠나이다." 하며 호언장담을 하던 그였다. 하지만 하루도 못 가 베드로는 대제사장 집에서 예수님을 잡아 심문하는 장소에서 그 집의 일하는 사람들 앞에서 주님이 말씀하신 대로 세 번씩이나 부인을 하고 저주까지 하는 자신의 모습을 보게 된다. 그러자 주님이 자신에게 말씀하신 것이 생각나서 통곡을 하며 회개를 하는 모습을 보았다.

가룟 유다는 12제자 중 하나로 예수님께 뽑혀 3년이나 예수님을 따라다니면서 예수님께서 이 땅에 계시면서 베푸신 은혜와 기적들을 보고 지내왔었다. 그는 예수님이 십자가를 지시고 모든 사람들을 구원하시기 위해 예수님 자신의 몸과 피를 대속물로 주기 위한 예수님의 사역에는 관심이 없었다. 그는 자신의 배만 채우기 위한 돈에 관심이 있던 자로 묘사를 하고 있다.

12제자들 가운데 뽑혀 따라다닌 귀한 일을 했었지만 사탄이 유다의 생각에 들어가 그의 생각을 점령한다. 온갖 생각이 물질에 가 있게 한다. 유다의 마음과 생각을 사탄이 빼앗아 간 것이다. 가난한 사람들을 위해서 마리아의 옥합을 팔아 나누어 주라는 책망을 하지만 유다의 마음에는 가난한 사람들이 없었다. 그는 도적이라고 성경은 말하고 있는 것을 보면 유다의 관심은 부정하게 돈을 도둑질을 하고 있으면서 예수님을 팔아 돈을 챙기겠다는 생각이 넘치고 있는 것이다.

은 30냥에 예수님을 팔아 예수님이 십자가에 죽게 되는 순간을 듣고 보고 있으니 유다의 양심이 그를 찔리게 했는지는 모른다. 하지만 다시 은 30냥을 대제사장들에게 갖다 주면서 유다가 한 고백이 "내가 무죄한 피를 팔고 죄를 범하였

사탄의 계교에 무너진 가롯 유다

자료: m.blog.naver.com

도다." 하자, 그들은 그것이 자기들과 상관이 없다 하며, "네가 당하라"고 유다에게 말을 한다. 유다가 괴로워하여 받은 은 30냥을 성소에 던지고 스스로 목매어 죽는 것으로 유다의 인생은 자살로 끝이 난다.

예수님이 체포되실 때 12제자들은 다 예수를 버리고 도망을 친 사람들이었다. 베드로와 유다의 배신만 성경에서 기록하고 있지만 아마 다른 제자들도 그들의 입으로 예수를 부정하고 부인했는지 모른다. 예수님 앞에서 그들이 한 말들이 있었는데 지키지 못했다. 모두가 예수님 앞에서 죄인들이었다. 그러나 그런 죄인들인 예수님의 12제자들 인생이 결국은 너무나 달랐다. 유다는 회개 없이 철저하게 자기가 판단을 하여 예수님을 은 30냥에 팔았다. 예수님 앞에서 회개할 충분한 시간과 기회가 있었는데 끝까지 버텨 결국에는 자기판단으로 그 괴로움을 못 이겨 자살을 택해 인생을 마감했다. 하지만 다른 11제자들은 다들 부활하신 주님을 만나 그들의 잘못을 회개하고 돌이켜 그들의 삶을 주님 앞에 드린 진정한 제자로서 사도로 그들의 삶을 바쳤다.

베드로를 비롯한 제자들은 실수도 허물도 많았던 평범한 사람들이었다. 그중에서 그래도 가롯 유다가 세속적으로 똑똑한 사람으로 여겨졌었다. 철저하게 자기를 의지하고 자기 판단을 믿고 살았던 가롯 유다는 그의 인생에서 예수님이

유다는 회개 없이 예수님을 은 30냥에 팔았다.

자료: m.mariasarang.net

들어갈 자리가 없었다. 오직 자기만의 세상으로 가득찬 인생으로 스스로가 주인이 되어 살아간 사람이었다.

그런 가룟 유다의 인생의 결론은 자살로 끝을 맺는다. 이것을 보면 인간 스스로 주인이 되어 살아간다고 하는 것이 결국은 이런 결론으로 끝난다는 교훈을 주고 있다. 나의 삶의 주인은 예수 그리스도이시다. 그분이 내 안에 계셔서 나를 인도하시고 책임지시는 인생이 되는 것이 복된 인생이라는 것을 매일 깨닫게 하신다. 주님 앞에서 나는 항상 죄인이다, 그런 죄인 된 나를 불쌍히 여기시고 은혜로 살게 하셔서 의인으로 부르시는 은혜에 살게 하신다. 베드로와 유다의 인생의 종말을 통해 다시 한번 주님과 함께 하는 인생의 의미가 무엇인지를 깨닫게 한다. 오늘도 주 안에서 살게 하신 은혜에 감사를 드리며 더욱 주님을 내 인생의 왕으로 주인으로 모시고 사는 인생이 되도록 결단하게 하신다.

베드로와 가룟 유다, 배신의 시대를 사는 사람들

예수의 십자가 형벌은 사건 중에 사건이다. 세계사를 바꿔놓은 예수의 십자가 형벌이 '정치범에게 가하는 형벌'이라는 논쟁은 아직 끝나지 않았지만 예수에 대한 논쟁거리는 십자가 형벌만 문제가 아니다. 예수의 열두 제자 중 스승을 배반한 두 제자가 있다. 이름하여 '베드로와 가롯 유다'가 그들이다. 두 사람이 다같이 스승의 지극한 사랑을 받던 제자들이지만 두 사람이 다같이 '스승을 배반'한 오점을 남긴다. 예수가 가장 아끼던 제자 두 사람, 둘 다 스승의 믿음을 깨고 배신의 길을 걸었지만 이 두 사람의 그 후의 삶은 달라도 너무나 다르다.

스승을 배신했지만 예수의 그 어떤 제자보다 더 열심히 예수의 가르침을 전파하다 십자가에 거꾸로 매달려 죽은 베드로와 은화 30냥에 스승을 팔아먹은 가롯 유다는 똑같은 배신자일 수 없다. 베드로와 가롯 유다를 보면 오늘날 이 세상에 살고 있는 사람들의 양면성에 대한 축소판을 보는 것 같다. 예수의 수제자인 베드로는 원래 직업은 어부였다. 우연한 기회에 예수의 눈에 띄어 '사람을 낚는 어부'가 되지만 그의 생애는 예수의 제자가 되면서부터 파란만장한 길을 걷는다.

결국은 선생님인 예수의 눈에 들어 하늘의 열쇠를 받고 초대 교황이 되지만 십자가에 거꾸로 달려 죽고 그 무덤 위에 베드로 성당이 지어지는 영광을 누리기도 한다. 또 한 사람, 유다는 복음서에 나오는 인물들 중에 가장 불가사의한 인물이다. 그의 이름의 뜻과 배경, 성품 그리고 예수님을 배반한 동기와 죽은 방법 등 모든 것들이 아직까지도 풀리지 않는 수수께끼로 남아 있다. 분명한 사실은 유다는 예수 제자 중 돈을 맡을 만큼 스승의 신뢰를 받았고 또 가장 똑똑한 인물이었

사람을 낚는 어부

자료: modenee.kr

을 것이라고 짐작하기는 어렵지 않다.

그러나 이 두 사람이 걸어간 길은 너무나 판이하다. 예수를 배신한 것은 베드로나 유다나 다를 바 없다. 배신으로 말하면 유다보다 베드로가 예수를 더 많이 배신했다. 그것도 한 번이 아니고 세 번씩이나 배신한다. 참회의 과정에서 두 사람은 너무나 판이하게 다르다. 베드로는 스승을 배신한 후에도 천국의 열쇠를 승계받는 영광의 인물이 된다. 또 한 사람 유다는 저주의 대상, 배신의 상징적인 존재로 남게 된다. 서양 문화권에서는 배신자의 대명사로 '유다 같은 자'라는 오명의 대명사가 된다.

성경을 보면 예수는 자신이 죽임을 당할 것을 예견하고 베드로의 마음을 떠본다. 그러나 당시 제자들의 눈에 비친 예수야말로 이 땅의 왕으로 마음만 먹으면 못할 일이 없는 무소불위의 존재로 알고 있었던 터다. 예수에게 잘 보이면 한자리 얻을 수 있을 것이라는 기대에 차 있었다. 이런 상황에서 제자들에게 '자신을 배신할 것인가'를 물어본다면 당연히 '하늘이 두 쪽이 나도 그런 일이 없을 것'이라고 맹세할 것이다. 그러나 예수는 위기에 처하면 약한 인간의 본성이 드러날 것을 미리 알고 '닭이 세 번 울기 전에 나를 세 번 부인할 것이다'라고 했고 예수의 예언대로 베드로는 스승을 배신한다.

하늘의 열쇠를 받는 베드로

자료: m.blog.naver.com

배신의 역사는 성서에 나오는 베드로와 유다뿐만 아니다. 현대를 사는 오늘날의 사람들도 위기에 처하면 약한 인간의 본색이 드러나게 마련이다. 일제 식민지 시대를 살펴보면 지식인이라는 사람, 입만 열면 민족을 말하고 애국을 부르짖던 인사들이 일본제국주의의 힘 앞에 자의나 강압에 의해 변절한 인물이 많다. 물론 당근과 채찍이라는 선택을 강요당하면 약한 인간으로서 허점이 드러날 수밖에 없다. 그러나 생존을 위해 어쩔 수 없이 배신하는 것과 부귀영화를 누리기 위해 충성을 맹세하고 배신의 대가로 부귀영화를 누리는 것과는 다르다.

베드로와 유다의 경우처럼 같은 배신을 하지만 철저하게 회개한 사람과 그렇지 못한 사람으로 갈라진다. 식민지 시대 민족을 배신한 사람도 마찬가지다. 민족대표 33인 중의 한 사람이었지만 변절자의 대명사가 된 최린崔麟은 "민족의 이름으로 이 최린을 광화문 네거리에서 처단해 주십시오."라는 참회로 반민특위 재판정을 울음바다로 만들었다. 김동환金東煥은 반민족행위를 뉘우치며 반민특위에 자수하였고, 현석호玄錫虎, 일제 때 광공부장(鑛工部長)과 제2공화국의 국방장관 지냄, 88년 작고는 회고록 『한 삶의 고백』을 통해 자신의 친일행적을 고백한 바 있다. 홍익대 총장을 지낸 이항녕학술원 회원 씨도 그중의 한 사람이다.

친일진상규명법 제정을 계기로 우리 사회에는 친일파의 논란은 수십 년이 지나도 그치지 않고 계속되고 있다. 수년 전 1만 6,661명이 참여해 4억 80만 122원을 모금한 친일인명사전 만들기 국민적 성원이 말해 주듯이 우리 사회에는 아직도 친일세력이 엄존하고 이에 대한 심판을 해야 한다는 국민적 정서가 남아 있

변절자의 대명사가 된 최린

자료: www.youtube.com

다. 그것도 그럴 것이 우리 사회의 온갖 악의 뿌리는 친일잔재청산과 무관하지 않기 때문이다. 그들이 저지른 반민족 반역사적인 행위는 지금도 그치지 않고 계속되고 있다.

가룟 유다의 배신

가룟 유다는 예수님을 돈 받고 팔아넘기는 파렴치한 죄를 범했다. 그가 대제사장들을 찾아가 흥정하는 장면이 마태오 복음서 26:15-16에 나온다. "'내가 그분을 여러분에게 넘겨주면 나에게 무엇을 주실 작정입니까?' 하고 물었다. 그들은 은돈 서른 닢을 내주었다. 그때부터 유다는 예수님을 넘길 적당한 기회를 노렸다." 가룟 유다는 회계를 맡아 일하면서 평소에도 슬쩍슬쩍 돈을 훔치는 도둑이었다. 세속적인 목적으로 예수님을 따라다녔지만 별 소득이 없자 차라리 몇 푼 받고 넘겨주리라 생각했다. 그래서 예수님을 메시아로 인정하지도 않을 뿐만 아니라 눈엣가시로 여기던 종교지도자들을 찾아가 흥정하게 된 것이다. 결국 은 30냥에 낙찰됐다. 기가 막힌 것은 은 30냥은 노예 한 사람의 값에 해당한다는 사실

유다보다 나은 자 누구인가

자료: catholicnews.co.kr

이다. 출애굽기 21:32에 "황소가 남의 남종이나 여종을 받았으면 그 종의 주인에게 은 삼십 세겔을 물어주고 황소는 돌로 쳐죽여야 한다."라고 되어 있다.

예수님은 이 사실을 훤히 알고 계셨다. 그래서 안타까운 마음으로 그가 돌이킬 것을 기다리고 기다리셨다. 최후의 만찬 자리에서는 여러 번 힌트를 주면서 회개를 유도했지만 결국 자리를 박차고 나갔다. 요한 복음서 13:30 "유다는 빵을 받고 바로 밖으로 나갔다. 때는 밤이었다." 예수님이 준 빵 조각을 받은 후 은혜를 원수로 갚듯이 뛰쳐나간 것이다. 결국 멸망을 향해 달려간 것이다. "… 밤이었다."는 말은 실제 밤을 나타내기도 하지만, 멸망 길을 가는 그의 불쌍한 영혼을 상징하는 듯하다.

가룟 유다는 그 길로 가서 체포대를 데리고 온다. 기가 막힌 것은 체포대에게 예수님이 누구인지 알려주기 위해 암호를 짜갖고 오는데 그게 뭔가? 입맞춤이다. "그분을 팔아넘길 자는, '내가 입 맞추는 이가 바로 그 사람이니 그를 붙잡으시오.' 하고 그들에게 미리 신호를 일러두었다. 그는 곧바로 예수님께 다가가, '스승님, 안녕하십니까?' 하고 나서 그분께 입을 맞추었다. 예수님께서 '친구야, 네가 하러 온 일을 하여라.' 하고 말씀하셨다. 그때에 그들이 다가와 예수님께 손을 대어 그분을 붙잡았다."마태 26:48-50 제자들과 예수님이 함께 있으니까 누가 누군지 모르잖는가. 그래서 암호를 키스로 정한 것이다. 그는 능청스럽게 인사를 하고 입을 맞춘다. 그러자 체포대가 예수님을 알아보고 붙잡는다. '유다의 키스'Judas Kiss, 야비한 배신행위라는 말이 있는데, 여기서 유래한 것이다.

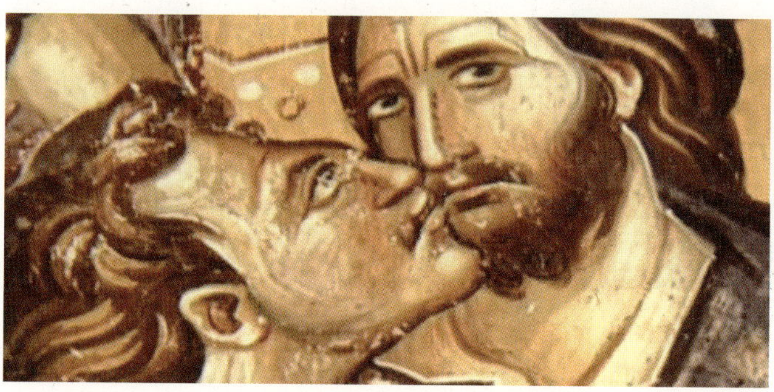

유다의 키스

자료: levi.tistory.com

Vox populi, vox Dei.

베드로의 배신

그때 베드로는 어떻게 했을까? 혈기를 부리며 칼을 휘두른다. "그러자 예수님과 함께 있던 이들 가운데 한 사람이 칼을 빼어 들고, 대사제의 종을 쳐서 그의 귀를 잘라 버렸다."마태 26:51 대사제의 종은 '말코스'라는 사람이다. 그의 오른쪽 귀를 베어버린다. 이때 그 경황 중에도 예수님은 베드로를 제지시키신다. 체포대가 예수님을 연행하자 제자들은 혼비백산하여 모두 도망간다. 그나마 베드로가 제일 나은 편인지도 모른다. "그들은 예수님을 붙잡아 카야파 대사제에게 끌고 갔다. 그곳에는 율법 학자들과 원로들이 모여 있었다. 베드로는 멀찍이 떨어져 예수님을 뒤따라 대사제의 저택까지 가서, 결말을 보려고 안뜰로 들어가 시종들과 함께 앉았다."마태 26:57-58 베드로는 대사제의 집까지 가서 재판 과정을 지켜본다. 물론 겁을 먹고 멀찍이 따라간다. 이미 실패가 시작된 것이다.

말코스의 귀를 쳐서 자르는 베드로

자료: m.blog.naver.com

심문이 진행되는 동안, 베드로는 마당에서 불을 쬐며 기다린다. 그런데 주위 사람들이 베드로를 살피며 묻는다. "너 예수와 한 편이지?" 베드로는 극구 부인한다. "아니, 난 저 사람 몰라." 이렇게 세 번씩이나 부인한다.

"그때에 베드로는 거짓이면 천벌을 받겠다고 맹세하기 시작하며, '나는 그 사람을 알지 못하오.' 하였다. 그러자 곧 닭이 울었다."마태 26:74 다른 복음서를 보면, 세 번째는 심지어 예수님을 저주하면서 부인했다고 기록되어 있다. 바로 그때 새벽닭이 운다. 예수님께서 미리 예언하신 대로 된 것이다. 최후의 만찬 자리에서 예수님은 제자들이 배반할 것을 예언하셨다. 그 이유가 무엇일까? 조심하라는 뜻도 있고, 나중에 배반하더라도 회개하고 다시 돌아오라고 당부한 것이다. 그런데 그 말씀을 귀담아 듣지 않고 호언장담했던 베드로였다.

"베드로가 예수님께 말하였다. '모두 스승님에게서 떨어져 나갈지라도, 저는 결코 떨어져 나가지 않을 것입니다.'"마태 26:33 그는 다른 제자들을 무시해 가면서 큰소리를 쳤다. 여기서 '저는'이란 말을 주목해 볼 필요가 있다. 그만큼 베드로가 자신만만했다는 뜻이다. 그런데 이게 뭡니까? 작심삼일作心三日도 아니고 '작심 세 시간'이 된 꼴이다. 정말 어처구니가 없다.

그러나 이게 인간인 것이다. 사람은 다 거기서 거기이다. 실수할 수도 있고 죄를 지을 수도 있는 연약한 죄인이다. 예수 믿고 하느님의 자녀가 되어도 육신의 본능과 죄성이 완전히 제거되지 않는다. 그래서 바오로는 말한다.

"그러므로 서 있다고 생각하는 이는 넘어지지 않도록 조심하십시오."1코린 10:12 항상 조심하고 겸손하라는 것이다. 자기 과신은 금물이다. 그리고 영적으로 깨어 기도해야 된다. 예수님께서 겟세마네 동산에서 피땀 흘려 기도하셨다. 그동안 제자들은 어떻게 했을까? 모두 잤다. 기도하지 않았다. 베드로도 마찬가지였다.

"기도를 마치고 일어나시어 제자들에게 와서 보시니, 그들은 슬픔에 지쳐 잠들어 있었다. 예수님께서 그들에게 이르셨다. '왜 자고 있느냐? 유혹에 빠지지 않도록 일어나 기도하여라.'"루카 22:45-46 예수님이 안타까운 심정으로 몇 번이나 깨우며 호소했지만 기도하지 않았다. 결국 제자들은 시험에 넘어졌고, 베드로는 세 번씩이나 예수님을 부인하고 말았다.

Vox populi, vox Dei.

베드로의 부인

자료: m.blog.naver.com

여기까지 보면, 베드로나 가룟 유다나 비슷비슷하다. 속된 말로 그놈이 그놈이다. 그러면 과연 무엇이 그들의 인생을 완전히 갈라놓았을까? 회개의 유무라고 했다. 베드로는 통곡하며 회개한다.

베드로의 회개: 예수님의 시선과 닭 울음소리에 통곡

우리가 신앙생활을 할 때 가장 기본적이며 중요한 게 바로 회개이다. 회개는 '구원과 은혜의 관문gateway'이라고 보면 된다. 회개를 통과하지 않으면 믿을 수도 없고, 죄와 사망에서 구원받을 수도 없다. 기도할 때도 마찬가지, 회개의 기도가 없으면 하느님의 은혜가 임하지 않는다. 아예 '기도의 문'이 열리지 않는다. 물론 기도하다 때로는 답답할 때가 있다. 먼저 회개하면 기도의 문이 열리게 된다. 마치 봇물이 터지는 것과 같다. 댐의 수문을 열면 물이 쏴하고 쏟아지듯 은혜가 임하게 된다.

회개悔改, repentance라는 말을 좀 더 정확히 살펴보면 이렇다. 헬라어로 '메타노이아'metanoiva인데, '돌다', '방향을 바꾸다'turn라는 동사에서 유래한 단어이다. 그러니까 죄에서 돌아서서 하느님에게로 돌아가는 것,turn from sin to God 즉 방향전환을 의미한다. 한마디로 말하면, 유턴U-turn하는 것이다.

가룟 유다의 후회

사람은 죄인이라도 양심의 흔적이 남아 있어서 죄를 지으면 괴롭다. 뉘우치고 후회한다. 가룟 유다도 그랬다. 그러나 이건 진정한 회개가 아니다. 유감regret을 느낄 뿐 하느님께로 돌아가지 않았기 때문이다. 범죄자들이 붙잡히면 대개 고개를 들지 못한다. 죄를 후회하는 것이다. 그러나 그게 곧 회개는 아니라는 것이다.

가룟 유다를 보라! "그때에 예수님을 팔아넘긴 유다는 그분께서 사형 선고를 받으신 것을 보고 뉘우치고서는, 그 은돈 서른 닢을 수석 사제들과 원로들에게 돌려주면서 말하였다. '죄 없는 분을 팔아넘겨 죽게 만들었으니 나는 죄를 지었

예수님을 판 것을 후회하여
은전 30개를 대제사장 등에게
돌려준 가룟 유다. 시모 고메스

자료: churchofgod.wiki

소.' 그러나 그들은 '우리와 무슨 상관이냐? 그것은 네 일이다.' 하였다." 마태 27:3-4 예수님이 애매하게 불법 재판으로 사형선고를 받자 양심의 가책으로 괴로워한다. 그러나 그는 하느님께로 예수님께로 돌아가지 않는다. 이게 가룟 유다의 한계이다.

베드로의 회개

반면에 베드로는 어떠했나? 그는 진정으로 회개한다. "수님께서 몸을 돌려 베드로를 바라보셨다. 베드로는 주님께서 '오늘 닭이 울기 전에 너는 나를 세 번이나 모른다고 할 것이다.' 하신 말씀이 생각나서, 밖으로 나가 슬피 울었다." 루카 22:61-62 그가 세 번째 부인하는 순간 예수님께서 돌아보셨다. 예수님의 시선이 베드로와 마주쳤다. 그 시선은 책망보다는 용서와 사랑의 시선이었다. 마치 이렇게 말씀하시는 것 같았다. "그러기에 내가 뭐라 하더냐? 하지만 괜찮다. 돌아오너라. 그리고 내 대신 복음을 전해라!"

진정한 회개는 잠시 마음속으로 후회하는 게 아니다. 입술로만 잘못했다고

베드로의 회개

자료: artsbee.co.kr

말하는 게 아니다. 전 인격적으로 변화되는 것이다. 인격의 3요소인 지·정·의 知·情·意가 다 변화되는 것이다. 베드로는 진정으로 죄를 깨닫고知, 후회할 뿐 아니라情 행동으로 변화됐다意. 전승에 의하면 그는 그날 온종일 예수님을 따라다녔다고 한다. 물론 예수님을 뵙기 민망하기도 하고 한편 두렵기도 해서 십자가 행렬에 바짝 붙어 가지는 못했겠지만 어쨌든 계속 울며 따라갔다는 것이다. 진정한 회개가 베드로를 살린 것이다.

그런데 우리가 잊지 말아야 할 것은 회개하는 것조차 하나님의 은혜라는 사실이다. 베드로가 스스로 회개한 것 같지만, 그 이전에 예수님의 기도가 있었다.

"시몬아, 시몬아! 보라, 사탄이 너희를 밀처럼 체질하겠다고 나섰다. 그러나 나는 너의 믿음이 꺼지지 않도록 너를 위하여 기도하였다. 그러니 네가 돌아오거든 네 형제들의 힘을 북돋아 주어라."루카 22:31-32 이 기도의 결과 베드로는 회개했고 변화될 수 있었던 것이다. 그리고 중요한 것은 말씀이다. 베드로가 닭 울음소리를 들을 때 순간 예수님이 하신 말씀이 생각났다. 베드로는 생각했을 것이다. "아차, 예수님이 그러셨지. 정말 그대로 됐네. 아, 어쩌나!" 하며 통곡한 것이다. 말씀은 이렇게 강력한 것이다.

"나의 말이 불과 같고 바위를 부수는 망치와 같지 않으냐? 주님의 말씀이다."예레 23:29 성령은 하느님의 말씀과 더불어 역사하신다. 그래서 불같이 마음을 녹인다. 방망이처럼 강퍅한 마음을 깨뜨린다. 늘 말씀을 가까이 하고 묵상하라고 당부하는 이유가 거기에 있다.

베드로의 재기: 예수님의 수제자, 예루살렘 초대교회의 지도자, 순교자

베드로는 이렇게 회개함으로써 재기할 수 있었다. 그는 명실상부한 수제자가 된다. 예루살렘 초대교회 지도자가 된다. 마지막에는 복음을 증거하다 십자가에 거꾸로 못박혀 순교한다. 그래서 오늘 우리 앞에 진정한 믿음의 영웅으로 서 있는 것이다.

Vox populi, vox Dei.

초대 교황-성 베드로 교황

자료: m.blog.naver.com

가룟 유다의 멸망

베드로와 달리 가룟 유다는 회개하지 못했고, 그로 인해 멸망하고 말았다. 그는 단순히 후회했을 뿐이다. 대제사장에서 가서 무르려 했지만 거절당한다. 은 30냥을 성전의 헌금함에 던져버리고 자살해 죽고 말았다. 마태오 복음서 27:5 "유다는 그 은돈을 성전 안에다 내던지고 물러가서 목을 매달아 죽었다." 가룟 유다는 비참하게 배창자가 터져 죽는다.사도 1:18-19 참조 그 후 대제사장이 그 돈을 도로 꺼내다가 밭을 사서 가룟 유다를 묻고 객사한 사람들의 묘지를 삼는다. 그래서 그 묘지의 이름을 '피밭'Field of Blood 즉 '아겔다마'Akeldama라 불렀다.

여기에서 중요한 사실이 있다. 개인이든 민족이든 죄를 지어서 멸망하는 게 아니다. 그렇다면 모두가 멸망해야 한다. 엄밀하게 말하면 죄를 지어서가 아니라, 회개하지 않아서 예수 십자가 은혜로 죄 사함을 받지 못해서 멸망하는 것이다. 하느님이 주신 기회를 놓치면 별수 없는 것이다.

사울과 다윗을 비교해 보자. 사울은 멸망하고 다윗은 성군이 된 이유가 뭘까? 인간적인 차이가 아니다. 어떤 관점에서는 사울이 다윗보다 더 나은 점이 많다.

죗값을 치루는 가룟 유다를 묘사한 그림. 악마 루시퍼에게 머리부터 잡혀 먹히는 모습이다.

자료: levi.tistory.com

그들의 운명이 완전히 달라진 것은 무엇보다 회개를 하고 안 하고의 차이이다.

또 소돔과 고모라창세기 19장와 니느웨요나서 3장를 비교해 보라. 뭐가 다른가? 죄가 관영貫盈[1]한 것은 둘 다 마찬가지였다. 그런데 회개하고 안 하고, 이게 다르다. 하느님은 최후의 통첩을 하고 회개를 촉구하셨지만, 소돔 사람들은 무시하다 멸망했고 니느웨 사람들은 철저히 회개함으로써 심판을 모면한 것이다. 마치 이런 것이다. 동일한 햇볕이 쪼여도 양초와 진흙이 다르다. 하나는 부드럽게 되는데, 다른 하나는 말라서 터진다.

베드로의 재기

베드로가 멋지게 재기하는 모습을 우리는 성경에서 본다. 예수님이 부활하신 후 베드로에게 나타나 뭐라고 말씀하실까? 세 번씩이나 예수님을 사랑하느냐고 묻는다. 왜 그랬을까? 세 번씩 부인한 것을 용서하시고 격려해 주시려고 그런 것이다. 또한 사명을 재확인시켜주신 것이다. 요한 복음서 21:17, "'요한의 아들 시몬아, 너는 이들이 나를 사랑하는 것보다 더 나를 사랑하느냐?' 베드로가 '예, 주님! 제가 주님을 사랑하는 줄을 주님께서 아십니다.' 하고 대답하자, 예수님께서 그에게 말씀하셨다. '내 어린 양들을 돌보아라.'"

1 가득 참

클리블랜드 대통령
자료: oldconan.tistory.com

그 후 오순절 성령강림 시 성령 충만함을 받은 베드로가 어떻게 변화될까? 핍박을 감수하며 복음을 담대히 전한다. 그때 어떤 일이 벌어질까? 사도행전 2:41, "베드로의 말을 받아들인 이들은 세례를 받았다. 그리하여 그날에 신자가 삼천 명가량 늘었다." 하루에 3천 명이 예수 믿고 세례를 받는 놀라운 일이 벌어진 것이다. 이렇게 해서 초대 예루살렘교회가 시작된 것이다.

미국의 제22대와 제24대 대통령을 지낸 클리블랜드Stephen G. Cleveland 1837~1908의 유명한 간증이다. 그는 청소년 시절 방탕과 방황의 세월을 보냈다. 날마다 나쁜 친구들과 어울려 술이나 마시고 다녔다. 어느 날 친구들과 술을 마시고 2차를 가던 중 어느 교회 앞을 지나가게 된다. 교회 벽면에 붙어 있는 성경 구절이 눈에 들어왔다.

로마 신자들에게 보낸 서간 6:23, "죄가 주는 품삯은 죽음이지만, 하느님의 은사는 우리 주 그리스도 예수님 안에서 받는 영원한 생명이기 때문입니다." 부흥회 포스터도 붙어 있었다. 그 순간 마음이 찔렸고, 친구들을 뿌리치고 교회당 안으로 들어갔다. 그날 밤 말씀을 들으며 크게 회개한다. 새사람이 된다. 그로부터 30년 후 22대 미국 대통령으로 당선된다. 한 사형수가 감옥에서 신문을 본다. 그리고 깜짝 놀라 탄식한다. "아, 클리블랜드! 내 친구인데…" 회개를 하느냐 안 하느냐가 이렇게 극명한 차이를 낳은 것이다.

Vox populi, vox Dei.

베드로와 유다의

배신 4장

베드로의 순교

주님, 어디로 가십니까

"쿠오바디스?" 어디로 가십니까?라는 뜻이다. 베드로는 막 로마의 마메르티누스 감옥에서 탈옥한 참이었다. 발걸음을 재촉해서 도시를 빠져나가려는데 마침 반대쪽에서 마주 오는 주님을 발견한다. 골고타 언덕에서 돌아가신 주님이 로마에 다시 나타나신 것이다. 성 이시도로의 계산에 따르면 서른여섯 해 만이었다.

이런 상황이라면 대경실색해서 뒤로 자빠지든지, 감격에 겨워 털썩 주저앉아야 자연스러울 것 같은데, 주님더러 어디 가시는 길이시냐고 묻다니 정말 어처구니없는 질문이다. 주님의 대답은 이랬다.

"나는 로마로 간다. 가서 또 한번 십자가에 달릴 테다."

그 말이 믿어지지 않았던지 베드로는 재차 확인한다.

"주님, 정말로 십자가에 달리신다구요?"

그렇다는 주님의 대답을 들은 베드로는 이윽고 발길을 돌린다.

"그렇다면 저도 돌아가겠습니다. 가서 주님과 함께 십자가에 달리겠습니다."

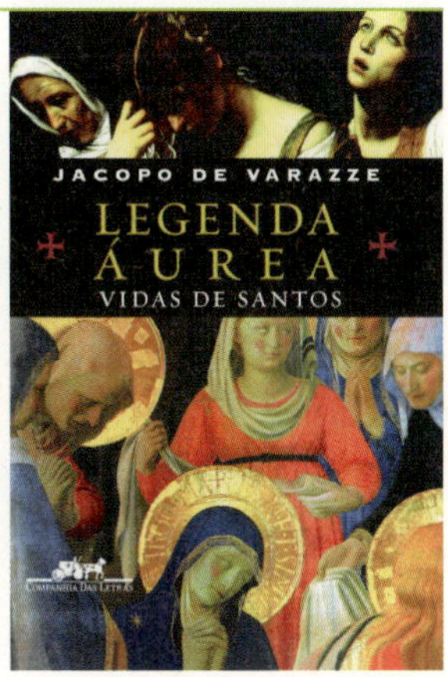

『황금전설』(Legenda aurea) 1290년경 구간과 신간

자료: en.wikipedia.org

예수님과 베드로 사이에 있었던 이 대화는 교황 레오와 리누스가 기록해둔 것을 『황금전설』Legenda aurea에서 다시 찾아 수록해 두었다.

베드로는 첫 주교이자 첫 교황이다. 마르코 복음서를 보면 예수님께서 열두 제자를 꼽으면서 베드로부터 시작한다. 베드로는 제자들 가운데 믿음직스럽기도 으뜸, 속썩이기도 으뜸이었다. 변덕을 부리고 후회하는 것도 으뜸이었다. 예수님께서 반석이라는 뜻에서 '베드로'게파라는 이름을 붙여주시고, "내가 이 반석 위에 내 교회를 세울 터인즉 죽음의 힘도 감히 그것을 누르지 못할 것이다."라고 하신 일이나, "네가 무엇이든지 땅에서 매면 하늘에서도 매여 있을 것이고, 땅에서 풀면 하늘에서도 풀려 있을 것이다."라는 말씀과 함께 하늘 열쇠를 건네주신 것도 그에 대한 흔들림 없는 신뢰를 말한다.마태 16:18-19

그러나 예수님께 철석같이 약속을 하고도 제자였다는 사실을 세 차례나 부인한 것, 그러고 나서 닭이 울자 주책없이 눈물을 흘리며 후회한 것은 베드로의 순박한 영혼을 잘 드러내는 일화들이다. 그러나 물위를 걷겠다고 막무가내로 고집을 부리거나, 올리브 산에서 예수님을 체포하려는 말코스의 귀를 칼로 벤 것을 보면 그의 성격이 호락호락하지 않았던 것 같다.

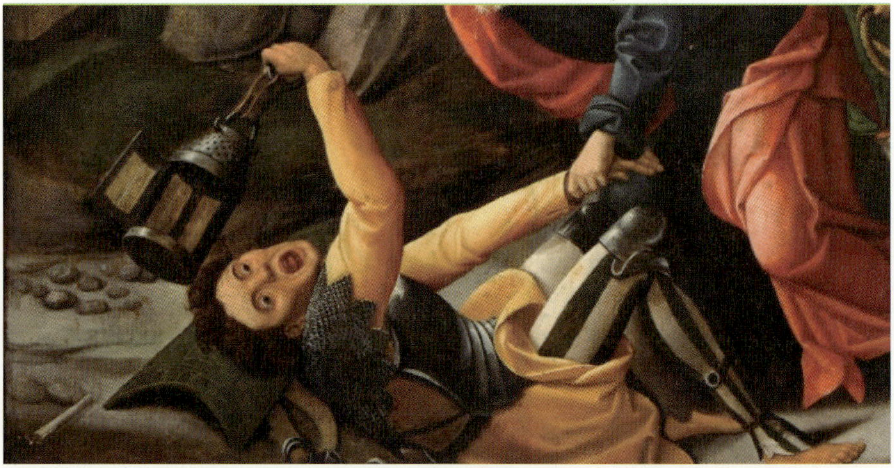

베드로가 말코스의 오른쪽 귀를 잘랐다.

자료: m.blog.naver.com

교부 크리소스토모는 베드로의 불같은 성질로 미루어서 만약 주님을 배반한 자가 누군지 알았더라면 그 자리에서 벌떡 일어나 한 손에 때려죽였을 것이라고 단정한다. 성 아우구스티노는 한 술 더 떠서 베드로가 아예 생 이빨로 씹어서 죽였을 것이라고 추측한다. 예수님께서 배반자의 이름을 짚어서 말씀하지 않으신 것도 다 그런 사태를 우려하셨기 때문이라는 것이다.

군더더기 없는 그림

〈베드로의 순교〉는 이탈리아 화가 카라바조가 로마의 산타마리아 델 포폴로 교회에서 주문을 받고 그린 그림이다. 비슷한 크기로 그린 〈바오로의 개종〉과 함께 체라시 경당의 측면 제단화로 들어갈 작품이었다. 베드로는 허연 백발이다. 예수님을 처음 만났을 때 이미 장가까지 갔다니까 순교할 당시에는 예순을 훌쩍 넘겼을 것이다. 손과 발에는 이미 쇠못이 박혔고, 인부 셋이 달려들어서 십자가를 일으켜 세우고 있다. 미리 파둔 구덩이에다 십자가 끝을 파묻고 땅을 다지면 집행이 완성된다.

카라바조의 〈베드로의 순교〉 1600~1601년.

자료: m.catholictimes.org

Vox populi, vox Dei.

그런데 이 그림에는 군더더기가 전혀 없다. 종려가지를 든 천사도 없고, 몰려든 구경꾼의 탄식도 안 보인다. 처형을 집행하는 로마 장교와 그의 부하들도 죄다 생략했다. 심지어 십자가에 달린 순교자의 표정에도 과장이 하나도 없다. 쇠못을 움켜쥔 손과 이마에 팬 몇 가닥의 주름이 견디기 힘든 고통을 말할 뿐이다. 이런 고통은 주님을 만나고 로마로 다시 돌아왔을 때부터 각오했을 것이다.

카라바조는 간결한 설득력과 사실적인 현장성을 통해서 종교화의 새로운 표현 영역을 넓힌다. 〈베드로의 순교〉에서도 보는 사람의 시선을 빼앗을 수 있는 미술의 불필요한 장식들을 다 걷어내고, 지극히 단순한 구성을 통해서 어떤 능변보다 힘있는 수사를 보여준다. 땅파는 인부의 흙때 묻은 발바닥, 차갑게 빛나는 삽날, 구덩이에서 방금 파낸 젖은 흙더미, 팽팽하게 당겨진 노끈, 인부들의 땀 냄새, 나무 십자가의 나이테, 마지막 혼신의 힘을 다해 상체를 일으키는 순교자와 그의 희미한 눈빛, 이런 것들이 보는 사람을 처형의 현장으로 이끌고 동참하게 한다.

베드로는 네로 황제로부터 십자가형을 선고받자 집행관들에게 이렇게 부탁했다고 한다. 『황금전설』에 나오는 대목이다.

"그리스도는 하늘에서 땅으로 내려오셔서 십자가에 똑바로 달리셨습니다. 그러나 나는 땅에서 하늘로 올라가는 영광을 입었으니 내 머리는 땅을 가리키고 다리는 하늘을 향해야 마땅합니다. 그리고 나는 주님과 똑같이 십자가에 달릴

〈쿠오바디스〉 영화에서 전설적인 베드로의 순교 모습

자료: jewhakim.tistory.com

자격이 없으니, 십자가를 돌려서 내 머리가 아래로 오도록 매달아 주십시오."

베드로는 십자가에 달리고 나서도 입을 열어서 말한다.

"나는 그리스도를 따라 하고 싶었습니다. 그러나 십자가에 똑바로 달릴 수는 없었습니다. 당신은 홀로 바로 달리실 분입니다. 그러나 우리는 고개를 떨구었던 아담의 자식들입니다. 이것은 인간이 태어날 때 머리를 밑으로 하고 땅을 향해서 나오는 것을 보아도 알 수 있습니다."

카라바조의 그림 앞쪽에는 큼직한 돌멩이가 하나 뒹굴고 있다. 이 돌은 베드로의 이름이 가리키는 바위, 또는 비유 말씀에 나오는 모퉁이의 머릿돌을 닮았다.

카라바조의 〈바오로의 개종〉

베드로와 바오로의 순교일을 6월 29일로 함께 기념하기 시작한 것은 서기 354년부터의 일이다. 베드로와 바오로의 순교 장면은 중세의 교회 정면부 장식이나 색유리창의 소재로 자주 짝을 이루어 등장한다. 베드로의 순교와 바오로의 개종을 나란히 다룬 것은 미켈란젤로가 처음이다.

카라바조의 〈바오로의 개종〉 1600~1601년

자료: m.catholictimes.org

유다의 후회

겟세마네 동산에서 체포당하신 예수님은 대제사장의 관저에 끌려와서 하느님을 모독했다는 죄명으로 사형판결을 받는다. 그리고 당시에 유대 총독으로 있었던 빌라도에게 넘겨지게 된다. 마태오 복음서 27:1-2 말씀에 자세히 기록이 되어 있다.

"아침이 되자 모든 수석 사제들과 백성의 원로들은 예수님을 사형에 처하기로 결의한 끝에, 그를 결박하여 끌고 가서 빌라도 총독에게 넘겼다."

특별히 여기에서 말하는 아침은 두 가지 의미가 있다. 하나는 예수님께서 겟세마네 동산에서 체포를 당하시고, 사형판결을 받으시고, 빌라도에게 넘겨졌던 그 모든 일이 그날 아침에 있었던 일이라고 하는 것을 의미하는 아침이기도 하다. 또 다른 의미에서 아침은 그 아침이 바로 유월절 만찬이 있었던 그날 아침을 지칭하는 것이기도 하다. 유월절 식사가 있었던 그날 아침에는 이스라엘 백성들이라면 누구나 해야 할 일이 있었던 특별한 아침이기도 하다. 탈출기 12:8-10 말씀을 보자.

"그날 밤에 고기를 불에 구워 누룩 없는 빵과 쓴 나물을 곁들여 먹도록 하는데, 날로 먹거나 삶아 먹어서는 안 된다. 머리와 다리와 내장도 반드시 불에 구워 먹어야 한다. 그것을 아침까지 남겨두어서도 안 된다. 아침까지 남은 것은 불에 살라버려야 한다."

유월절 식사를 다 끝낸 후에 음식을 아침까지 남겨두지 말라! 그래서 그들이 아침에 해야 할 것은 유월절 식사를 끝내고 남겨졌던 음식물들을 깨끗하게 소각하는 것이다. 왜? 하느님께서 그렇게 하라고 말씀을 하셨을까? 유월절 밤을 기점으로 이스라엘 백성들은 더 이상 바로의 노예가 아니라 하느님의 백성으로 다시 태어나게 된다. 그래서 이제부터 이스라엘 백성들에게 먹을 것 주는 자는 바로가 아니고 하느님 자신이라는 것이다. 이후로는 하느님께서 너희들에게 먹을 것을 줄 것이기 때문에 내일 먹을 것을 염려해서 내일 먹을 것을 미리 준비하지 말라는 것이다. 하느님께서 그날그날 너희들에게 먹을 것을 주시겠다. 그런 약속이

빌라도에게 넘겨진 예수님

자료: blog.yes24.com

그 말씀 속에 이미 들어 있는 것이다. 그래서 정말 하느님은 이스라엘 백성이 광야 40년을 지나는 동안 내일 먹을 것을 염려하지 않도록 매일! 매일! 그날! 그날! 그들에게 필요한 일용한 양식! 만나를 내려 주셨던 것이다.

또 바로 그날 아침에 하늘의 양식이고, 생명의 양식이신 예수님께서 모든 인류의 죄를 뒤집어 쓰시고, 사형판결을 받으시고, 오전 9시에 십자가 못 박히시게 되는 것이다. 중요한 것은 바로 그 예수! 그 예수를 믿으면 누구나 다 새로운 이스라엘 하느님의 백성이 되는 것이다. 하느님의 백성이 된 사람들은 하느님께서 구약의 이스라엘 백성들에게 했던 것처럼 그들에게 필요한 일용한 양식을 공급받을 수 있게 되는 것이다. 그것이 얼마나 놀라운 사실인가 하는 것을 우리가 기억할 필요가 있는 것이다. 우리가 하느님의 백성이 되었기 때문에 그런 하느님의 은총을, 은혜를 가지게 되고, 누릴 수 있게 되는 것이다. 그래서 예수님께서 마태오 복음서 6:31-33 이렇게 말씀하신다.

"그러므로 너희는 '무엇을 먹을까?', '무엇을 마실까?', '무엇을 차려입을까?' 하며 걱정하지 마라. 이런 것들은 모두 다른 민족들이 애써 찾는 것이다. 하늘의 너희 아버지께서는 이 모든 것이 너희에게 필요함을 아신다. 너희는 먼저 하느님의 나라와 그분의 의로움을 찾아라. 그러면 이 모든 것도 곁들여 받게 될 것이다."

여기서 하느님의 의로움과 하느님의 나라는 곧 예수 그리스도를 가리키는 것이다. 너희들은 이방인처럼 무엇을 먹을까? 마실까? 입을까? 염려하기 전에 하느님의 백성으로서 당연히 약속되어 있는 일용한 양식을 구하라! 예수님을 구하는 것이 곧 하느님의 그 약속을 구하는 것이다. 너희들이 예수 그리스도를 믿을 때 너희가 받게 될 구원 속에는 이미 하느님의 그런 약속이 포함되어 있다는 것이다.

그래서 주님께서 우리가 주님을 믿을 때 우리가 살아가는 데 필요한 일용할 양식을 주실 것이다. 그 약속을 믿는 것이 예수님을 믿는 것이다. 예수님을 믿는다고 하는 그 믿음 속에는 일용할 양식을 책임져 주시겠다고 하는 주님의 약속도 믿는 것이 포함되는 것이다. 중요한 것은 왜 종교지도자들이 예수님을 사형판결을 내리신 후에 굳이 총독인 빌라도에게로 예수님을 끌고 갔을까? 물론 당시는 이스라엘이 로마의 통치를 받고 있었기 때문에 누구를 사형시킬 사법권이 이스라엘에는 없었다. 그렇지만 예외가 있었다. 워낙 이스라엘이 종교적인 나라이었

신성모독죄

자료: m.mariasarang.net

기 때문에 종교적인 문제로 생기는 그런 어떤 일들은 로마도 웬만한 것은 그냥 묵인해주었다.

예를 들면 신성모독죄로 사형판결을 받은 후에도 그 사람이 정치적으로 연관이 되어 있다든지, 정치적으로 어떤 문제가 있는 사람이 아니라면 유대인들이 그냥 그를 처형할 수 있도록 알면서도 묵인을 해준 것이다. 그래서 신성모독죄를 범한 사람은 양손을 뒤로 묶고, 높은 절벽으로 끌고 가서 앞을 바라보게 한 후에 두 명의 증인이 많은 사람들 앞에서 외친다. 나는 저 사람이 하느님을 모독하는 말을 들었다. 그때 또 한 증인이 저도 들었다. 그러면 그 사람의 허리를 밀어서 절벽 아래로 떨어뜨려서 죽게 하는 것이다. 중요한 것은 만약 그의 무죄가 밝혀지게 되면 신성모독죄를 범했다는 죄명으로 사형을 시키기는 했는데 며칠이나, 몇 달이 지난 후에 그것이 사실이 아니라고 밝혀지고 나면, 두 증인이 그 책임을 지고 신성모독죄로 죽인 자처럼 똑같이 죽임을 당해야 하는 것이다.

지금 종교지도자들은 예수님께 사형판결을 내리고, 그를 죽이려고 하는데 마음에 걸리는 것은 만약 예수님이 무죄라고 판결이 되면 그 죗값을 자기들이 다 뒤집어써야 하는 것이다. 그 책임이 두려웠기 때문에 그것을 빌라도에게 떠넘기는 꼼수를 쓴 것이다. 이런 것을 보면 그들이 분명 예수님에게 하느님을 모독했

예수의 사형을 요구하는 대제사장(수석 사제)과 그 무리들, 영화 〈패션 오브 크라이스트〉의 한 장면

자료: www.dailywrn.com

다는 죄명으로 사형판결을 내렸지만, 자기들이 내린 판결에 대해서 자신들 스스로도 확신을 한다든지, 자신감을 가지지 못했다고 하는 반증일 수도 있는 것이다. 그런데 그 후에 놀랍게도 가룟 유다가 자신의 잘못을 뉘우치는 장면이 성경에 기록되어 있다. 마태오 복음서 27:3-4 말씀을 보겠다.

"그때에 예수님을 팔아넘긴 유다는 그분께서 사형 선고를 받으신 것을 보고 뉘우치고서는, 그 은돈 서른 닢을 수석 사제들과 원로들에게 돌려주면서 말하였다. '죄 없는 분을 팔아넘겨 죽게 만들었으니 나는 죄를 지었소.' 그러나 그들은 '우리와 무슨 상관이냐? 그것은 네 일이다.' 하였다."

다시 말하면 내가 죄 없는 사람을 너희들에게 넘겨주어 그 사람을 죽게 했다. 내가 잘못했다. 그리고 은 삼십을 돌려주면서 다시 말하면 물려달라는 것이다. 없던 일로 해달라는 것이다. 물론 종교지도자들은 그것을 거절했다.

중요한 것은 예수님께서 사형판결을 받으시고, 빌라도에게 넘겨지는 그 모든 광경을 지켜보면서, 가룟 유다가 내가 잘못했구나! 하는 것을 스스로 뉘우쳤다는 것이다. 그러면 가룟 유다가 예수님을 은 삼십에 팔 때부터 예수님이 그렇게 될 것이라고 하는 것을 가룟 유다는 전혀 예상하지 못했던 것인가? 그런 것을 전혀 예상하지 않은 채 예수님을 은 삼십에 판 것인가? 하는 것이다. 그렇다면 도대체 가룟 유다는 어떤 기대를 가지고 예수님을 은 삼십에 판 것일까? 세례 요한처럼 감옥에 갇히는 것을 기대해서 은 삼십에 판 것일까? 아니면 그저 종교지도자

은 30세겔

자료: returnsungrak.blogspot.com

들에게 채찍을 몇 대 얻어맞고, 석방되는 것을 기대하고 예수님을 판 것일까? 만약 그런 기대 때문에 한 것이라면 예수님이 옥에 갇혔다, 채찍으로 몇 대 맞고 석방이 되었다고 하는 것이 가룟 유다 자신에게 어떤 유익이 있고, 무슨 도움이 되는 것일까? 그래서 우리는 정말 왜 가룟 유다가 예수님을 은 삼십에 판 것인지를 다시 한번 생각해 볼 필요를 느끼게 되는 것이다. 도대체 왜 예수님을 은 삼십에 판 것일까?

몇 가지를 생각할 수 있는데 하나는 예수님의 분노 때문이라는 생각이다. 가룟 유다가 예수님의 제자가 되었을 때는 예수님에 대한 기대가 있었을 것이다. 그런데 3년 동안 같이 지내다 보니까 그 기대가 점점 실망으로 바뀌게 되는 것이다. 그 실망이 예수님에 대한 분노로 변질이 되기 시작하는 것이다. 특별히 예수님에 대한 분노가 생기게 된 결정적인 계기가 하나 있었다. 그것은 예수님께서 어느 집에 식사 초대를 받아서 식사를 하고 있었을 때 한 여인이 삼백 데나리온이나 되는 값비싼 향유를 가지고 와서 예수의 머리에 부었다. 제자들이 이구동성으로 이야기를 한다. 왜 값비싼 것을 허비하느냐! 이것을 팔아서 가난한 사람에게 주었더라면 얼마나 좋은 일이 되었을 텐데 왜 이렇게 너는 어리석게 이 향유를 허비하느냐! 화가 나서 그 여인을 야단칠 때 예수님은 그 여인을 두둔해주었다. 그 여인

예수님의 머리에 향유를 부은 여인

자료: m1.daumcdn.net

Vox populi, vox Dei.

에게 뭐라고 하지 말아라! 그는 나에게 좋은 일을 했다. 내 장사를 준비해준 것이다. 복음이 전해지는 곳에는 이 여자가 어떻게 했는지를 꼭 기억할 수 있도록 이 여자가 행한 일도 같이 복음과 함께 전하도록 하라! 그 일을 두고서 제자들은 너무 화가 나서 그 여인을 책망하고 있는데 예수님은 그 여인을 두둔하는 그런 모습들이 제자들의 입장에서 이해가 되겠는가! 특히 가룟 유다의 입장에서는 예수님이 궤변을 늘어놓고 있다고 아마 생각을 했을 것이다. 또 한 가지 예수님을 은 삼십에 팔 수밖에 없는 이유 중에 하나로 돈에 대한 욕심을 이야기한다. 그 근거는 요한 복음서 12:6에 있다.

"그가 이렇게 말한 것은, 가난한 이들에게 관심이 있어서가 아니라 도둑이었기 때문이다. 그는 돈주머니를 맡고 있으면서 거기에 든 돈을 가로채곤 하였다."

돈에 대한 욕심 때문에 예수님을 은 삼십에 팔았다는 이야기이다. 어떻게 생각하면, 단지 돈에 대한 욕심이었다면, 은 삼십은 너무 적은 금액이 아니냐! 돈에 대한 욕심이라면 은 삼십이 아니라 은 삼백 정도는 불러야 하는 것이 아니냐! 겨우 은 삼십을 받고 예수님을 판 것을 두고, 돈 욕심 때문에 그랬다고 생각하는 것은 너무 설득력이 없는 이야기가 아니냐! 또 이렇게 반론을 이야기하는 분들도 있다. 그런데 그것은 그렇지 않다. 욕심이라고 하는 것은 물질의 많고 적음에 있는 것이 아니다. 소유의 많고 적음에 있는 것이 아니라 그 사람의 마음에 달려 있는 문제이다.

예를 들어 사무엘기 하권 12장에 보면 다윗이 밧세바와 간음죄를 범했을 때 나단 선지자가 그것을 책망하기 위해서 다윗을 찾아간다. 그리고 다윗에게 이런 한 가지 이야기를 들려준다. 한 성읍에 두 사람이 살고 있었는데 한 사람은 소와 양이 얼마나 많은지 헤아릴 수 없을 정도였다. 그런데 다른 사람은 암양 새끼 딱 한 마리만 있었다. 그래서 그 가정은 암양 새끼를 자식처럼 돌보면서 키우는 그런 가정이었다. 그런데 어느 날 그렇게 양과 소가 많은 그 집에 손님이 왔는데 그 손님을 접대하기 위해서 이 주인이 암양 새끼 하나밖에 없는 그 집에 가서 그 암양을 빼앗아서 손님을 접대했다는 것이다. 왜 그렇게 했느냐! 자기 집에 양도 많고, 소도 많았지만 자기 집의 양을 잡아 대접하는 일이나, 소를 잡아 대접하는 일이 아까워서 그랬던 것이다. 그것이 욕심이라는 것이다. 이런 사람을 두고 우리들은 흔히 뭐라고 말하나? 있는 놈이 더한다. 그것이 바로 욕심을 이야기하는 것이다.

또 한 가지 이유로 드는 것은 사탄이, 마귀가 가룟 유다의 생각 속에 예수님을 팔 생각을 집어넣었다고 하는 이야기이다. 그 근거는 요한 복음서 13:2에 있다.

"만찬 때의 일이다. 악마가 이미 시몬 이스카리옷의 아들 유다의 마음속에 예수님을 팔아넘길 생각을 불어넣었다."

이 말씀이 가장 정확한 것 같다. 마귀가 사람의 생각 속에 들어오게 되면 안 하던 생각! 나쁜 생각도 하게 만들고, 그 사람이 가지고 있던 의심이나, 욕심이나, 분노를 크게 증폭시킨다. 처음은 그렇게 의심을 크게 한 것이 아닌데, 그렇게 욕심이 많은 것이 아니었는데 그렇지만 마귀가 그것을 증폭시키게 되면 엄청난 의심을 하게 되고, 엄청난 욕심을 가지게 되고, 상상하기 어려운 분노를 가지게 되는 것이다. 마귀는 능히 그렇게 할 수 있는 것이다. 그래서 우리 말에도 홧김에 서방질을 한다는 말이 있는 것처럼 가룟 유다가 홧김에 예수님을 팔아넘겼다면 삼십이든, 삼백이든 그것은 사실 큰 의미가 없는 것이다.

문제는 가룟 유다가 도대체 어떤 이유로 자신의 잘못을 뉘우치게 되었을까? 정말 가룟 유다의 뉘우침이 진실한 것이라고 생각해야 하는가? 아니면 뉘우치는 것처럼 형식적으로 보인 것일까? 하는 것이다. 다시 한번 마태오 복음서 27:3-4 말씀을 보도록 하자.

마귀가 유다의 생각 속에 들어왔다.

자료: maria.catholic.or.kr

Vox populi, vox Dei.

은전 서른 냥을 돌려주며 참회하는 유다

자료: www.nyculturebeat.com

"그때에 예수님을 팔아넘긴 유다는 그분께서 사형 선고를 받으신 것을 보고 뉘우치고서는, 그 은돈 서른 닢을 수석 사제들과 원로들에게 돌려주면서 말하였다. '죄 없는 분을 팔아넘겨 죽게 만들었으니 나는 죄를 지었소.' 그러나 그들은 '우리와 무슨 상관이냐? 그것은 네 일이다.' 하였다."

자기가 무엇을 잘못했는지를 솔직하게 자백하고 있다. 그리고 예수님을 은 삼십에 팔았는데 은 삼십을 다시 돌려주면서 물리고 싶다. 내가 생각해 보니까 잘못했다. 다시 원상태로 돌려놓고 싶다. 이렇게 말한 것으로 보면 가롯 유다의 뉘우침은 진실한 뉘우침이라고 우리가 생각할 수가 있을 것이다.

그렇다면 가롯 유다의 뉘우침을 우리가 회개라고 볼 수 있겠는가? 하는 것이다. 그것은 또 문제가 다르다. 사람이 자신이 잘못한 것에 대해서 후회할 수도 있고, 회개할 수도 있는데 후회가 되었든, 회개가 되었든 그 과정은 뉘우침의 과정을 똑같이 통과하게 된다. 후회도 뉘우침이 있어야 하게 되는 것이고, 회개도 뉘우침이 있어야 하게 된다. 그런데 그 뉘우침의 끝이 어디냐? 또 그 뉘우침이 누구에 대한 뉘우침이냐? 하느님에 대해서 뉘우치는 마음을 가지면, 그것은 회개라고 할 수 있다. 하느님 앞에서 내가 잘못했다, 라고 하는 뉘우침을 가지게 되면 결국 하느님께로 돌아가게 된다. 그러나 그 뉘우침이 자기에게로 향하여 내가 잘못한 것이다, 라고 하면 그것은 후회로 끝나게 된다. 그것을 가룟 유다의 또 다른 모습에서 발견하게 되는데 마태오 복음서 27:5 말씀을 보자.

"유다는 그 은돈을 성전 안에다 내던지고 물러가서 목을 매달아 죽었다."

스스로 목숨을 끊은 것을 보면, 그의 뉘우침은 회개가 아니라 후회였다는 것을 증명하는 것이다.

그런데 이 부분에 있어서 궁금한 것은 그 은 삼십을 왜? 성전 안에 던져 넣었을까? 물론 은 삼십을 종교지도자들에게 돌려주려고 했을 때 그들이 받지 않았다. 네가 먼저 예수를 팔겠다고 제안한 일인데 왜 이제 와서 우리에게 같이 책임을 지자고 하는 것이냐! 우리는 상관없는 일이다. 일이 어떻게 되든 그 책임은 너에게 있는 것이다, 하고 은 삼십을 받지 않으니까 성전에 던져 넣는다. 왜 하필이면 성전에 던져 넣었을까? 예수님 당시에는 성전 안에 오늘날의 금고와 같은 특별한 장소가 있었다. 왜냐하면 이스라엘 백성들이라고 하면, 12세 된 남자들은 1년에 한 번 성전세로 반 세겔을 내야 한다. 그러면 전국민 중에 12세 된 남자들이 반 세겔씩 내게 되면 그 돈이 얼마나 많겠는가! 그 돈을 어딘가에 보관할 장소가 필요한 것이다. 성전 안에 그런 곳이 있었다는 것이다. 그것을 보관해 두고, 무엇에 쓰느냐? 그것은 성전을 운영하는 데 사용한다. 번제단에 쓸 나무를 구입하는 데 쓰고, 하느님 앞에 금향단에 피우게 될 향을 구입하는 데 쓰기도 하고, 제사

가룟 유다의 배신은 결국 그를 스스로 목 매게 만들었다.

자료: kor.theasian.asia

Vox populi, vox Dei.

장의 의복을 맞추는 데 쓰기도 하고, 성전을 경비하는 경비대원들에게 임금을 주기도 한다. 때로는 가뭄이나 기근이 들었을 때 백성들을 돕는 데에도 사용한다.

그렇다면 가룟 유다가 성전에 던져 넣은 은 삼십은 예수를 넘겨줄 때 받은 것일 텐데, 그 은 삼십이 어디서 나온 돈이냐? 출처가 어디냐? 아무래도 종교지도자들이 십시일반 자기 주머니를 털어서 은 삼십을 만들어서 준 것은 아닌 것 같다. 아마도 그것은 성전 금고에서 빼낸 돈인 듯싶다. 그것을 가룟 유다가 알았기 때문에 다시 성전 금고 안에 그 돈을 원위치시킨다고 하는 그런 마음으로 성전 안에 돈을 던져 넣은 것이 아닌가? 이런 생각을 해보게 되는 것이다. 또 한 가지 의미가 있다면, 그 당시 성전 금고가 가지는 독특한 기능이 또 하나 있었다. 그것은 어떤 사람이 예를 들어서 빚을 져서 집이나, 땅, 부동산이 넘어가는 경우가 있다. 내가 1억을 빚졌는데 그 1억을 갚지 못해서 내 집이나 땅이 채권자에게 넘어가게 되었다고 하자. 1년 동안 내가 열심히 일해서 1억을 벌어서 그 원금을 갚게 되면 다시 그 집과 땅을 되돌려 받을 수가 있다. 그런데 간혹 심성이 곱지 않은 채권자가 그러고 싶지 않아서 1년 내내 채무자를 피해서 도망 다닌다든지, 잠적해버리는 경우가 있다. 1년의 기간 동안에 그 빚을 갚지 못하면, 그 땅과 집은 채권자가 소유하게 되는 것이다. 이런 경우들이 가끔씩 있었기 때문에 특별한 조치로, 그들을 보호해줄 그런 의미로 그 1억이라는 돈을 성전 금고에다가 예치해둔다. 그리고 집과 땅을 돌려받는 것이다. 그러면 잠적했던 채권자가 나타나면 성전

은전 30냥을 돌려주며 참회하는 유다

자료: www.nyculturebeat.com

금고에 예치되었던 1억을 그냥 찾아가면 되는 것이다. 지금 가룟 유다가 은 삼십을 그렇게 돌려주려고 애를 썼지만, 이 핑계 저 핑계로 돈을 돌려받지 않기 때문에 마치 성전 금고에다 돈을 예치한다고 하는 그런 의미로 성전에다가 돈을 던져 넣은 것은 아닌가. 그런 생각을 해보게 되는 것이다.

중요한 것은 그 은 삼십을 성전 안에 던져 놓고, 가룟 유다는 자살을 했다는 것이다. 왜 자살을 했을까? 물론 예수를 판 일에 대해서 굉장한 후회가 있을 것이고, 죄 없는 예수를 그렇게 했다는 것에 대한 심한 양심의 가책을 느꼈을 것이다. 어쨌든 무죄한 자를 죽게 한 그 책임이 자기에게 있기 때문에 스스로 그 책임을 지겠다는 그런 뜻으로 자살을 했던 것 같다. 그래서 언뜻 생각하면 책임감이 있는 행동이라고 여겨질 수 있지만, 사실 그것도 인간의 의로움이다. 생명이라고 하는 것은 하느님이 주신 것이기 때문에 내 것이 아니다. 내 생명을 내 마음대로 한다는 것은 생명을 주신 하느님의 주권을 침해하는 행위이기 때문에 이것은 또 다른 범죄가 되는 것이다.

우리나라는 OECD 국가 중에서 자살을 많이 하는 나라 중에 하나다. 자살을 하는 유형도 여러 가지가 있다. 어떤 잘못에 대해서 내가 다 가지고 간다. 그런 책임 의식으로 자살하는 사람도 있고, 너무나 억울해서 그 마음을 표현할 길이 없어 스스로 목숨을 끊는 것으로 자신의 억울함을 입증해내려고 하는 자살도 있다. 아니면 우울증과 같은 질병을 심히 앓게 되면 산다는 것이 너무나 고통스럽기 때문에 그 고통을 견디다 못해서 자살하는 경우도 있다. 유형은 여러 가지 있다. 그러나 어떤 자살이든 우리가 성령의 관점에서 보면 자살은 미화시킬 수 있는 것이 아니다. 그렇지만 또 한편 그 자살을 비난해서도 안 된다. 왜냐하면 자살하는 사람들은 왜 자살을 하는지, 그 깊은 뜻을 다른 사람들은 모른다. 인간이 알 수 없는 영역이 있다. 인간이 판단할 수 없는 영역이 있다. 그것은 하느님께 맡겨야 한다. 하느님이 판단하시도록 한다. 우리가 할 수 있는 것은 그 자살로 인해서 그 가족들이 얼마나 큰 마음에 상처를 받았을까, 그것 때문에 그 가족들이 얼마나 힘들어할까를 생각하고, 그들을 위해서 기도해주고 위로해주는 것이다. 그것이 예수 믿는 사람들의 올바른 태도이며, 자세라고 생각한다.

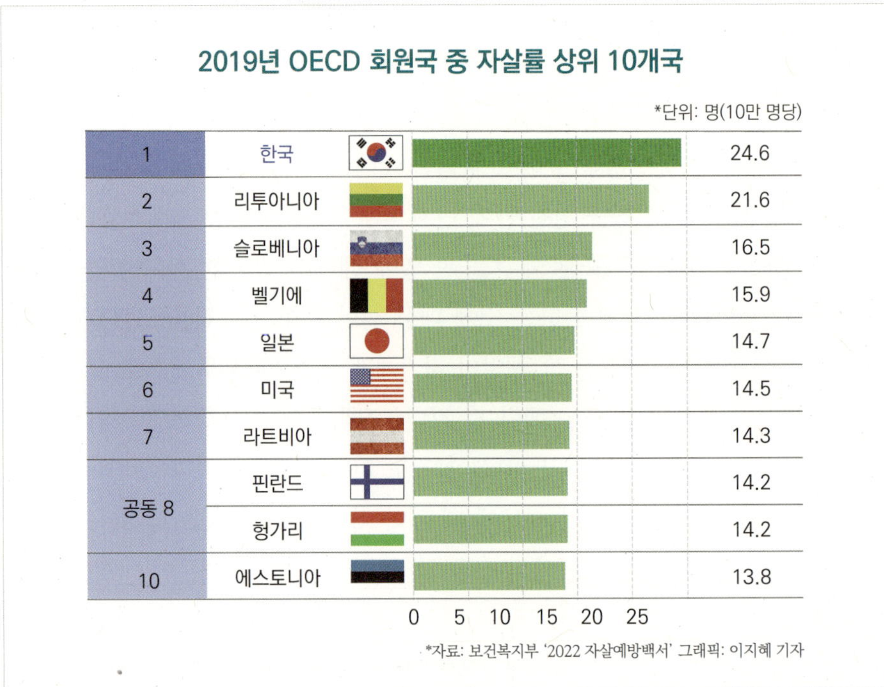

성경에서는 마귀가 가룟 유다의 생각 속에 예수를 팔 생각을 넣었다고 한다. 그렇다면 그 마귀가 마찬가지로 가룟 유다의 생각 속에 자살할 생각을 집어넣어 주었다고 볼 수도 있는 것이다. 가룟 유다가 은 삼십에 예수를 팔아넘겼다. 그 예수님이 결국 하느님을 모독했다는 죄명으로 사형판결을 받고, 빌라도에게 넘겨져서 결국은 십자가에서 죽게 되신다. 마귀의 입장에서 보면 가룟 유다의 이용 가치는 다 끝난 셈이다. 그때부터 마귀는 아마도 가룟 유다를 제거하기 시작했을 것이다. 마귀는 자기를 도왔다고 해서 그 사람에게 은혜를 베풀거나 혜택을 주는 존재가 아니다. 그러면 마귀가 아니다. 실컷 이용해 먹고, 그를 버리는 것이 마귀이다. 그러나 어떻게 제자가 스승을 팔아먹을 수가 있나! 스승을 팔아먹는 제자가 인간이라고 그럴 수 있나! 너는 인간도 아니다! 어떻게 그런 파렴치한 놈이 인간으로 살아갈 수가 있겠는가! 이렇게 계속해서 마귀가 공격하면, 웬만한 사람은 견디기가 어려울 것이다. 그러면 결국에는 가룟 유다의 입장에서는 자신이 은

유다는 예수의 품에 기대어 물었다. "주님, 그가 누구입니까?" 하고 묻는 모습이 인상적이다. 다니엘 크레스피의 〈최후의 만찬〉

자료: m.blog.naver.com

삼십에 예수를 판 것이지만, 실질적으로는 은 삼십에 가롯 유다는 자기의 영혼을 마귀에게 판 것이나 다름이 없다. 가롯 유다는 은 삼십에 예수님을 팔았지만, 은 삼십을 한 푼도 써보지 못했다. 그리고 자살해버린다. 아니 그렇게 끝낼 일이라면 도대체 예수님을 팔아야 할 이유가 어디에 있나! 아니 자살로 끝낼 일이라면 도대체 예수님을 왜 판 것일까! 아무리 생각해도 이해할 수 없는 일이다. 그래서 가룟 유다가 한 행위는 아마 인류 역사상 가장 바보스럽고 어리석은 일이라고 생각할 수 있다.

문제는 그런 가룟 유다가 우리들의 마음속에도 있을 수 있다는 것이다. 그래서 우리도 무슨 일을 할 때 특별히 그것이 신앙에 관련된 일이거나, 교회에 관련된 일일 경우에는 조금 더 신중할 필요가 있다. 내가 왜 이 일을 하려고 하는 것일까? 무엇 때문에 이 일을 하려고 하는 것일까? 도대체 누구를 위해서 이 일을 하려고 하는 것일까? 정직하게 자기 자신에게 묻고, 기도로써 하느님께 물어야 한

Vox populi, vox Dei.

하느님의 은혜와 용서, 〈돌아온 탕자〉
렘브란트

자료: news.kmib.co.kr

다. 그냥 홧김에 해버리면, 가룟 유다처럼 마귀에게 실컷 이용당하다가 어느 순간 버림받는 그런 불행한 인생이 될 수도 있다는 것이다. 가룟 유다에게도 회개할 기회가 여러 번 있었다. 주님이 회개할 기회를 여러 번 주었다. 그때 회개하지 않았다. 회개할 때를 놓치게 되니까 결국은 회개하지 못하고, 그저 후회로 끝나게 되는 것이다. 하느님께서 이런 말씀을 하셨다. 하느님이 문을 닫으면 열 자가 없고, 하느님이 문을 열면 닫을 자가 없다. 회개라고 하는 것도 하느님이 문을 여셨을 때 하는 것이다. 기회를 주셨을 때 해야 하는 것이다. 문이 닫히면, 회개를 하려고 해도 할 수가 없는 것이다.

그래서 무엇인가 자기가 잘못했다는 것을 뉘우치는 순간 회개하고, 즉시 하느님께 용서를 빌어야 한다. 그것이 하느님께서 우리에게 베푸신 많은 은혜 중에서 가장 큰 은혜일 수 있는 것이다.

목을 맨 유다

루벤스가 그린 〈세네카의 죽음〉이라는 그림이 있다. 세네카는 로마시대 스토아 학파 철학자이자 정치인으로 네로의 스승이었다. 어릴 적에는 총명했던 네로는 점차 훗날 광폭해지면서 의심이 많아져 자신의 어머니와 의붓동생과 아내와 기타 많은 친족과 귀족들을 살해하기에 이른다. 네로의 가정교사 이후 정치의 최고 위치에서 네로를 10여 년간 보좌하던 세네카는 정치에 혐오를 느끼고 또한 네로의 폭정이 자신에게도 미칠 것을 두려워 스스로 정치를 떠난다. 하지만 네로는 결국 자신의 스승마저 의심하여 세네카에게 자결을 명령하기에 이른다. 세네카의 자살은 쉽지 않았다. 그는 먼저 자신의 팔목과 발목에 있는 정맥을 잘랐다. 정맥을 잘라서는 죽음에 이르기가 매우 어렵다. 저절로 지혈되고 또 흘리는 피의

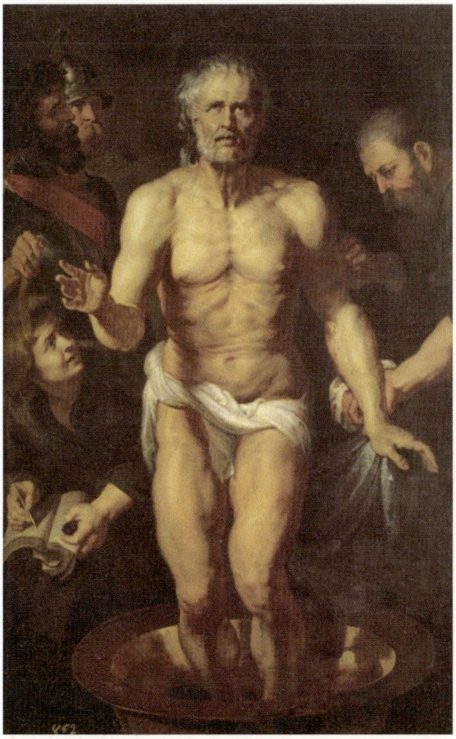

루벤스의 〈세네카의 죽음〉

자료: m.blog.naver.com

양이 많지 않기 때문이다. 그는 피가 잘 흐르도록 따뜻한 물을 받은 욕조에 들어갔지만 그래도 죽음은 쉽게 오지 않았다. 결국 그는 독약을 부탁해서 복용을 하였는데 그렇게 해도 죽음은 빨리 오지 않았다. 마지막으로 그는 밀폐된 증기탕에 들어가 서서히 질식해서 사망했다고 전해진다. 이 작품은 로마시대의 조각상을 보고서 루벤스가 재창조한 작품으로 팔목과 발목을 긋고 욕조 안에 서있는 세네카를 그린 것이다. 대철학자이며 평소 '자살이란 인간이 누릴 수 있는 마지막 권리며 자기 운명을 자기가 결정하는 고상한 행위'라고 외쳤던 그였지만 스스로 목숨을 끊는 것은 쉽지 않았던 것 같다.

이와 관련하여 〈목을 맨 유다〉라는 그림과 함께 자살의 원인과 동기에 대해 알아보고자 한다.

자살은 정신의학과 관련이 많다. 현대 정신의학에서는 대부분의 자살자의 정신상태가 정상이 아니라고 생각하고 있다. 그 가운데 단연 으뜸이 되는 병이 있으니, 이 병이 바로 우울증이다. 우울증이란 감정적으로는 우울하거나 아무런 재미가 없는 상태이고, 신체적으로는 식욕저하, 성욕저하, 수면부족이나 과수면, 정신운동지체몸도 마음도 느려진다는 뜻으로 생각도 느리고 행동도 느려진다 등의 증상을 보이고, 인지적으로는 무가치함, 절망감, 허무감, 죄책감, 자살 사고 등의 생각을 하게 되는 질병을 말하는데, 이 병은 유병률[1]이 상당히 높아 여성의 경우는 4명당 1명꼴로 이 병을 경험할 정도다. 우울증 이외의 다른 정신질환에서도 자살이 동반되는 경우가 많은데, 그런 병으로는 알콜이나 기타 물질남용, 정신분열증, 공황장애, 치매 등을 들 수 있다.

신체적인 질환도 자살과 관련이 있다. 신체적 질환으로 인해 움직이지 못하게 되거나 신체가 변형되는 경우예를 들면 유방절제, 사지 절단 같은 경우, 만성적이고 치유되지 않는 통증예를 들면 말기암, 삼차 신경통 같은 질환, 병의 결과 대인관계나 직업적인 상실을 경험하는 경우, 약물의 부작용 등의 이유로 자살을 할 수가 있다.

[1] 어떤 시점에 일정한 지역에서 나타나는 그 지역 인구에 대한 환자 수의 비율

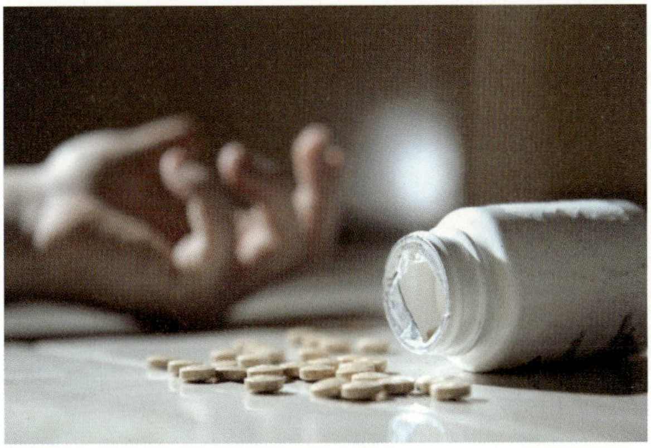

자살은 정신장애와 깊이 관련되어 있지만, 단순한 병리학적 결과로 보기는 어렵다.

자료: m.dongascience.com

Vox populi, vox Dei.

자살[2]의 원인을 심리적으로 분류해볼 수도 있다. 심리적인 원인은 복합적으로 작용하기도 하고 겉으로 드러난 것과 속사정이 다를 수도 있어 정확히 추정하기가 어려울 때도 있다. 예를 하나 들어보자. 사랑하던 사람이 배신을 하자 사랑하는 사람의 집 앞에서 자살을 한 사람이 있다고 해보자. 그의 자살의 심리적 동기는 무엇일까? 그는 사랑했던 사람에게 자신이 얼마나 힘들고 고통스러웠는지 보여주고 싶은 욕구가 있었을 것이다. 또한 그 사람의 마음을 괴롭게 하고자 하는 복수의 욕구도 있었을 것이며, 다른 한편으로는 죽어서라도 그 사람과 만나고 싶다는 재회의 소망의 표현일 수도 있다. 자살의 심리적 원인은 복수의 목적, 힘을 드러내기 위해, 다른 사람을 조정하기 위해, 다른 사람을 벌주기 위해, 자신의 죄를 속죄하기 위해, 희생을 할 목적으로, 현실 도피를 위해, 죽어서 다시 살아난다는 부활을 위해, 죽은 자와의 재회를 위해, 죽어서 새로운 인생을 살기 위해 등과 같이 다양한 원인이 있다.

2 자살(自殺, suicide)은 생명체가 의도적으로 자신의 죽음을 초래하는 행위를 뜻한다. 세계보건기구(WHO)는 1968년 '스스로 품은 의지를 통해 자기 생명을 해쳐서 죽음이라는 결과에 이르는 자멸 행위'로 자살을 정의했다. 즉, 자신의 죽음을 목적으로 행하는 행위가 바로 자살이다. 타인을 구하거나 종교적인 목적을 위해 죽음이 예견되더라도 행동하는 희생, 순교, 소신공양과는 엄밀히 구분해야 한다. 한편 자살미수는 위장자살, 실험자살, 자살실패 등 3가지로 분류되며, 자살로 처리되었으나 타살의 의혹이 남는 경우가 있는데 이 경우엔 의문사로 분류한다.

자살도 그 동기에 따라서 분류를 할 수가 있다. 뒤르켐Durkheim[3]은 사회적 동기에 따라 자살을 분류했는데, 그에 의하면 자살은 이기적, 이타적, 무규범적 자살로 나눌 수 있다고 한다. 이기적 자살은 자살의 동기가 자신을 위한 것이다. 이타적 자살은 남을 위한 자살인데 이는 희생적인 측면의 자살로서 예를 들면 가미가재 특공대의 자살폭탄공격 같은 경우를 들 수 있다. 무규범적 자살은 사회가 혼란스러워 무규범적 상황이 되면 현실적으로 살아가기 어려워진 사람들의 자살이 늘어난다는 것으로 IMF 시절에 늘어난 자살 같은 경우를 들 수 있다. 미국 정신과 협회에서는 심리적 동기에 따라 자살을 이성적, 반응적, 복수적, 조작적, 정신병적, 그리고 과실적 자살로 분류했다. 이성적 자살은 인생을 이성적 철학적으로 고민한 끝에 자살을 결론으로 택한 자살이며, 반응적 자살은 어떤 외부적 사건에 의해 영향을 받아 자살하는 경우이며, 복수적 자살은 복수의 심리적 동기에 의한 자살이다. 그리고 조작적 자살은 타인을 조정하려는 목적에서 시도된 자살이고, 정신병적 자살은 정신질환의 결과에 의한 자살이다. 과실적 자살은 꼭 죽으려는 것은 아니지만 실수로 죽게 되는 경우로, 예를 들면 속상해서 옥상에 올라갔다가 내려오려는데 실족한 경우, 농약을 맛만 봤는데 운 나쁘게 그라목손처럼 치명적인 농약을 맛을 봐서 사망하는 경우를 들 수 있다.

에밀 뒤르켐

자료: m.blog.naver.com

3 다비드 에밀 뒤르켐(David Émile Durkheim, 1858년 4월 15일~1917년 11월 15일)은 프랑스의 사회학자이다. 사회학이라는 이름은 오귀스트 콩트에 의해 만들어졌지만 그 '사회학'이 도대체 뭘 어떻게 연구해야 하느냐에 대해서 제대로 제시한 것은 에밀 뒤르켐이 사실상 최초이며, 통계를 적극적으로 사용하는 현대사회학의 실증론적 기조를 창시했다고 보아도 과언이 아니다. 때문에 사회학의 종주(宗主)라는 평가가 존재한다.

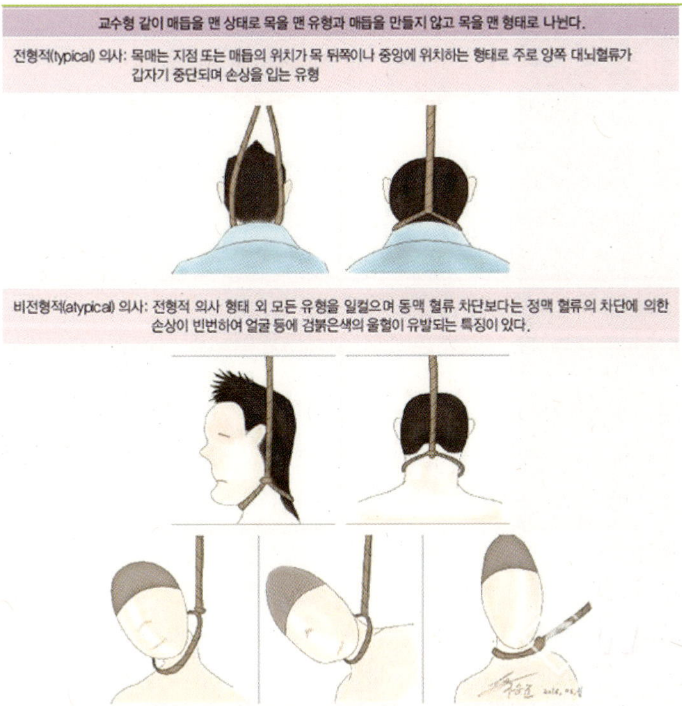

유다와 같은 목맴(near-hanging) 사고에 따른 뇌손상

자료: fpn119.co.kr

이렇듯 자살의 원인과 동기는 다양하지만 어쨌든 대부분의 자살은 삶의 고통을 견디기 어려워서 죽는 것이 그 상황으로부터 벗어날 수 있는 유일한 방법이라고 느낀 사람들이 행한다는 점만은 분명하다. 그들은 도움을 필요로 한다. 그들은 대부분 죽기 전에 어떤 식으로든지 자살에 대한 언지를 남긴다. 따라서 그들에게 관심을 주고 적절한 치료를 받도록 이끌어준다면 세계 최고의 자살국이라는 불명예에서 벗어날 수 있을 것이다.

다음에 소개한 그림은 제임스 티소가 그린 〈유다의 죽음〉이다. 유다는 예수의 제자 중의 한 명으로 은화를 받고 예수를 팔아먹은 제자로 알려져 있다실제로는 훌륭한 제자였다는 설도 있다. 그는 비참한 말년을 맞게 되었는데, 성서에는 그의 죽음에 대해 두 가지 다른 방식의 설명이 있다.

제임스 티소가 그린 〈유다의 죽음〉

자료: m.blog.naver.com

마태오 복음서 27장에는 유다가 은화를 던지고 목을 매고 죽었다고 기록되어 있고, 사도신경 1장에는 유다가 들판에서 꼬꾸라지며 찢기어 내장이 쏟아져 나와 죽었다고 기록되어 있다. 마태오 복음서의 내용은 속죄의 뜻으로 자살한 것이며, 사도신경의 내용은 천벌을 받아 죽었다는 것인데, 아마도 마태오 복음서의 내용이 더 신빙성이 있어 보인다. 유다는 예수를 팔고 나서 죄책감에 시달렸던 모양이다. 그리고 결국 속죄하기 위해 죽음을 택했는데, 그가 택한 방식은 목을 매다는 것이었다. 여기서 목매는 방식으로 자살했다는 점은 주목할 만하다. 일반적으로 영웅적이며 남성적인 자살방식으로는 불에 스스로를 태우거나 칼로 자결하는 방식이 선호되었다. 목을 매는 방식은 겁쟁이나 연약한 여자들이 택하는 방식으로 알려져 왔던 방식이었다. 마지막까지 비겁한 방식으로 떠나야만 했던 유다의 몸은 거의 몸무게조차 느껴지지 않는다.

Vox populi, vox Dei.

베드로와 유다의

배신 5장

유다의 입맞춤

마이클 샌델의 『정의란 무엇인가』라는 무거운 제목의 책이 한때 유행했다. 저자는 정의를 판단하는 세 가지 기준으로 행복, 자유, 미덕을 들고 있다. 즉, 정의가 사회 구성원의 행복에 도움을 줄 수 있는지, 혹은 사회 구성원 각각의 자유로움을 보장할 수 있는지, 아니면 사회에 좋은 영향으로 끼쳐야 하는지로 정의로움을 결정할 수 있다고 본다. 시장경제 체제에서 각각의 판단방식은 그 장점과 단점이 존재한다. 책은 일상생활에서 발생하는 각종 사례와 역사적인 철학가들의 가르침을 통해 각각의 정의로움에 대한 판단을 보여준다. 마지막으로 공동체주의를 정의와 연결한다. 21세기에 정의는 단순히 추상적인 문제가 아니라 공동체 성원 개개인의 생존과 직결되는 문제다. 정의롭지 않은 사회에서 개인의 물질적 생존과 정서적 생존자존감은 제대로 보장되지 않는다. 중세적 신분제가 붕괴하고 근대 사회로 이행하면서 '개인Individual'의 등장과 더불어 '정의'는 중요한 문제가 되어갔다. 자본주의 태동기이자, 아직 인간들의 활동이 종교의 외피에 싸여 있던 시절, 14세기의 문을 연 조토Giotto di Bondone, 1267~1337년경의 그림에는 '정의'에 대한 소박하고도 확고한 생각이 담겨 있다.[1]

예수는 체포됐다. 어둠을 뚫고 한 무리 사람들이 횃불과 창을 들고 몰려 왔다. 적의에 들끓는 시끌벅적한 무리의 앞장을 선 자는 노란 옷의 가롯 유다다. 유다는 예수를 감싸 안고 입을 맞추려 한다. 그리고 또 한 사람, 바로 예수의 뒤쪽에 후광을 입은 베드로가 있다. 그는 칼을 꺼내 대제사장의 종의 오른편 귀를 베어 버리고 있다.

이 그림의 중심에 예수와 유다는 다른 주변 인물과 사물을 화면 중심으로 급박하게 끌어들이고 있다. 더욱 화면을 집중시키는 것은 명시도가 가장 높은 노란색 넓은 망토를 입고 있는 유다가 예수를 휩싸 안고 입 맞추려는 모습이다. 그 순

1 이진숙, 빛나는 옷의 배신자, 그를 보는 예수의 눈빛은 정의로 빛났다, 경향신문, 2018년 6월 15일.

간 예수께서 엄숙한 표정으로 유다를 바라본다. 그림 속 분위기는 선과 악, 배신과 고뇌 서린 인간세상의 대결장에 걸맞게 우울하지만, 각 사람의 행동은 분명하고 적극적이다.

조토, 〈유다의 입맞춤〉. 조토가 스크로베니 예배당에 그린 예수의 수난 열두 장면 중 하나인 '유다의 입맞춤'에 화가의 정의에 관한 소박하고도 확고한 생각이 담겼다.

자료: spdjcj.tistory.com

예수의 눈빛은 날카롭고, 진실을 꿰뚫는 듯하다. 상대방 유다의 눈은 예수를 쳐다보려고 하고 있지만 일그러진 표정이다. 아무리 숨기려고 해도 죄의 속성은 숨길 수가 없다. 이 순간 정적이 흐르는 현장, 그 배후는 살기와 증오가 가득하고, 횃불에 비친 주위 무리의 눈길은 살기가 넘치는 눈빛이다. 치솟아 있는 몽둥이는 무리의 소요를 더 어지러우면서 극적인 장면으로 긴장시킨다.

이 작품은 한 시대의 교차점을 아주 잘 드러내고 있다. 중세를 마감하는 시점이나 소재는 그리스도교적이어서 예수 그리스도의 생애 중 가장 결정적인 사건을 다루고 있다. 그러나 원근법과 살아있는 표정, 또한 형태의 입체감 등에서 르네상스적인 요소를 감미하고 있으며, 르네상스의 만개를 느끼게 한다.

조토, 〈유다의 입맞춤〉 부분

자료: m.blog.naver.com

유다가 입을 맞추려 한 사건은 마태오 복음서, 루카 복음서, 마르코 복음서에, 또 베드로가 귀를 벤 사건은 요한 복음서에만 등장하는데, 조토는 두 이야기를 한 장면에 담았다. 그렇다면 여기에는 어떤 의미가 있을까? 두 사건은 의미상 큰 차이가 있다. 예수에게 입을 맞추려는 유다의 행동은 오랜 준비 아래 나온 것인데 자살이라는 고통스러운 종말로 귀결된다. 반면에 베드로의 행동은 즉흥적으로 분노와 흥분 상태에서 나온 것으로 예수가 다친 귀를 치유해주는 사랑의 기적이 뒤따른다. 선과 악으로 대조되는 두 이야기가 지닌 결말의 병치는 이 그림이 포함되어 있는 스크로베니 예배당의 전체 프레스코화의 의도를 잘 보여준다.

〈유다의 입맞춤〉은 이탈리아 파두아에 위치한 스크로베니 예배당 남쪽 벽 중앙 하단에 그려진 예수의 수난을 그린 열두 장면 중 하나다. 예수를 배신한 유다의 모습은 예배당 안에서는 두 번 더 볼 수 있다. 바로 동쪽 제단 중간에 있는 〈유다의 계약〉과 서쪽 출입구 위에 그려진 〈최후의 심판〉 중 지옥 부분에서다. 스크로베니 예배당의 전체 구조 속 유다의 이야기를 통해 우리는 조토의 그림 속에 구현된 동시대인들의 인간에 대한 이해를 볼 수 있다.

먼저 〈유다의 계약〉에는 대제사장들과 거래하는 유다의 뒤에 검은 악마가 그려져 있다. 조토의 시대에 악마는 여전히 인간의 외재적인 존재였다. 선도덕, 정의이 승리를 거두고, 악이 징벌을 받는 게 당연시되던 시대였던 것이다. 악마가 우리 밖

Vox populi, vox Dei.

스크로베니 예배당의 프레스코화

자료: goodoz-oz.tistory.com

에 있는 것은 사실 그나마 다행스럽다. 악마의 꼬임에 넘어가지 않도록 노력하면 되니까.

그러나 그 악마가 내 안에 존재하는 하나의 성격, 내 자아의 일부라면? 악마적인 면이 제어할 수 없는 큰 힘이 되어 자아를 지배한다면? 악을 소멸시키기 위해서는, 악의 숙주인 자신을 소멸시킬 수밖에 없다. 악의 소멸과 평온의 회복이라는 명징한 권선징악의 귀결, 행복하고도 고전적인 결말은 영원히 다다를 수 없게 된다. 18세기 말 등장한 고딕 소설들의 으스스한 결말들, 악의 숙주가 된 인간들의 무서운 자기 파멸들이 문화사에 줄이어 등장한 것도 여기서 연유한다.

조토의 〈유다의 입맞춤〉에서 악은 승리하지 못한다. 횃불이 타오르고 창이 치솟는 폭력적이고 소란스러운 와중에 그림의 중앙에는 아주 고요하고도 심대한 정신적인 대결이 펼쳐진다. 유다는 예수에게 키스하려 했지만, 결국 하지 못한다. 당시 스승에 대한 제자의 입맞춤은 가장 큰 공경, 가장 깊은 신뢰와 우호의 표현이었다. 유다가 입 맞추려는 순간 공경, 신뢰, 우호와 같은 덕목의 행위는 가장 더러운 배신의 행위가 되고 만다. 그림을 압도하는 것은 유다가 입은 노란색이지만, 영혼의 대결에서는 예수가 압승을 거둔다. 예수의 머리에 둘러진 중세적인 후광

조토, 〈유다의 계약〉

자료: spdjcj.tistory.com

보다 더 빛나는 것은 형형한 눈빛이다.

조토의 세상에서 도덕은 여전히 아름다움과 밀접하게 손잡고 있다. 이것은 멋진 일인 동시에 위험한 일이다. 예수의 눈빛은 흔들림이 없이 빛나고, 날렵한 콧날과 단아한 이마 선은 아름답다.

반면에 유다의 낮은 이마와 움푹 꺼진 콧날, 그리고 작은 눈은 추한 유대인을 대변한다. 유다의 행위만큼 유다의 외모는 추하게 묘사된 것이다. 사실 예수, 베드로, 유다 모두 유대인이다. 그러나 유대인들이 예수 그리스도를 구세주로 인정하지 않고, 기독교가 비유대인들 사이에 퍼져 나가면서 거세진 유대인 혐오는 유다라는 인물에게만 유대인의 특성을 부여하는 기현상을 만들어냈다.

또한 14세기 조토의 시대는 성찰의 시대가 아닌 믿음의 시대였다. 믿음은 자신의 반대편에 있는 사람들을 추醜와 악덕 더 나아가 공포와 혐오의 대상으로 만들어 버린다. 악에 대한 선의 승리는 추에 대한 미의 승리로 대체됐다. 마치 예수로 대변되는 선의 승리의 합당함을 확증이라도 하듯이 〈유다의 입맞춤〉 하단에는 일곱 가지 미덕 중에서 중심부를 차지하는, 가장 큰 크기의 '정의'의 알레고리화[2] 위 그림가 당당하게 자리하고 있다. 도덕, 정의, 선, 아름다움이 승리하는 게 정의임을 암시하는 것이다. 예수가 체포된 후에 유다는 다시 대제사장들을 찾아가서 은전 30냥을 돌려주고 자기의 죄에서 벗어나고자 했으나 그들은 차갑게 거절했고, 유다는 결국 스스로 목숨을 끊는다. 자살한 유다는 지옥의 가장 깊숙한 곳으로 떨어진다.

불타는 지옥과 얼음 지옥

스크로베니 예배당이 자리 잡은 곳은 피사에서 한 시간 남짓한 파두아이다. 때는 1300년 무렵. 당시 세속적인 이유 혹은 종교적인 이유에서 거듭되는 전쟁

스크로베니 예배당. 조토의 벽화 〈유다의 입맞춤〉, 〈최후의 심판〉 등이 온전히 남아 있는 곳으로 북이탈리아에 위치한다.

자료: spdjcj.tistory.com

2 알레고리(allegory)는 은유적으로 의미를 전하는 표현 양식으로, 주로 문학에서 사용된다. 때론 우의(寓意), 풍유(諷喩)로 불리기도 한다. 텍스트 해석에 있어서는 잘 알려진 용어로 중세에 잘 사용되었던 알레고리(풍유적) 해석이 있다. 알레고리는 일반적으로 수사학의 형식으로 간주되지만 항상 언어를 통해 표현되지는 않는다. 눈짓을 가리키는 말일 수도 있고, 사실적인 회화나 조각, 의사적이거나 재현적인 예술에서도 흔히 찾아볼 수 있다.

들, 창궐하는 전염병, 봉건적 통치자 세력의 불합리한 정책들로 고통을 받던 중세 말의 유럽인들은 구원을 찾아 교회로 몰려들었다. 지금은 정의 실현이 불가능하지만, 최후의 심판인 그날에는 가능하리라는 희망을 품고 찾았던 것이다. 중세 말 유럽의 여러 교회에 〈최후의 심판〉 도상圖像이 유행했던 것도 이런 데서 연유한다.

교회에 가서 구원과 정의를 위한 기도를 드렸던 사람들 중에는 11세기 말부터 시작된 상업혁명으로 큰돈을 벌게 된 신흥 상인 계층, 금융종사자들이 있었다. 그들은 무지막지한 고금리 이자로 돈을 벌었지만, 동시에 많은 돈 때문에 두려움에 떨었다. 예수의 성전에서 쫓겨났다는 점 때문이었다. 1274년까지만 해도 고리대금업자는 교회에 무덤을 가질 수 없었다. 그러나 재산가들이 늘어나자, 돈으로 쌓인 죄를 사면받게 되는 다양한 안전장치들이 등장했다. 기부와 후원제도, 그리고 천국에 이르는 자기 수양의 과정인 연옥의 고안이 그것이라고 중세연구가인 자크 르 고프는 지적한다. 이런 장치들 덕분에 상인 계층과 고리대금업자들이 지옥에 대한 두려움에서 벗어나 "경제와 사회가 자본주의로 향하도록 추진"할 수 있었다는 것이다.

스크로베니 예배당을 지은 엔리코 스크로베니도 그런 가문 출신 중의 한 명이었다. 조토는 스크로베니가 지은 예배당에서 1304년부터 2년 동안 40여 점의 프레스코화와 14점의 자유화를 그렸다. 예배당의 서쪽에 위치한 〈최후의 심판〉에서는 심판의 날 예배당을 기증하는 스크로베니의 모습을 볼 수 있다. 조토는 스크로베니를 예수의 오른쪽 지옥의 반대편에 그려 넣음으로써 그에게 구원의 가능성을 던져주었다.

엔리코 스크로베니

자료: en.wikipedia.org

그러나 조토와 동시대인이자 문학사상 '최고의 도덕주의자 시인'이라 일컬어지는 단테Alighieri Dante, 1265~1321의 생각은 달랐다.

Vox populi, vox Dei.

조토, 〈최후의 심판〉

자료: m.blog.naver.com

1321년에 발표한 『신곡』에서 단테는 스크로베니가 일곱 번째 지옥의 불타는 모래에서 고통받고 있다고 묘사했다.

지옥에 떨어진 유다의 모습에 대해서도 동시대의 두 거장이 다른 이미지를 가지고 있었다. 최후의 심판의 날, 재림한 예수는 원죄를 저지른 아담도 구원하지만, 유다는 구원하지 않는다. 영원한 저주만이 그의 숙명이다. 단테의 『신곡』의 '지옥' 편에서 유다는 가장 깊은 아홉 번째 지옥에 유폐되어 있다. 단테는 이 아홉 번째 지옥에서도 가장 깊은 곳을 유다Juda의 이름을 따서 '유데카Judecca'라 명했다. 유데카는 "충성을 맹세했던 사람들을 배신한 죄인들이 모여 있는 공간"이다. 단테가 생각하는 가장 나쁜 죄는 자신의 신념을 기만하는 것이다.

스크로베니 예배당에 있는 〈최후의 심판〉 중 지옥 부분 그림에는 대부업자가

〈최후의 심판〉, 지옥 부분

자료: simpaschal.tistory.com

지옥에서 당하는 형벌의 모습이 그려져 있다. 상인이며 이자 대부업자였고 예수를 배신한 유다가 목 매달려 있고 그 오른쪽 상당에 고리대금 업자들이 돈주머니를 목에 매달고 지옥의 형벌을 받고 있다. 이것이 당시 일반적인 고리대금업자상인들이 갖고 있는 사후세계에 대한 인식이었다. 상인들은 부를 바탕으로 경제와 정치의 주도권을 잡으면서 그들은 자신들의 죄를 씻기 위해 교회에 그들의 예배실을 만들고 그를 꾸미기 위해 많은 비용을 들여 유명한 화가를 초청해 벽화를 그리게 했다.

조토의 그림에서 지옥은 전통적인 '뜨겁게 불타는 지옥Hell under Fire'이다. 그러나 단테가 생각하는 배신의 지옥인 유데카Judecca, 쥬데카는 모든 것이 얼어붙은 극강의 얼음 지옥이다. 이곳은 말하는 자도 듣는 자도 없는 소통부재의 공간으로 모든 것이 차갑게 얼어버린다. 자신의 말신념을 배신한 사람에게는 소통 자체가 무의미하니, 그럴듯한 상상이다. 단테의 문학은 자유의지를 가지고 선택하는 인간, 자의식을 가진 인간의 자기 배반의 문제를 거론한다는 점에서 조토보다 한 걸음 더 나아갔다고 할 수 있다.

단테가 언급한 9번째 지옥에서 주변이 모두 얼어 있는 지역을 사탄이 감시하고 있는 장면

자료: www.dailywrn.com

유데카가롯 유다의 지옥[3]는 지옥의 가장 깊은 곳이다. 이곳에는 은인을 배반한 자들이 벌받고 있다. 두 시인이 코키토스배반지옥=빙판호수의 넷째 지역에 들어왔다. 베르길리우스가 시구를 읊조리며 단테에게 지옥의 마왕인 루키페르Lucifer, 루시퍼, 루시페르[4]를 가리킨다. 어둠 속에서 흐릿하게 보이는 풍차를 발견하는데, 그것은 움직이면서 차가운 바람을 일으킨다. 단테는 바람을 피해 스승의 어깨 뒤로 숨는다. 그때 얼음 속에 파묻혀 누워 있거나 서 있거나 거꾸로 있거나 혹은 구부리고 있는 배반자들이 그의 눈에 보인다. 루키페르에게 가까이 이르러 베르길리우스가 단테에게 용기를 가지라고 하지만 단테는 너무나 무서워 사지가 얼어붙는 기분을 느끼며 자신이 살아 있는지 죽었는지조차 구별할 수 없다.

지옥의 고통스런 왕국을 지배하는 황제라 할 루키페르가 얼음의 호수로부터 가슴팍을 드러냈다. 사탄의 하체는 얼음에 의해서 묶여 있다. 그가 천사로 있을

3 유데카에는 주인을 배반한 세 명의 배반자(유다, 브루투스, 카시우스)가 있고, 지옥왕 루키페르에게 물어뜯기는 형벌을 받는다.

4 루키페르는 성경에 나오는 단어로 보통은 타락천사를 가리킨다. 히브리어 성경(타나크) 이사야서 14장 12절에 '헬렐'이 나오는데 이를 영어성경은 '루시퍼'로 번역했고 한글성경은 '계명성'으로 번역했다. 계명성, 아침별, 새벽별, 샛별, 금성 모두 동의어다. 원래 샛별은 예수 그리스도를 상징하는 단어였는데 하느님 보좌의 근위병이어서 예수 그리스도의 상징을 사용할 수 있었던 루시퍼 천사가 교만해지자 창조주가 계급장을 박탈하고 천국에서 추방한 뒤 더는 루시퍼 이름을 사용할 수 없게 되었다. 루시퍼는 라틴어 루치페르의 영어식 이름이다.

때는 아름다웠으련만 지금은 추하기 이를 데 없다. 그는 노랗고, 붉고, 검은 세 개의 얼굴을 지니고 있는데 각각의 얼굴 밑에는 두 개의 커다란 날개가 있어 그것들을 흔들어 나오는 바람으로 코키토스 전체를 얼리고 있다.

베드로는 왜 거꾸로 십자가형을 받았나

베드로Peter의 원래 그리스어 이름은 '시몬Simon'이었는데, 예수가 그에게 '게바반석이라는 뜻'라는 아랍 이름을 지어 주었다. 이를 그리스어로 옮긴 것이 '페트로스'이다. 베드로는 유복한 어부로서 가정을 이루고 있었고, 예수가 몇 가지 기적을 행한 장소로 등장하는 주택도 소유하고 있었다. 복음서에 언급된 예수가 사용하였던 어선들도 모두 베드로의 배였다. 그의 집에는 그의 가족, 장모, 그의 동생인 안드레아가 같이 살았고, 많은 사람들이 모여들 수 있을 정도로 넓고 개방된 곳

〈베드로의 십자가형〉, 벤투라 살림베니, 1604년

자료: namu.wiki

이었다. 예수는 베드로의 집을 자유롭게 드나들었고, 그 집에서 마비와 불구 환자를 고쳐주었다. 마리아와 가족들이 예수를 걱정하며 그가 받은 사명을 포기하면 안 되겠느냐고 설득하던 곳도 이곳이었다.

예수 사후 베드로는 교회의 지도자가 되었으며 아그리파 1세에게 붙들렸다가 도망하여 소아시아에서 전도하였다. 로마에 가서 전도하다 박해를 견디다 못해 돌아오던 중 예수를 만나게 된다. 베드로가 "쿼바디스 도미네주여 어디로 가시나이까?"라고 묻는데 "나는 도망쳐 나온 네 대신 로마로 가노라"는 그의 말을 듣고 베드로는 다시 로마로 가서 순교한다. 베드로는 자기는 예수와 같이 위대한 사람이 아니므로 예수께서 당한 것과 같은 자세로 처형을 당할 수 없다며, '머리가 거꾸로 향하는 십자가형'을 자처하였다. 그는 후에 로마 초대 교황으로 추대되었다.

베드로는 그렇게 십자가에 처형될 것으로 예고되어 있다. 예수께서 베드로에게 말씀하시기를 "내 양들을 돌보아라. 내가 진실로 진실로 너에게 말한다. 네가 젊었을 때에는 스스로 허리띠를 매고 원하는 곳으로 다녔다. 그러나 늙어서는 네가 두 팔을 벌리면 다른 이들이 너에게 허리띠를 매어 주고서, 네가 원하지 않는 곳으로 데려갈 것이다." 예수님께서는 이렇게 말씀하시어, 베드로가 어떠한 죽음으로 하느님을 영광스럽게 할 것인지 가리키신 것이다. 이렇게 이르신 다음에 예

마사초, 〈베드로 성인의 십자가 죽음〉

자료: brunch.co.kr

수께서는 베드로에게 "나를 따라라." 하고 말씀하셨다.요한 21:18-9 그 예언과 같이 네로의 군대가 베드로를 처형하여 피를 뿌림으로 그곳은 성스러운 땅이 되었다.

베드로가 예수께서 십자가에 죽으신 그 방식대로 죽었다 하더라도 그리스도가 되지는 못한다. 그럼에도 불구하고 베드로가 예수와 같은 방식으로 매달렸다면 우매한 인간들은 예수와 베드로를 비교하였을 것이다. 비교는 안 되더라도 베드로교가 성행하였을 개연성도 있다.

예수와 비교되는 사람은 엘리야와 모세이다. 예수의 용모가 변하고 모세와 엘리야를 만나는 모습을 본 베드로는 초막 셋을 짓는다고 말하지만 무슨 뜻인지는 모른다. 이 광경은 예수께서 엘리야처럼 하늘로 올라가시고 모세가 이스라엘을 구한 것처럼 인류를 구원하시는 것을 미리 보이는 모습이다. 그들은 이스라엘 민족에게는 육신의 구원자이다. 그들에게는 무덤이 없다. 엘리야는 하늘로 올라갔고 모세를 장사한 곳을 아는 자가 없다. 모세의 무덤이 있었으면 그곳도 성스러운 땅이 되었을 것이다.

예수는 그리스도이다. 그 점에서 누구와도 비교되지 않는다. 이스라엘 민족이 회복되는 최초의 의식인 아브라함이 이삭을 바치는 번제에서 이삭 대신에 숫양을 주신다. 그리고 율법시대를 마치기 위하여 양을 드리는 번제의 속죄제를 대신하여 자신의 몸을 드려 새로운 시대를 열어 주셨다.

"사실 그리스도는 율법의 끝이십니다. 믿는 이는 누구나 의로움을 얻게 하려는 것입니다."로마 10:4

사느냐 죽느냐 그것이 문제로다

"To be or not to be, that is the question."

"사느냐, 죽느냐, 그것이 문제로다."

셰익스피어의 독백 중 가장 많이 알려진 대사이다. 영어원문의 뜻대로라면 사실 '실존할 것이냐 안 할 것이냐' 양자택일, 즉 단순한 삶과 죽음의 경계 선택을 떠나 '계속해서 살 만한 인간 존재의 가치'를 성찰하고 독백하라고 주문한다. 그

Vox populi, vox Dei.

"사느냐, 죽느냐, 그것이 문제로다."

자료: www.youtube.com

래서 햄릿은 '존재의 상태 vs 비존재의 상태a state of being versus a state of not being'를 구분 성찰할 것을 권유한다.

"계속해서 살 만한 가치가 있는가?"

'당신의 삶은 살아갈 가치가 있느냐'의 엄중한 질문을 셰익스피어는 자신의 입을 통해 무대에서 관객에게 한방에 던진다. 던지는 돌에 맞는 것보다 이 대사에 한방 맞으면 훨씬 더 아프다. 이는 마지못해 사는 삶, 죽지 못해 사는 삶은 이미 그 가치를 상실해서, 살아도 죽은 것이나 마찬가지이기 때문이다. 그래서 셰익스피어는 역설적으로 삶의 가치를 더 높이고 있다.

그리스도의 수제자 베드로는 많은 시행착오를 겪었다. 절대 배신 안 하겠다고 떵떵거리며 여러 사람 보는 앞에서, 특히 스승인 그리스도의 면전에서 보란 듯이 맹세했다. 그러나 새벽닭이 울기 전에 무려 세 번이나 계속해서 딱 잡아떼며 그분을 모른다고 했다. 그래서 대성통곡을 한 그였다. 모르긴 해도 그의 눈은 울어서 퉁퉁 부었을 것이다. 눈두덩이 퉁퉁 부은 그가 성령강림으로 충만해져 먼 제국의 수도 로마로 가서 열심히 선교했다. 그러나 박해가 심해지자 죽음이 두려워 이를 피해 도망가는 중에 스승 그리스도를 길에서 만났다. 베드로는 놀라 물었다. 웬일이냐가 아니라,

"쿠오 바디스Quo vadis?"

문자 그대로 '어디로 가시나이까where are you going?'이다. 일상의 평범한 질문 같지만 '로마로 간다'고 한 그리스도의 답변 속에 베드로는 눈치챘다. 스승 그리스

"쿠오 바디스?"

자료: m.blog.naver.com

도는 사자의 소굴인 로마로 죽으러 간다는 말이다. 겁쟁이 베드로는 죽음을 피해 로마를 도망쳐 왔는데 로마로 들어간다는 말은 죽으러 간다는 말과 똑같다. 이제 삶과 죽음의 갈림길에 베드로는 섰다. 사느냐, 죽느냐, 그것이 문제였다. 처음엔 물론 목숨 부지하려 도망쳤다. 그런데 그리스도를 만나고 보니 그 삶은 사실 살아도 죽은 것이나 마찬가지였음을 그는 깨달았다. 그래서 베드로의 '쿠오 바디스'와 햄릿의 '사느냐, 죽느냐'의 고뇌는 서로 상통한다.

르네상스 화가들의 고참 선배이며 큰 영향을 끼친 마사초Masaccio, 1401~1428는 겨우 26세 되던 해에 그의 짧은 생을 마감했다. 반 고흐처럼 짧은 생을 산 그였지만 서양회화에 직접적으로 원근법을 도입해 그린 그의 그림 등으로 미술사에 한 획을 그은 화가였다. 그리고 후대의 쟁쟁한 화가들에 엄청난 영향을 미쳤다. 필립보 리피도 미켈란젤로도 그에게 영향을 받았다.

그의 그림 〈베드로 성인의 십자가 죽음Crucifixion of St Peter〉은 그가 죽기 2년 전에 완성했다. 르네상스 중심도시 피렌체의 옆 동네 피사의 성당 제단화 아래 작은 그림, 즉 프레넬라predella panels의 한 장면 그림으로 그렸다. 이 그림에서 그는 베드로 성인의 순교를 직설적이고 사실 그대로 그렸다. 위에서 언급한 베드로 성인은 박해 중의 로마로부터 도망가는 길에 만난 그리스도로부터 로마로 들어간다는 답변에 크게 깨달아 자신도 바로 발걸음을 돌려 로마로 다시 들어가 장렬히 순교했다. 그러나 그는 그냥 순순히 죽음을 맞이한 게 아니었다. 스승이자 구세주인 '그리스도의 죽음 방식'인 십자가 죽음이 아닌 그 반대로, 즉 거꾸로 십자가에 매달려 죽게 해달라고 그는 요청했다. 그리스도와 같은 방식으로 죽는다는 것은 감히 그분에게 누를 끼치는 것이며 따라서 똑같은 방식으로 절대 죽을 수 없다는 것이다. 그래서 그는 십자가형의 정반대upside down로 순교했으며 그가 순교하고 묻힌 곳이 바로 지금의 바타칸 언덕 성베드로 대성당이다.

마사초의 그림 〈베드로 성인의 십자가 죽음〉에서 성인의 후광halo은 땅에 접시처럼 그려져 있다. 성인의 징표인 후광은 땅에 떨어져도 깨어지지 않은 영성의 거룩한 후광이며 죽어가는 성인의 얼굴을 떠받쳐주고 비추어 준다. 성인의 눈은 아직도 크게 떠 있어 십자가형의 고통과 함께 아직 숨이 멎은 건 아닌 것 같다. 무엇보다도 자신의 시행착오 뒤 깨달음의 경험을 관람자들에게 레이저를 쏘듯이 강력하게 전하는 듯하다. 그래서 햄릿의 배우가 독백하듯, 베드로 성인은 '당신의 삶은 계속해서 살 가치 있는 삶인가?' 하고 관람자에게 독백하는 것 같다. 붉은 기가 감도는 그의 피부색은 히브리어 이름 '아담Adam'이 팔레스타인의 붉은 기가 도는 흙 이름과 어근이 같다는 사실처럼 바로 흙색이다. 흙에서

마사초, 1425

자료: travelingintuscany.com

왔으니 흙으로 돌아간다는 것일까? 그러나 한 생명이 숨 쉬고 있다는 사실을 거꾸로 박힌 상태에서도 크게 부릅뜬 그의 눈을 통해 알 수 있다. 격심한 고통과 함께 그도 연약한 인간임을 말해 주는 듯하다. 그러나 새벽닭이 울고 난 뒤 통곡했던 베드로는 더 이상 아니다. 그의 눈은 울어서 부어 있지 않다. 뚜렷하게 진리를 본 뒤라 울 필요가 없다. 그런 그의 눈에서 삶과 죽음의 경계는 이미 허물어졌다. '죽느냐, 사느냐'의 화두는 '쿠오 바디스'로 답변되었다.

"나는 어디로 가는 걸까?"

삶과 죽음의 철학적 · 신학적 물음을 던지는 생각하는 인간은 무생물인 흙과는 다른 창조물임을 베드로의 삶에서 보여주고 있다.

"Quo vadis?"

자료: m.imdb.com

역십자

역십자逆十字는 라틴십자가를 거꾸로 뒤집어 놓은 형상을 말한다. 베드로 십자Petrine Cross, Cross of Saint Peter라고 부르기도 한다. 사도 베드로의 상징이며, 사도전승과 외경 베드로 행전에 나와 있는 베드로의 최후 때문이다. 베드로는 로마에서 순교했는데, 자신은 감히 예수님처럼 십자가에 똑바로 매달릴 자격이 없어 송구

십자가에 거꾸로 매달려 순교하는 성 베드로, 리오넬로 스파다, 17세기

자료: namu.wiki

스럽다면서 십자가를 거꾸로 뒤집어서 매달아줄 것을 간청했고, 이에 역십자가에 매달려 순교했다고 한다.

그래서 베드로의 후계자들이라 자처하는 교황이 있는 가톨릭에서는 베드로와 관련된 것에 베드로의 상징인 역십자가 있는 모습을 볼 수 있다.

오용되는 사례

현대에는 정반대의 새로운 의미로 사용되는 경우가 있는데, 예수에 대한 신성모독의 의미로 사타니즘[5]과 적그리스도의 상징으로 오용되는 경우이다. 역십자가 이런 취급을 받는 이유는 단순하다. 통상의 모습을 그냥 거꾸로 하면 반反기

[5] 사탄교(Satanism) 또는 사탄주의는 사탄을 숭배하는 종교적, 철학적인 신념과 운동이다.

독교이니 상징물을 반대로 해버리면 된다고 생각한 것으로 의외로 역사가 꽤 오래되었다. 현대에는 엑소시즘 영화를 비롯해 여러 서브컬처에서 역십자를 악마나 반기독교의 상징으로 엮다보니 역십자 자체가 불순한 의미를 지녔다는 오해를 가지게 되었다.

반기독교 콘셉트인 신흥종교 사탄교에서 역십자를 걸어놓기도 하며, 대중매체에서도 헬싱[6]에서 아카드[7]가 총을 역십자 모양으로 교차하는 자세를 취한다든가, 듀크 뉴켐 3D[8]에서 예배당의 스위치를 누르면 역십자가가 되어서 그 구멍

역십자가 - 베드로의 상징(Cross of Saint Peter)

자료: theqoo.net

6 일본의 만화. 작가는 히라노 코우타. 1999년의 영국을 무대로, 영국 왕립 국교기사단 '헬싱' 기관과 나치스의 잔당인 흡혈귀 군대 '밀레니엄', 그리고 바티칸 교황청 특무국 제13과 통칭 '이스카리옷' 기관의 삼파전을 다루고 있는 뱀파이어 액션물이다.

7 헬싱의 주인공이자 작중 최강의 흡혈귀.

8 3D 렐름즈(어포지 소프트웨어)에서 1996년 1월 29일 MS-DOS용 셰어웨어 버전으로 최초로 발매한 FPS 게임이다. 상용 풀 버전은 1996년 4월 19일에 발매. 유통은 처음엔 폼젠이 유통했으나, 얼마 지나지 않아 GT 인터랙티브가 폼젠을 인수하면서 유통을 담당했다. 한국에서는 LG 소프트웨어가 듀크 3D란 이름으로 정식 발매하였다.

에 들어가면 외계인의 점막으로 도배된 공간에 둠가이[9] 시체가 있다든가, 그 외에도 대중매체에서 악마와의 계약의 징표로 신체 어딘가에 역십자 모양이 새겨져 있다는 식의 설정도 있는 등, 역오망성[10]과 함께 이런 의미에서 잘 쓰인다. 하켄크로이츠처럼 의미가 현대에 들어 바뀐 사례라고 볼 수 있겠다. 물론 이는 종교와 무관한 측에서 임의로 쓰던 것인 만큼 원전인 가톨릭에서는 여전히 베드로와 연관된 성지 등에서 본래의 의미에 따라 베드로의 상징으로 사용하고 있다.

베드로의 동생 성 안드레아의 순교

초대교회로부터 첫 번째로 불림을 받은 이라는 영예로운 호칭을 받은 안드레아[11]이지만 한 번도 온전히 자기 자신의 이름으로 불리지 않았다. 늘 베드로의 동생으로 불렸고, 안드레아 없는 베드로는 있어도 베드로 없는 안드레아는 복음에 등장하지 않는다. 늘 앞자리를 타인에게 내어주며 뒤에서 묵묵히 자신의 길을 걸었던 안드레아. 그가 살아생전 자신의 '가려진 삶'을 얼마나 사랑했는지, 혹은 서운하게 여겼는지 알 수 없지만 적어도 복음서에서 그를 만날 때마다 우리들 마음을 붙들어 세운다. 타인에게 가장 좋은 길을 터주고는 언제나 조용히 사라지는 삶. 열심히 노력한 만큼 드러나고 싶은 인간의 안타까운 욕구 때문일까. 그래서 그가 늘 가련하다.

안드레아는 그리스 파드라에서 순교했다고 전해지는데 예수님과 똑같은 십자가에 못 박힐 수 없다며 X자 십자가에 못박혀 죽었다고 한다. 왼쪽에 눈물을 닦

9 B.J. 블라즈코윅즈와 같이 FPS 게임의 조상격인 인물. 이드 소프트웨어의 FPS인 둠 시리즈의 주인공을 일컫는 호칭. 둠 1, 2와 파이널 둠의 성우는 마이크 도퍼드(Mike Dopud). 클래식 둠 시리즈 내용엔 '둠가이'라는 말 대신 주인공에 플레이어 자신의 인격을 대입하여 자기 자신이 주인공이 되라는 의미가 담긴 '당신'이라는 말로 작성되어 있다. 하지만 이 문서는 둠 시리즈의 주인공 '둠가이'를 소개하고 있기 때문에 문서명을 이렇게 정했다.

10 흔히 별을 의미하는 기호로 쓰이는 평면도형. 오각성(五角星), 오망성(五芒星), 오각별이라고도 한다.

11 안드레아 또는 안드레는 예수 그리스도의 열두 사도들 가운데 한 사람이며 베드로의 형제이다. 그리스어에서 유래한 이름으로, '사내다움' 또는 '용기'를 뜻한다. 형과 달리 성실하고 온건하며 신중한 성격의 인물로, 러시아에 최초로 복음을 전파했다고 한다. 초대 콘스탄티노플 총대주교로 훗날 그리스도교의 성인으로 여겨지고 있다.

무리요[12], 〈성 안드레아의 순교〉

자료: singthelord.tistory.com

는 소년은 안드레아에게 음식을 내어줬던 소년이라고 한다. 소년은 평생 가려진 채 묵묵히 자신의 길을 걷다가 십자가에 달린 안드레아의 고단한 삶을 알았을까. 영광의 자리는 늘 남에게 내어주고 뒤에서만 조용히 예수를 따랐던 안드레아는 문득문득 지쳐 있는 우리들에게, 진짜 이유를 묵묵히 알려 주며 깨닫게 한다.

안드레아는 베드로의 동생으로 예수님의 열두 제자 중 한 분이다. 이들은 갈릴래아 호숫가의 벳사이다에서 태어났으며 열두 제자 중 가장 먼저 예수님의 부르심을 받았다. 예수께서 갈릴래아 호숫가를 지나다가 어부 베드로와 안드레아 형제가 물고기 잡는 것을 보고 "나를 따라 오너라. 내가 너희를 사람 낚는 어부로 만들겠다."라고 말씀하신 바로 그 제자들이다.

안드레아는 5천 명을 먹이신 기적에서도 등장한다. 이 많은 사람들을 어떻게 먹일 수 있을까 하고 예수께서 필립보에게 물으시자 "적어도 200데나리온은 있어야 할 것"이라고 대답하며 "여기 보리빵 다섯 개와 물고기 두 마리를 가진 아

12 바르톨로메 에스테반 무리요(Bartolomé Esteban Murillo, 1617년 12월 말~1682년 4월 3일)는 스페인 바로크 화가이며, 스페인의 '라파엘로 Rafaello'라고 불린다. 세비야 태생으로 세비야 학파(Escuela Sevillana)의 대표적인 화가이다.

성인 안드레아

자료: maria.catholic.or.kr

이가 있습니다만, 저렇게 많은 사람에게 이것이 무슨 소용이 있겠습니까?"라고 말한 이가 바로 안드레아이다.

성 안드레아 대성당

이탈리아의 지중해 해변가에 아말피라는 아름다운 도시가 있다. 이탈리아 남부 최고의 관광도시로 꼽히는 이곳은 중세시대에는 베네치아, 제노바, 피사와 더불어 이탈리아 4대 공화국에 꼽힐 정도로 부흥을 누린 도시국가였다. 아말피라는 지중해의 작은 도시가 과거의 영광을 이어가며 오늘날까지 부흥을 누리게 된 데에는 신앙의 힘이 있었다고 생각한다. 고단한 삶의 터전이었기에 이곳 사람들은 하느님께 의지하는 마음도 늘 간절했을 것이다. 그것을 증명이라도 하려는 듯 아말피에는 건축사에서 매우 중요한 성 안드레아 대성당이 있다. 안드레아 성인

성 안드레아 대성당

자료: triple.guide

의 유해를 모신 바로 그 성당이다. 성인의 유해는 원래는 이스탄불의 성 사도 성당에 모셔져 있었는데 십자군 전쟁 때인 1204년 이곳으로 모셔왔다고 한다.

아말피 대성당은 987년에 첫 삽을 떴으며 1200년경에 건축된 정면은 흰색과 검은색의 얼룩무늬 모양이 교차한 이슬람과 유럽의 독특한 고딕 건축양식으로 지어졌다. 아말피 대성당은 다른 대도시의 대성당들이 도심 중앙의 넓은 광장에 자리 잡고 있는 것과 달리 주택가 한가운데 콕 박힌 듯 끼여 있어서 소박하고 정겹다.

대성당으로 올라가는 계단 아래에는 X자형 십자가에 묶여 순교하는 안드레아 성인의 조각상이 있어서 이 성당이 성 안드레아에게 봉헌되었음을 말해 주고 있는가 하면 대성당으로 들어가는 청동문 입구 위에도 X자형 십자가와 함께 있는 안드레아 성인의 모습을 제작한 금빛 모자이크를 볼 수 있다. 안드레아는 이 교차된 X자형 십자가에 묶인 채 이틀 동안 기도하다가 순교했다고 전해지며, 이로 인해 X자형 십자가는 안드레아 성인의 상징이 되었다.

아, 마더 테레사

"하느님의 처분에 따를 것,
하느님께서 바라시는 것은 무엇이든
하느님이 바라시는 만큼
저에게 하시도록 하는 것입니다.
제 어둠이 다른 사람에게 빛이 된다면,
아니, 누구에게 그 무엇도 되지 않는다 하더라도
저는 들판에 핀 하느님의 꽃이 되어 더없이 행복합니다."

마더 테레사가 노이너 신부에게 보낸 편지, 1961

마더 테레사

자료: healthealth.tistory.com

Vox populi, vox Dei.

베드로와 유다의

배신 6장

저주의 십자가

예수님께서 십자가 형벌을 받으신 이유를 알려면 먼저 십자가 형벌의 잔인성을 확인하고 의미를 확인하면 알 수 있다. 예수님께선 지금으로부터 2,000여 년 전, 로마 군인들에게 체포되어 유대인들의 자치적 종교기구 '산헤드린'[1] 의회에서 심문을 받으셨다. 당시 로마 총독이었던 빌라도필라투스는 유대인들에 의해 피소된 예수님을 채찍질과 십자가형을 언도한다. 십자가형은 먼저 죄인을 심한 채찍질을 한 뒤 말뚝 위에 묶거나 못 박아 두는 방식으로 신체의 극심한 고통, 배고픔, 목마름, 수치심 등을 느끼게 되는데, 목숨이 끊기기 전에는 절대로 십자가에서 내려올 수 없는 잔인한 형벌이었다.

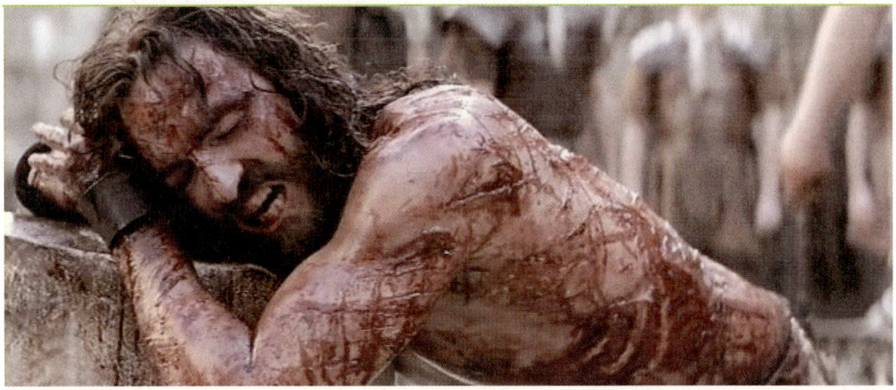

"그가 찔린 것은 우리의 악행 때문이고 그가 으스러진 것은 우리의 죄악 때문이다. 우리의 평화를 위하여 그가 징벌을 받았고 그의 상처로 우리는 나았다. 우리는 모두 양 떼처럼 길을 잃고 저마다 제 길을 따라갔지만 주님께서는 우리 모두의 죄악이 그에게 떨어지게 하셨다." (이사 53:5-6)

자료: www.newsjesus.net

Vox populi, vox Dei.

1 산헤드린(synedrion, sanhderin, 모여 앉는다)은 모든 유대의 도시에 유대교 법에 의해 세워진 23명의 판관들의 모임이다. 로마제국에서는 반(反)로마투쟁을 하지 않는다면, 식민지의 종교와 자치활동을 인정했으므로 고대 이스라엘 사회에서 산헤드린 의회는 영향력이 있는 집단이었다.

유대인들이 생각하는 십자가 형벌

"죽을죄를 지어서 처형된 사람을 나무에 매달 경우, 그 주검을 밤새도록 나무에 매달아 두어서는 안 된다. 반드시 그날로 묻어야 한다. 나무에 매달린 사람은 하느님의 저주를 받은 자이기 때문이다. 너희는 주 너희 하느님께서 너희에게 상속 재산으로 주시는 땅을 부정하게 만들어서는 안 된다."신명 21:22-23

구약시대, 유대인들은 반역죄 등 흉악한 죄를 지은 중죄인을 처형한 후 나무에 매달았고 나무에 매달려 죽은 자를 모욕하며 '하느님께 저주 받은 자'라고 칭했다. 그런데 신약시대에 들어서 예수님께서 그런 나무에 달리신 것이다. 나무에 달려 죽은 자는 저주받은 자로 여겼던 유대인에게 예수님의 십자가형은 말 그대로 저주의 상징이었던 것이었다.

"그리스도께서는 우리를 위하여 스스로 저주받은 몸이 되시어, 우리를 율법의 저주에서 속량해 주셨습니다. 성경에 '나무에 매달린 사람은 모두 저주받은 자다.'라고 기록되어 있기 때문입니다."갈라 3:13

왜 예수님께선 '십자가 형벌'을 받으셨을까. 예수님께서는 당시 당신께서 구원자이심을 증거하시며 여러 기적을 보여주셨다. 그런데 십자가 앞에서는 기적은커녕 많은 조롱과 멸시, 수치, 고난을 받으시고 참으셨다. 십자가 형벌의 고통을 참

십자가에서 죽으신 예수(영화 〈패션 오브 크라이스트〉 중)

자료: newsnjoy.or.kr

으시고 인내하시며 무엇을 전하시고자 하신 것일까?

"죄가 주는 품삯은 죽음이지만, 하느님의 은사는 우리 주 그리스도 예수님 안에서 받는 영원한 생명이기 때문입니다." 로마 6:23

사람이 죽는 이유는 죄로 인함이라 하셨다. 여기서 사망 죄는 이 땅이 아닌 하늘에서 지은 죄를 의미하는데 예수님께서는 인류를 가리켜 하늘에서 잃어버린 죄인들이라고 하셨다. 즉 우리의 영혼이 이 땅에 내려와 살다가 죽음을 당하게 되는 것은 하늘에서 지은 죄에 대한 형벌인 것이다. 하지만 우리의 죄는 육신의 죽음뿐 아니라 영혼의 심판과 죽음까지 겪어야 하는 흉악한 죄악이었다. 이런 죄값을 예수님께서 십자가 형벌로 대신 받으심으로 우리를 구원해 주신 것이다. 십자가 형벌은 예수님이 아니라 원래는 우리가 받아야 할 형벌이었던 것이다.

이런 이치를 깨닫고 예수님께서 십자가에 달리시는 것을 보고 십자가 형틀을 바라봤던 초대교회 성도들, 사도들은 어떤 심정이었을까. 가슴을 치고 십자가를 두려워하고 증오했을 것이다. 사랑하는 예수님의 생명을 빼앗아간 사형 도구였기 때문이었다. 하지만 오늘날 기독교인들은 십자가에 의미를 두어 예수님을 기억하고 입을 맞추고 액세서리로 들고 다니기도 한다. 성경은 어떠한 형상이라도 만들지 말고 섬기지 말라고 경고하고 있다. 정말로 예수님을 사랑한다면 예수님의 목숨을 빼앗아간 십자가가 아니라 예수님의 사랑과 희생을 기념할 수 있는 진정한 절기를 지키는 것이 올바른 신앙의 자세이다.

하느님의 저주를 감당하다

예수님의 십자가 사건은 기독교 신앙의 가장 핵심이라고 말할 수 있다. 그리스도인은 누구나 십자가를 보고 예수님의 육체적 고난을 먼저 생각하게 된다. 멜 깁슨의 영화 〈패션 오브 크라이스트The Passion of Christ〉가 전 세계 기독교인들의 마음을 사로잡은 이유도 예수님의 십자가를 육체적인 고난으로 조명했기 때문일 것이다. 오늘날까지 그리스도인이 십자가를 통해서 육체적인 고난을 강조하는 것

Vox populi, vox Dei.

영화 〈패션 오브 크라이스트〉에서 예수님의 십자가 처형 장면

자료: m.catholictimes.org

은 십자가형을 육체적 고통을 가하는 징벌 수단으로 사용했던 로마인들의 생각이 그대로 반영된 결과라고 말할 수 있다.

로마의 웅변가요 철학자였던 키케로는 십자가 처형이야말로 가장 잔인하고 고통스러운 형벌이라고 말했다. 실제로 로마시대 수많은 사람들, 즉 살인자, 강도, 해적이나 반란자들이 십자가형을 통하여 처형되었다. 그리고 이 무섭고 잔인한 십자가 처형은 로마의 통치 아래 있었던 이스라엘 땅에서도 예외가 아니었다. 로마 군대는 셉포리성갈릴래아 지방에 있는 도시을 함락한 후 이스라엘 반란군에 가담했던 사람 2,000명을 십자가형에 처했으며, 헤이드리안 황제는 이스라엘 반란자들을 하루에 500명씩 십자가에 처형했을 정도다.

성경의 기록에 따르면 예수님 또한 자칭 '유대인의 왕'이란 죄목으로 로마 군인들에 의해 십자가에서 돌아가셨다. 십자가 처형에 대하여 고증해 볼 수 있는 증거가 예루살렘에서 발견되었다. 1968년 예루살렘 북쪽 기밧트 하-미브타Giv'at ha-Mivtar에서 십자가 처형으로 죽은 신장 167㎝, 나이 26세가량의 남자 유해가 발견되었다. 이 사람의 발꿈치뼈는 못이 박혀 있는 상태로 발견되었는데 조사 결과

기밧트 하-미브타에서 발굴된 발꿈치 유골

자료: 21cifm.org

이 못은 아카시아 나무 조각에 못질한 다음 발꿈치 뼈를 통과하여 올리브 나무로 만든 십자가에 박혔던 것으로 밝혀졌다.

이 청년의 아래쪽 다리뼈는 부러졌으며 오른쪽 팔뼈에 못 자국의 흔적을 가진 것으로 확인되었다. 이 청년의 뼈에 대하여 의학적으로 면밀히 조사한 결과, 우리는 십자가에 사람을 매다는 방법을 유추할 수 있게 되었다. 먼저 사람을 십자가를 등지고 서게 한 다음 그의 팔뚝 위쪽에 못을 박고, 그의 다리는 밀어 올려서 굽은 자세가 되도록 한 다음 발뒤꿈치에 못질을 했던 것이다. 이때 체중은 팔에 실려 팔뚝에 박힌 못은 살을 찢으며 팔목까지 내려와 걸리게 되는데 이 처형이야말로 육체적 고통을 가중시키고 지속시키는 무시무시하면서도 단순한 전형적인 로마식 처형방법이었다. 그러니 로마 사람들은 물론 초대교회 당시 이방인 크리스천들 또한 예수님의 십자가 사건을 육체적 고통으로 인식한 것은 자연스러운 현상이었다.

하지만 음모를 꾸며가면서까지 예수님을 죄인으로 만들어 십자가 처형을 요구했던 유대인들의 생각은 무엇이었을까? 육체적인 고통으로 예수를 죽이는 것이 유대인들이 십자가 처형을 외쳤던 목적이었는가? 이방인들에게 십자가 처형이 육체적 고통을 주는 극형이라면 유대인의 관점에서 십자가 처형이 갖는 의미가 무엇인지 궁금하지 않을 수 없다.

십자가 형벌에 대한 예수님 당시 유대인들의 생각을 이해하기 위해서는 고대 근동지역의 문화를 알아야 한다. 근동지역에서 사람을 나무에 매달아 죽이는 처형은 육체적인 고통에 앞서 부끄럽고 치욕스러운 죽음으로 생각했으며 동시에 불명예스러운 죽음을 온 천하에 알리는 것이었다. 그래서 여호수아[2]는 아이[3] 왕을 나무에 매달았다.

고대 근동지역의 십자가형

자료: ebelebe.tistory.com

"그는 아이 임금을 저녁때까지 나무에 매달아 두었다. 해 질 무렵에 여호수아가 명령하자, 사람들이 그의 시체를 나무에서 내려 성문 어귀에 내던지고, 그 위에 큰 돌무더기를 쌓아 올렸다. 그것이 오늘날까지 남아 있다." 여호 8:29

가나안 땅의 다섯 왕을 죽인 다음 나무에 매달았고, 아하수에로 왕은 이스라엘 백성을 모함했던 하만을 나무에 달아 처형했으며, 기원전 701년 앗수르 왕 산헤립은 이스라엘의 라기스성을 함락한 후 포로들을 나무에 달아 처형한 장면을 자신의 궁궐에 부조로 새겨놓았던 것이다. 여기에 더하여 이스라엘 백성들은 나

2 여호수아는 타나크에 나오는 인물로 모세 사후 유대인들의 지도자로 본명은 호세아로 눈의 아들로 알려진 인물이다. 에브라임 지파의 지도자로 야훼가 모세의 백성들에게 벌을 내릴 때 유다 지파 족장 갈렙과 함께 긍정적 주장을 하여 벌을 피한 유일한 사람이다.

3 아이는 벧엘 동편 에브라임에 있었던 성읍 이름으로서 히브리어로 하아이, 아야, 아야트 등 여러 가지의 명칭을 가지고 있으며, 영어로는 Ai로 표기된다. 그리고 이 지명은 '폐허더미', '황폐한 소산'이라는 뜻을 갖고 있다.

무에 달려 죽는 형벌을 신의 저주로 인식했다.

십자가 처형을 요구했던 유대인들의 목적은 육체적인 고통을 가하는 데 있기보다는 하느님으로부터 저주받은 예수, 치욕스럽고 부끄러운 예수를 만드는 것이었다. 신약의 저자들은 예수님의 십자가 처형에 대하여 이방인의 관점이 아니라 유대인의 관점에서 증거하고 있는 것을 볼 수 있다. 예수께서 십자가에 죽었음에도 나무에 달린 주님으로 증거하고 있는 것이다. 즉 예수님의 십자가 죽음을 육체적인 고통이 아니라 불명예스럽고 저주받은 죽음으로 보았다.

"우리 조상들의 하느님께서는 여러분이 나무에 매달아 죽인 예수님을 다시 일으키셨습니다." 사도 5:30

"우리는 그분께서 유다 지방과 예루살렘에서 하신 모든 일의 증인입니다. 그들이 예수님을 나무에 매달아 죽였지만, 하느님께서는 그분을 사흘 만에 일으키시어 사람들에게 나타나게 하셨습니다." 사도 10:39-40

1968년에 발굴된 십자가형에 처해진 유골을 토대로 그려진 십자가형

자료: blog.naver.com

Vox populi, vox Dei.

엘리 엘리 라마 사박다니[4]

자료: m.blog.naver.com

이보다 한발 더 나아가 유대인이었던 바오로와 베드로는 예수님의 십자가 죽음을 유대인의 관점에 신학적 의미를 부여해서 설명하는 것을 보게 된다.

“그리스도께서는 우리를 위하여 스스로 저주받은 몸이 되시어, 우리를 율법의 저주에서 속량해 주셨습니다. 성경에 ‘나무에 매달린 사람은 모두 저주받은 자다.’라고 기록되어 있기 때문입니다. 그리하여 아브라함에게 약속된 복이 그리스도 예수님 안에서 다른 민족들에게 이르러, 우리가 약속된 성령을 믿음으로 받게 되었습니다.” 갈라 3:13-14

이제 십자가에 대한 우리의 관점을 유대인의 관점으로 재조명해 볼 필요가 있을 것 같다. 십자가를 앞에 두고 땀방울이 핏방울이 되도록 간절히 기도하는 겟세마네 동산의 예수님을 다시 생각해보자. 만일 할 만하시거든 이 잔을 내게서 지나가게 해달라던 예수님을 다시 생각해보자. 주님이 고민하고 번민했던 십자가

4 나의 하느님, 나의 하느님, 어찌하여 나를 버리셨나이까.

는 육체적인 고통이 아니었을 것이다. 육체적인 고통보다 참기 어려운 고통은 수치이며 하느님의 저주가 아니겠는가? 모든 수치와 불명예와 저주를 감당하신 예수님의 십자가 은혜에 감사하는 우리가 되기를 기도해 본다.

저주의 상징, 주의 십자가

고난주간은 예수가 부활한 부활절을 직전에 둔 일주일을 의미하며, 부활절 일요일Easter Sunday, Resurrection day까지 포함하는 기간이다. 이 기간에 예수의 최후의 성만찬, 십자가 고난과 죽음, 장례, 부활 등 기독교 역사에서 가장 중요한 사건들이 일어났기 때문에 전 세계 기독교에서는 1년 중 가장 크고 중요하고 엄숙하게 이 기간을 보낸다. 기독교 국가들은 사실상 이 기간을 부활절 연휴이자 홀리데이위크Holiday Week라 하여 연중 최대 명절로 기념한다. 기독교 국가들의 기독교인들이 아닌 일반인들에게는 긴 연휴 기간이자 상업적인 날로 인식된다.

왜 이 주간을 그렇게 부를까? 예수께서 2,000여 년 전 우리의 죄를 대신하여 십자가에 못 박혀 죽으시기 위해 예루살렘 성에 입성하셨는데, 대제사장과 장로들로부터 모함을 당하여 빌라도 법정에서 사형언도를 받으시고 채찍질당하시는 등 갖은 고난을 당하시다가 골고다 언덕에서 십자가에 못 박혀 죽으셨기 때문이다.

그런데 부활절을 1주일 앞둔 주일을 '종려주일棕櫚主日, Palm Sunday'이라고도 한다. 왜냐하면 예수께서 예루살렘 성에 입성하실 때에 무리들이 종려나무 가지를 깔고 예수님을 열렬히 환영했기 때문이다. 주지하는 바와 같이 예수께서 예루살렘 성에 입성하신 것은 십자가에 못 박혀 죽으시기 위해서이다. 그런데 백성들은 예수께서 로마의 억압으로부터 해방시켜 줄 메시아로서 예루살렘 성에 입성하시는 줄로 생각하여 일종의 대관식을 행했다. 제자들은 겉옷을 벗어 길에 깔고 무리들은 종려나무 나뭇가지를 베어 길에 깔면서 "다윗의 자손께 호산나! 주님의 이름으로 오시는 분은 복되시어라. 지극히 높은 곳에 호산나!"마태 21:9라고 외쳤다. 이처럼 예수께서는 죽으시러 예루살렘 성에 들어가셨는데 모든 백성들은 예수님

Vox populi, vox Dei.

을 메시아로 추대한 것을 통하여 무엇을 알 수 있을까? 하느님의 생각과 우리의 생각은 전혀 다르다는 것이다. 그래서 이사야 선지자도 "내 생각은 너희 생각과 같지 않고 너희 길은 내 길과 같지 않다. 주님의 말씀이다. 하늘이 땅 위에 드높이 있듯이 내 길은 너희 길 위에, 내 생각은 너희 생각 위에 드높이 있다." 이사 55:8-9 라고 말한 것이다. 그렇다! 하느님의 생각과 우리의 생각은 하늘과 땅만큼 차이가 난다. 우리는 편안하게 살고 싶어 하는데, 주님께서는 십자가를 지고 주님을 좇으라고 말씀하신다. 우리는 넓은 길을 가고 싶은데, 주님께서는 좁은 길로 가라고 말씀하신다. 우리는 살고자 하는데, 주님께서는 죽으라고 말씀하신다. 이처럼 고난주간의 시작은 하느님과 인간의 생각이 전혀 다른 데서 시작하기 때문에 예수께서 십자가에 못 박혀 죽으신 의미를 제대로 깨닫지 못하는 사람들이 너무 많다. 심지어 믿는 사람들조차도 제대로 알지 못한다.

우리가 알다시피 십자가는 로마에서 흉악한 죄인에게 사형을 집행하는 형벌 중의 하나였다. 원래 이 같은 사형집행은 로마인들이 최초로 한 것은 아니다. 이미 고대로부터 전해 내려온 것이다. 십자가 처형은 양쪽 손과 발에 못을 박아 나

종려주일

자료: 392766.tistory.com

무 십자가 나무에 매달고 나무에 달린 채로 낮의 더위와 밤의 추위로 고통을 당하다가 72시간 만에 죽게 만드는 처형이다. 그런데 왜 아무런 죄가 없으신 예수께서 이렇게 십자가에 처형을 당하셔야 했을까? 그 말씀을 다시 살펴보자.

"그리스도께서는 우리를 위하여 스스로 저주받은 몸이 되시어, 우리를 율법의 저주에서 속량해 주셨습니다. 성경에 '나무에 매달린 사람은 모두 저주받은 자다.'라고 기록되어 있기 때문입니다." 갈라 3:13

성경은 예수께서 십자가에 처형당하신 것은 다른 이유가 아니라 바로 우리가 받아야 할 저주를 대신 감당하신 것이라고 말씀하고 있다. 그런데 왜 우리가 저주를 받아야 하는가? 그것은 우리 모두 아담의 후손으로 태어난 죄인이기 때문이다. 바오로는 이를 로마 신자들에게 보낸 서간 5장 12절에서 잘 설명하고 있다.

"그러므로 한 사람을 통하여 죄가 세상에 들어왔고 죄를 통하여 죽음이 들어왔듯이, 또한 이렇게 모두 죄를 지었으므로 모든 사람에게 죽음이 미치게 되었습니다."

미켈란젤로의 〈원죄와 낙원 추방〉

자료: www.seniormaeil.com

Vox populi, vox Dei.

그렇다. 아담이 인류의 대표이기 때문에 그가 죄를 범하여 죄인이 되었기 때문에 우리가 죄인이 되는 것은 지극히 당연하다. 그런데 아담이 범한 죄가 무엇일까? 하느님께서 금지하신 선악과를 먹은 것이다. 우리는 아담이 하느님께서 금하신 선악과를 먹은 것이 어떤 의미를 지니고 있는지를 알아야 한다. 함께 창세기 2장 16-17절을 읽어 보자.

"주 하느님께서는 사람에게 이렇게 명령하셨다. '너는 동산에 있는 모든 나무에서 열매를 따 먹어도 된다. 그러나 선과 악을 알게 하는 나무에서는 따 먹으면 안 된다. 그 열매를 따 먹는 날, 너는 반드시 죽을 것이다.'"

하느님께서 아담에게 모든 것을 마음대로 할 수 있는 자유를 주셨다. 그런데 단 한 가지 선악을 알게 하는 나무의 실과는 먹지 말라고 명령하셨다. 그런데 아

독일화가 루카스 크라나흐의 〈아담과 이브〉(1530년경). 선악과를 사과로 형상화했다.

자료: weekly.donga.com

담은 마귀의 유혹을 받아 하느님께서 유일하게 금하신 선악과를 먹었다. 아담이 하느님께서 먹지 말라고 하신 것을 마귀의 유혹에 넘어가 먹었다는 것은 무엇을 의미할까? 그것은 하느님의 말씀에 순종하지 않고 마귀의 뜻에 따르겠다고 선언한 것이다. 여기서 우리는 아담이 범한 죄가 무엇인지를 알 수 있다. 그것은 하느님의 말씀에 불순종하고 자기 뜻과 생각대로 살기로 작정한 것이다. 그렇다. 아담이 선악과를 먹은 것은 단지 과일 하나를 먹은 것이 아니다. 그것은 하느님의 뜻을 저버리고 자기 뜻과 생각대로 살겠다고 선언한 것이다.

창조주 하느님 앞에 이보다 더 큰 죄가 어디 있겠는가? 그래서 우리가 이토록 큰 죄를 범했기 때문에 이 세상에서 두려움 가운데 살고, 죄 가운데 살고, 고통 가운데 살며, 한 번은 반드시 죽어야 하고, 죽은 후에는 심판을 받아 지옥에 던져져 영원히 고통을 당해야 하는 것이다. 우리는 종종 이 세상에서 고통을 크게 당할 경우 마치 지옥과 같다고 말한다. 그러나 이 세상에서 당하는 고통은 아무리 큰 고통일지라도 곧 사라진다. 그런데 죄 문제를 해결받지 못하고 지옥에 던져지면 영원히 고통을 당해야 한다. 우리는 이 고통을 영원히 피할 수 없다. 이것이 죄인인 모든 인간의 운명인 것이다. 우리가 이런 저주를 받아야 하는데 예수께서 대신하여 친히 십자가에 못 박혀 죽으신 것이다.

우리가 알다시피 죄인을 사형시키는 방법에는 여러 가지가 있다. 그런데 왜 하필이면 그들이 예수님을 십자가에 처형했느냐는 것이다. 다시 본문을 보자. "그리스도께서는 우리를 위하여 스스로 저주받은 몸이 되시어, 우리를 율법의 저주에서 속량해 주셨습니다. 성경에 '나무에 매달린 사람은 모두 저주받은 자다.'라고 기록되어 있기 때문입니다."갈라 3:13 여기서 '나무에 매달리셨다'는 것은 바로 '십자가에 못 박혀 죽으셨다는 것이다. 참고적으로 예수께서 십자가에 못 박히신 것과 관련하여 정확히 알아야 할 것이 있다. 우리는 흔히 예수께서 골고다 언덕까지 지고 가신 십자가를 열십자가로 알고 있는데 사실은 그렇지 않다. 예수께서 지고 가신 것은 십자 모양의 십자가가 아니라 아주 무거운 통나무였다. 예수께서 이것을 지시고 골고다 언덕까지 가셔서 이미 세워졌던 나무에 이것을 가로질러 박고 그 위에 달리신 것이다.

네덜란드 화가 히에로니무스 보스(Hieronymus Bosch, 1450~1516)가 그린 〈십자가를 지고 가는 예수(Christ Carrying the Cross)〉. 사실은 무거운 통나무였다는 설

자료: wishthewind.tistory.com

그런데 예수께서 대제사장과 장로들에 의해 붙잡히시자마자 십자가에 못 박히신 것이 아니다. 먼저 빌라도 법정에서 재판을 받으셨다. 예수께서 빌라도에게 재판을 받으실 때에 빌라도가 대제사장들과 장로들에게 물었다. "너희는 내가 누구를 너희에게 놓아 주기를 원하느냐 바라바냐 그리스도라 하는 예수냐." 그러자 대제사장과 장로들이 무리들을 충동하여 바라바를 달라고 한다. 이에 빌라도가 다시 묻는다. "그러면 그리스도라 하는 예수를 내가 어떻게 하랴." 그러자 그들은 다같이 "십자가에 못 박혀야 하겠나이다."라고 대답했다.

여기서 우리는 한 가지 질문을 던져야 한다. 왜 유대 백성들이 빌라도에게 예수님을 십자가에 못 박혀야 한다고 주장했느냐는 것이다. 그것은 예수께서 그들의 입맛에 맞는 메시아가 아니었기 때문이다. 유대인들은 구약에 예언된 메시아를 잘못 이해하여 애굽에서 자기 민족을 구원한 모세처럼, 블레셋 장군 골리앗을 쓰러뜨림으로 이스라엘을 구원한 다윗과 같은 메시아를 기다렸다. 왜냐하면 그런 메시아가 오면 로마의 속박에서 해방되고 자기 민족이 세상을 통치하는 나라가 된다고 생각했기 때문이다. 그런데 예수께서 처음에는 로마의 제국에서 압박당하는 그들을 구원할 만한 자처럼 보였다. 예수께서 오병이어로 5천 명을 먹이셨

이스라엘의 왕 예루살렘에 입성하시다.

자료: brunch.co.kr

고, 죽은 자를 살리셨고, 병든 자를 고치셨고, 귀신 들린 자들을 고치셨다. 그러자 사람들은 예수께서 예루살렘에 입성하셨을 때에 이스라엘의 왕으로 추대하였던 것이다.

그런데 예수께서 예루살렘에 입성하신 후 어떻게 돌변하셨을까? 아무런 힘이 없는 사람처럼 대제사장과 장로들이 보낸 자들에 의해 붙잡히셔서 대제사장의 집에 갇히셨다. 이는 그동안 예수께서 보여주셨던 것과는 판이하게 다른 모습이었다. 그러자 예수님의 제자들조차도 예수께서 진정으로 메시아인가에 대한 회의가 일기 시작했다. 그리고 곧 예수께서 십자가에 처형당한다는 이야기가 흘러나오고 실제로 그렇게 되어가자 백성들은 예수께서 그들이 기다리는 메시아가 아니고 거짓 메시아라고 생각하고 그를 십자가에 못 박자고 외쳤던 것이다. 그런데 왜 그들이 굳이 십자가에 못 박아 죽이자고 했을까? 그것은 신명기 21장 22-23절에 있다.

"죽을죄를 지어서 처형된 사람을 나무에 매달 경우, 그 주검을 밤새도록 나무에 매달아 두어서는 안 된다. 반드시 그날로 묻어야 한다. 나무에 매달린 사람은 하느님의 저주를 받은 자이기 때문이다. 너희는 주 너희 하느님께서 너희에게 상속 재산으로 주시는 땅을 부정하게 만들어서는 안 된다."

그렇다. 그들은 예수께서 거짓 메시아로 하느님께 저주받은 자라고 생각하여 십자가에 처형했던 것이다. 그들은 나름대로 하느님의 말씀에 순종한다고 생각해서 그렇게 한 것이다. 이를 통하여 무엇을 알 수 있을까? 우리가 주님의 뜻대로 한다고 하지만 실제로는 주님의 원수로 행할 수 있다는 것이다. 그런 실례를 바오로를 통하여 확인할 수 있다. 바오로는 예수님을 다메섹에서 만나기 전에 그리스도인들을 잡아 죽이는 것이 하느님을 기쁘시게 하는 것이라고 생각하여 그 일에 목숨을 걸었다. 그런데 오히려 그것은 하느님을 대적한 것이었다. 그러면 왜 그들이 성경을 열심히 읽었는데 하느님을 대적하였을까? 그것은 구약성경을 잘못 해석했기 때문이다. 자신들의 생각대로 성경을 해석했기 때문이다. 따라서 우리는 성경을 열심히 읽는 것보다 주님께서 가르쳐주신 대로 읽어야 한다. 요한 복음서 5장 39절에 "너희는 성경에서 영원한 생명을 찾아 얻겠다는 생각으로 성경을 연구한다. 바로 그 성경이 나를 위하여 증언한다."라고 하셨기 때문에 '예수 그리스도'라는 안경을 끼고 읽어야 한다.

이스라엘 백성들이 예수님을 거짓 메시아로 착각하여 십자가에 처형한 것은 어마어마한 죄를 범한 것이다. 그런데 놀라운 사실은 하느님께서 그것을 통하여

예수는 유대인의 왕

자료: post.naver.com

우리를 저주에서 해방시키셨다는 것이다. 누가 감히 이런 일을 생각이나 했겠는가? 우리는 하느님의 놀라우신 지혜를 찬양해야 한다. 바오로는 이렇게 말한다.

"오! 하느님의 풍요와 지혜와 지식은 정녕 깊습니다. 그분의 판단은 얼마나 헤아리기 어렵고 그분의 길은 얼마나 알아내기 어렵습니까?"로마 11:33

하느님께서는 우리의 죄까지도 섭리하셔서 그분의 뜻을 이루신다. 정말 놀라운 일이 아닐 수 없다. 하느님께서 하시는 일은 전혀 알 수 없다. 그분께서 약속하신 것들을 어떻게 이루실지 아무도 알지 못한다. 하느님께서 약속하신 모든 것을 하느님의 방법으로 성취하실 것이다. 종말이 가까울수록 사람들은 세상을 더 사랑하고 점점 타락해가지만 하느님께서는 정한 시간에 오셔서 세상을 심판하시고 우리를 구원하실 것이다.

야코프 요르단스의 〈아담과 이브〉(1640년)

자료: www.tgckorea.org

예수께서 우리를 저주에서 완전히 해방시켜 주셨기 때문에 우리는 더 이상 저주를 받지 않는다. 그러나 저주에서 속량을 받은 자가 해야 할 일이 있다. 그것은 아담이 저주를 받게 된 것은 하나님의 말씀에 불순종하였기 때문임을 알고 우리는 현대판 선악과를 먹지 않는 것이다. 이 시대에 선악과는 무엇일까? 하느님의 말씀에 불순종하도록 유혹하는 모든 것이다. 우리는 이것들과 싸워서 이겨야 한다. 우리가 이것과의 싸움에서 지면 아담처럼 하느님께서 금하신 선악과를 또다시 먹는 것이다. 그러나 마귀와의 유혹을 물리치기 위해서는 우리가 대가를 지불해야 한다. 그 대가를 지불하는 것이 바로 고난이다. 따라서 고난주간이 단지 행사가 되어서는 안 된다. 편하게 살려고 하지 말고 십자가를 질 생각을 하고 넓은 길이 아니라 좁은 길을 선택해야 한다.

변경될 수 없는 십자가의 복음

갈라디아 교회 안에서 복음을 변질시켰던 이들은 주로 유대인들이었다. 복음은 유대인으로부터 시작되었지만, 이제 이방인들도 예수님을 믿음으로 하느님의 나라에 들어오기 시작했다. 그런데 유대인들은 이방인 형제들을 같은 공동체의 일원으로 받아들이는 것을 굉장히 어려워했다. 왜냐하면 그들은 이방인들과 함께 어울리면 안 된다는 긴 역사적인 전통을 가지고 있었기 때문이다. 그래서 갈라디아 교회 가운데 한 그룹의 사람들이 일어서, '이방인들은 예수님을 믿는 것만으로는 구원받을 수 없다'는 식의 주장을 하기 시작했다. 바오로는 이 소식을 들었을 때 매우 화가 났다. 왜 그랬을까? 그들은 복음에다가 무언가를 더하였기 때문이다. 만일 누군가 복음에다가 무엇인가를 더한다면 그것은 복음을 변질시키는 것이 된다. 그리고 복음을 변질시키면 그것은 복음을 파괴하는 것이 된다. 복음을 파괴하면 거기에서는 어떤 구원의 희망도 찾을 수 없다.

갈라디아의 위치

자료: m.blog.naver.com

사도 바오로는 예전에 자신의 의로움을 가지고 하느님을 기쁘시게 해드리려는 모든 노력을 기울여 왔다. 모든 율법을 지키고자 힘썼다. 그러나 이제 그는 자기가 해왔던 노력이 참으로 헛되다는 것을 발견하게 되었다. 물론 하느님의 율법은 굉장히 중요하다. 하느님의 율법은 그분의 마음을 우리에게 나타내 보여준다. 율법은 우리가 구원받기에 얼마나 형편없는 큰 죄인인가를 알려준다. 또한 율법은 우리가 그리스도인으로서 어떻게 살아가야 할 것인가에 대한 기준점을 제공해준다. 그러나 율법은 우리를 구원할 수는 없다. 오직 예수님만이 우리를 구원하실 수 있다. 이것은 사도 바오로에게 있어서 너무나 중요하고 소중한 문제였다. 그래서 그리스도의 십자가는 사도 바오로가 전하고자 하는 메시지의 핵심이자 중심에 있었다. 예수 그리스도의 십자가만을 통해서만 죄인들이 구원을 얻을 수 있기 때문이다.

사도 바오로 이후 이천 년이 지난 오늘까지도, 교회가 전하는 복음에 있어서

복음의 핵심에 십자가가 있다.

자료: www.facebook.com

그 핵심에 십자가가 있어야 하는 이유도 바로 여기 있다. 우리에게는 생각하고 이야기할 만한 흥미로운 주제들이 많이 있다. 우주에 관한 여러 가지 질문이나 과학과 철학에 대한 많은 주제들도 있다. 그러나 우리는 예수 그리스도의 죽음을 통하지 않고서는 어디에서도 구원을 발견할 수는 없다. 그러므로 이 그리스도의 십자가와 죽음을 조금이라도 가리고 숨기는 것은 어떤 것도 허용되어서는 안 된다.

나무에 달린 자마다 저주 아래 있는 자라

본래 십자가는 굉장한 어두움과 고통의 장소이며, 수치와 공포의 장소이다. 그래서 십자가가 어떻게 우리에게 복음이 될 수 있느냐고 묻기 쉽다. 그러나 하느님께서는 바로 그 장소를 택하셔서 죄인과 하느님이 화해할 수 있는 곳이 되게 하셨다. 그리스도께서 우리의 모든 죗값을 치르신 곳도 십자가이다. 우리 안을 아무리 둘러보아도 우리의 구원은 우리에게서 나지 않는다. 우리의 구원은 오직 십자가 위에 계신 그리스도에게서만 발견된다. 그래서 사도 바오로는 세상의 그 어떤 소리도 너무나 단순하고도 명료한 십자가의 복음을 가리거나 흐리게 하지 않도록 많은 주의를 기울였던 것이다.

십자가는 그리스도께서 우리 대신 저주를 받으신 장소이다. 그리스도께서 우리를 율법의 모든 저주에서 속량하실 때에, 그가 친히 십자가에서 우리 대신 저주를 받으시는 방식으로 우리를 건지셨다. 우리는 모두 '율법'의 저주 아래 있던 자들이다. 율법은 하느님이 시내산에서 모세에게 주신 십계명을 의미한다. 하느님의 백성들에게 그분의 마음과 뜻을 보여주시는 굉장히 중요한 것이 바로 율법이다. 우리는 하느님의 율법을 온전히 지킬 수 없어서 율법의 저주 아래 처하게 되었다. 하느님께서 우리에게 요구하시는 대로 온전하게 하느님의 계명들을 순종할 수 있는 능력이 우리에게는 없다. 왜냐하면 우리는 죄성이 있는 타락한 죄인이기 때문이다. 하느님께서는 우리에게 완전한 의로움을 요구하셨지만, 우리는 그 완전한 의로움에 계속해서 미치지 못하는 상태가 될 뿐이다. 의로움은 하느님의 완전한 기준이다. 하느님께서는 이 기준을 항상 완전하게 지킬 것을 요구하시지만, 우리는 언제나 율법에 온전히 순종하지 못하는 우리 자신을 발견할 뿐이다. 하느님께서는 그의 법을 어기고 죄를 지은 모든 자들은 정녕 죽을 것이라고 하셨다. 이것이 바로 율법의 저주이다. 그러므로 모든 인간은 하느님의 정죄 아래에 있으며, 그 정죄에서 피하지 못하게 되었다.

'십자가의 도'란 십자가로 이루어진 구속의 역사로서 여기서 흐른 피가 나 대신 흘려주신 하느님의 피라는 것을 믿으면 영혼이 구원받는 믿음의 법이다. 율법적인 교회가 아무리 화려하고 아무리 철저히 율법을 지킨다 해도 구원이 성사되는 완전한 교회로 나아가려면 이 도를 통과해야만 하는 것이다.

자료: headstone.pe.kr

그러나 성경은 또한 우리에게 좋은 소식, 기쁜 소식이 하나 있다고 말한다. 그것은 곧 '그리스도께서 우리를 위하여 저주를 받은 바 되셨다'고 하신 말씀이다. 그리스도께서 십자가에서 달려 죽으실 때 성부께서는 그곳에 율법의 저주를 내리셨다. 어떤 의미에서 그리스도께서는 성육신하실 때부터 저주를 받으셨다. 왜냐하면 그는 죄인들을 위해 죽임을 당하시고 저주를 받으시기 위해 이 땅에 나셨기 때문이다. 다른 사람들은 살기 위해 태어났지만, 그리스도께서는 죽으시기 위해서 태어나셨다. 그리스도께서는 우리가 받아야 할 모든 형벌을 십자가에서 고통 가운데 받으셨다. 그리스도께서 십자가에 달릴 때, 우리의 모든 죄책은 그에게 담당되었다. 그가 받은 하느님의 진노와 정죄는 본래 우리에게 내렸어야 했던 것이었다. 왜냐하면 우리는 하느님의 완전한 율법의 기준에 이를 수 없었기 때문이다. 그런데 그리스도께서 우리를 대신하여 희생 제물이 되셨다. 그가 우리를 위하여 저주를 받은 바 되셨기 때문에 하느님께서는 그리스도를 보시고 우리를 모든 죄의 정죄로부터 자유롭게 하셨다. 그리하여 그리스도는 우리의 죄책을 담당할 수 있는 유일한 분이 되셨다. 어느 누구도 우리를 대신할 수 없고, 우리 자리를 대신할 수 없다. 예수 그리스도의 십자가만이 우리가 구원받을 수 있는 유일한 장소이다.

십자가 위에서 흘리신 예수 그리스도의 보혈이 없었다면, 우리에게는 구원이 있을 수도, 또한 구원을 받을 소망도 없었을 것이다.

자료: www.iwomansense.com

오직 그리스도의 십자가만을 바라보라

그러므로 구원받기 위해서 우리 스스로의 내면을 살피지 마라. 우리의 어떤 선한 행위가 하느님을 기쁘시게 하거나 우리를 구원할 수 있는 것이 아니다. 오직 예수님만이 우리를 하느님과 화목하게 할 수 있다. 그리스도의 십자가만 바라보자. 사도 바오로에게도 이것은 너무나도 놀라운 발견이었다. 사도 바오로도 그리스도를 만나기 전까지, 그가 하느님과의 바른 관계를 유지하고 하느님의 의롭다 하심을 얻기 위하여서 스스로 노력해 왔던 일들이 얼마나 헛되고 공허한 일이었는가를 발견하게 되었다. 그는 자신이 구원받기 위해서 이루어져야 하는 모든 일들을 하느님께서 그의 아들을 통하여 이미 이루셨다는 사실을 발견했다. 모든 일이 그리스도 안에서 다 완성되었고 성취되었다. 하느님의 구원의 일은 완전했고, 우리를 위한 희생 제물은 완전히 받아들여졌다. 그러므로 사도 바오로는 예수님을 믿는 믿음으로 자신이 구원을 받을 수 있게 되었음을 확신할 수 있었다. 우리도 예수님을 우리의 주와 구주로 받아들이는 믿음으로써만 구원받을 수 있다.

"나는 우리 주 예수 그리스도의 십자가 외에는 어떠한 것도 자랑하고 싶지 않습니다." (갈라 6:14)

자료: www.iwomansense.com

Vox populi, vox Dei.

저주의 말, 축복의 말 … 가룟 유다와 예수

내 혀를 잘 쓰면 축복이고 잘못 쓰면 저주가 온다. 내 입에서 저주의 말이 나왔다면 도대체 어디서 온 것일까? 내가 들은 것, 본 것이라도 다 사실은 아니다. 그래서 하느님의 말씀만 들어야 하는 것이다. 가룟 유다의 귀에 속삭였던 마귀는 지금도 일하고 있다.

"만찬 때의 일이다. 악마가 이미 시몬 이스카리옷의 아들 유다의 마음속에 예수님을 팔아넘길 생각을 불어넣었다." 요한 13:2

"그렇다면 이제 그런 일을 하는 것은 더 이상 내가 아니라, 내 안에 자리 잡고 있는 죄입니다. 사실 내 안에, 곧 내 육 안에 선이 자리 잡고 있지 않음을 나는 압니다. 나에게 원의가 있기는 하지만 그 좋은 것을 하지는 못합니다. 선을 바라면서도 하지 못하고, 악을 바라지 않으면서도 그것을 하고 맙니다. 그래서 내가 바라지 않는 것을 하면, 그 일을 하는 것은 더 이상 내가 아니라 내 안에 자리 잡은 죄입니다. 여기에서 나는 법칙을 발견합니다. 내가 좋은 것을 하기를 바라는데도 악이 바로 내 곁에 있다는 것입니다. 나의 내적 인간은 하느님의 법을 두고 기뻐합니다. 그러나 내 지체 안에는 다른 법이 있어 내 이성의 법과 대결하고 있음을

돈 때문에 예수를 팔아넘기는 가룟 유다

자료: m.blog.naver.com

나는 봅니다. 그 다른 법이 나를 내 지체 안에 있는 죄의 법에 사로잡히게 합니다. 나는 과연 비참한 인간입니다. 누가 이 죽음에 빠진 몸에서 나를 구해 줄 수 있습니까?"로마 7:17-24

내가 말하려는 것이 사실인지, 아닌지 복음적인지, 율법적인지 내 말에 책임을 질 수 있는지 교회에 덕이 되는지 안 되는지 내 말이 어떻게 파급될지 생각해봐야 한다.

"사람의 혀는 아무도 길들일 수 없습니다. 혀는 쉴 사이 없이 움직이는 악한 것으로, 사람을 죽이는 독이 가득합니다."야고 3:8

내 속의 악을 인정하고 내 실수를 인정하는 회개가 시작될 때 비로소 유쾌한 날이 시작된다. 나에게 구원을 주시는 그 이름 예수 그리스도, 모든 고통을 초월하신 예수 그리스도의 십자가 사랑을 깊이 생각하는 기도 속으로 들어가자. 나의 도움은 천지를 지으신 하나님, 나를 위해 싸우시는 여호와 하나님으로부터 온다.

나에게 구원을 주시는 예수 그리스도

자료: m.blog.naver.com

"산들을 향하여 내 눈을 드네. 내 도움은 어디서 오리오? 내 도움은 주님에게서 오리니 하늘과 땅을 만드신 분이시다." 시편 121:1-2

귀인들에게 의지하지 말고 힘이 없는 인생에 의지하지 마라. 여호와 하느님께 소망을 두면 복이 있다고 시편은 기록하고 있다.

"너희는 제후들을 믿지 마라, 구원을 주지 못하는 인간을. 그 얼이 나가면 흙으로 돌아가고 그날로 그의 모든 계획도 사라진다. 행복하여라, 야곱의 하느님을 도움으로 삼는 이 자기의 하느님이신 주님께 희망을 두는 이!" 시편 146:3-5

십자가와 은혜의 복음

십자가는 은혜의 자리를 만드는 하느님의 복음이다. 은혜란 죄인이 값없이 돈없이 아무런 대가를 지불하지 않고 하느님으로부터 하늘의 선물로 받는 것을 말한다. 이 하늘의 선물이 곧 십자가이다. 그리스도의 십자가는 죄인에게 은혜를 증언하게 만든다. 은혜의 이야기를 성도에게 만들어 내는 것이 예수의 십자가이다.

구원의 시작에서 천국의 입성까지 십자가의 은혜에서 시작하고 마무리된다. 그 어떤 사람도 십자가의 도가 없으면 구원은 없는 것이다. 십자가의 메시지가 없다면 그는 신자도 성도도 하느님의 자녀도 그리스도의 몸을 이루는 지체도 아닌 것이다. 십자가는 죄인을 의인되게 하는 하느님의 능력이요 은혜의 복음이다.

Vox populi, vox Dei.

에필로그

믿음은 하나님이 시작하신 것이다. 하나님이 아브라함을 불러내어 믿음의 조상이 되게 하셨기 때문이다. 그러므로 믿음은 하나님이 누구인지 아는 것이 핵심이다.

과연 하나님은 누구신가? 하나님은 누구시고 어떤 분이신가? 먼저 하나님의 여섯 가지 성품에 대해 알아보자.

첫째, 하나님은 우리가 알 수 있는 존재이다.

"'지혜로운 이는 제 지혜를 자랑하지 말고 힘센 이는 제 힘을 자랑하지 말며 부유한 이는 제 부를 자랑하지 마라. 자랑하려는 이는 이런 일을, 곧 나를 이해하

하느님은 우리가 알 수 있는 존재이다. 자료: www.everykoreanstudent.com

고 알아 모시는 일을 자랑하여라. 나는 과연 자애를 실천하고 공정과 정의를 세상에 실천하는 주님으로 이런 일들을 기꺼워한다. 주님의 말씀이다.' 이제 그날이 오고 있다. 주님의 말씀이다. 그날에 내가 몸의 할례만 받은 자들을 모두 징벌하겠다." 예레 9:22-24

이 광대하고 섬세한 우주를 창조하신 하느님은 우리가 알 수 있는 존재이다. 하느님은 우리에게 그분 자신에 대해서 말씀하시고, 우리가 그분을 알도록 그 이상의 일을 하신다. 하느님은 우리가 그분과 관계를 갖고 개인적으로 알아가길 원하신다.

둘째, 하느님은 다가가기 쉬운 분이다.

"주님께서는 당신을 부르는 모든 이에게, 당신을 진실하게 부르는 모든 이에게 가까이 계시다." 시편 145:18

감사하는 삶, 하느님 나라에 가까운 삶! 자료: skhbundang.or.kr

하느님은 우리를 대화에 초대하시고, 우리가 중요하게 생각하는 일에 참여하신다. 우리는 특별히 어떤 행동을 취하지 않아도 된다. 예의 바를 필요도 또 신학적으로 옳거나 경건할 필요도 없다. 하느님은 우리가 그분께 나아갈 때, 우리를 사랑해 주시고 받아주신다.

셋째, 하느님은 창조적인 분이다.

"우리 주님께서는 위대하시고 권능이 충만하시며 그 지혜는 헤아릴 길 없으시다."시편 147:5

"산들을 향하여 내 눈을 드네. 내 도움은 어디서 오리오? 내 도움은 주님에게서 오리니 하늘과 땅을 만드신 분이시다."시편 121:1-2

미켈란젤로가 바티칸에 있는 성당 천장에 그린 〈천지창조〉[1] 중 '아담의 창조' 자료: joongang.co.kr

1 르네상스 시대의 조각가이자 화가 미켈란젤로 부오나로티의 그림. 사실 천지창조(天地創造)라는 제목은 일본 번역서를 우리말로 번역해서 생긴 오류이며 천장화가 맞다. 천장화 중요 9개(가운데 열)에서 천지창조 관련은 셋이며 나머지 중 셋은 아담과 하와. 나머지 셋은 노아 관련 주제이다. 바티칸 내부 피나의 안뜰의 설명용 모작에도 〈The celing〉이라고 되어 있다.

우리가 만드는 것들은 이미 존재하는 물질들을 합치거나 기존의 생각들에 무언가를 더하는 것들이다. 그러나 하느님은 말씀으로 온 우주와 천하 만물을 만드셨을 뿐 아니라, 오늘날의 문제를 해결하실 수 있는 능력이 있으시다. 하느님은 창조적이시고, 그분의 능력을 우리가 알고 의지하기를 바라신다.

넷째, 하느님은 용서하시는 분이다.

"예수 그리스도에 대한 믿음을 통하여 오는 하느님의 의로움은 믿는 모든 이를 위한 것입니다. 거기에는 아무 차별도 없습니다. 모든 사람이 죄를 지어 하느님의 영광을 잃었습니다. 그러나 그리스도 예수님 안에서 이루어진 속량을 통하여 그분의 은총으로 거저 의롭게 됩니다. 하느님께서는 예수님을 속죄의 제물로 내세우셨습니다. 예수님의 피로 이루어진 속죄는 믿음으로 얻어집니다. 사람들이 이전에 지은 죄들을 용서하시어 당신의 의로움을 보여 주시려고 그리하신 것입니다." 로마 3:22-25

우리는 죄를 짓는다. 하느님의 방식대로 살아가기보단 우리의 방식대로 하는 경향이 있다. 하느님은 이러한 우리의 죄를 눈감아 주지 않으시고 사람들을 심판할 준비를 하고 계신다. 죄에 대해서는 분명하게 심판하시지만, 용서하시는 하느님이시기 때문에 우리가 그분과 관계를 맺기 시작하는 순간 우리를 용서해 주신다. 하느님의 아들인 예수가 십자가에서 죽음으로 우리의 죄를 갚아 주었다. 예수는 죽음에서 부활했고, 그로 인해 우리에게 용서받을 기회가 주어졌다.

다섯째, 하느님은 정직하다.

“당신의 말씀이 열리면 빛이 비치어 우둔한 이들을 깨우쳐 줍니다. 당신 말씀은 제 발에 등불, 저의 길에 빛입니다.” 시편 119:130, 105

어떤 사람이 당신에게 그 사람의 생각이나 감정을 이야기해주듯, 하느님은 분명하게 그분에 대해 정직하게 말씀하신다. 그가 자신에 대해서, 또 우리에 대해서 말씀하시는 것은 신뢰할 만한 것들이다. 우리의 감정이나 생각 그리고 인식보다 더 진실하기 때문이다. 하느님은 그분께서 말씀하시는 것에 대해 정확하고 정직하시다. 우리는 하느님께서 우리에게 약속하시는 것을 의지할 수 있다. 하느님의 말씀은 믿을 만한 것이다.

하느님의 복음을 전하는 씨앗 자료: www.facebook.com

여섯째, 하느님은 전지전능하다.

"당신께 바라는 이들은 아무도 수치를 당하지 않으나 까닭 없이 배신하는 자들은 수치를 당하리이다." 시편 25:3

하느님은 언제나 100% 맞다. 하느님의 지혜는 제한이 없다. 하느님은 상황의 모든 부분을 알고 계신다. 그 상황에 관계된 과거와 미래까지도 말이다. 우리는 하느님이 옳은 일을 하시도록 어떤 상황을 보고할 필요도 없고 조언하거나 설득할 필요도 없다. 그분의 동기는 순수하므로 언제나 옳은 일을 하신다. 만약 우리가 하느님을 믿는다면, 그분은 절대 실수하시거나 속이지 않으실 것이다. 하느님은 어떤 상황에서도 옳은 일을 하시는 신뢰할 수 있는 대상이다.

베드로는 예수님을 바라보고 곧바로 물위를 걸었으나 바람을 보자 빠지고 말았다. 이때 예수님은 베드로를 향해 '믿음이 작은 자'라고 말했다. 믿음은 예수님이 누구인지 아는 것이 본질이다.

하느님은 전지전능하다. 자료: catholicnews.co.kr

믿음은 내게서 나온 능력이 아니라 예수님의 능력을 믿고 따르는 것이다. 예수님이 오라고 할 때 베드로는 발을 내딛었고 물위를 걸었으나 바람을 보고는 빠지고 말았다. 예수님을 보고 따를 때는 믿음의 담력이 있었지만 바람을 보고는 의심이 들며 '믿음이 작은 자'가 되었다. 믿음이 작은 자는 예수님을 잊고 바람을 보며 두려워하는 자임을 알 수 있다. 바람은 곧 세상 풍파다.

"베드로가 말하였다. '주님, 주님이시거든 저더러 물위를 걸어오라고 명령하십시오.' 예수님께서 '오너라.' 하시자, 베드로가 배에서 내려 물위를 걸어 예수님께 갔다. 그러나 거센 바람을 보고서는 그만 두려워졌다. 그래서 물에 빠져 들기 시작하자, '주님, 저를 구해 주십시오.' 하고 소리를 질렀다. 예수님께서 곧 손을 내밀어 그를 붙잡으시고, '이 믿음이 약한 자야, 왜 의심하였느냐?' 하고 말씀하셨다." 마태 14:28-31

반면에 예수님은 열두 해 혈루병[2]으로 앓던 여인이 그의 옷자락만 만져도 나을 것임을 믿고 옷에 손을 대자 자기에게서 능력이 빠져나간 것을 알았다. 그리고 그 여인을 칭찬하며 그가 구원받았음을 선포했다. 예수님을 믿는다는 것은 궁극적으로 구원과 연결되는 일임을 알 수 있다.

"그 가운데에 열두 해 동안이나 하혈하는 여자가 있었다. 그 여자는 숱한 고생을 하며 많은 의사의 손에 가진 것을 모두 쏟아부었지만, 아무 효험도 없이 상태만 더 나빠졌다. 그가 예수님의 소문을 듣고, 군중에 섞여 예수님 뒤로 가서 그분의 옷에 손을 대었다. '내가 저분의 옷에 손을 대기만 하여도 구원을 받겠지.' 하고 생각하였던 것이다. 과연 곧 출혈이 멈추고 병이 나은 것을 몸으로 느낄 수 있

2 헬라어 하이마와 레오의 합성어로, 피의 유출이라는 뜻이다. 보통 여인은 월경 때에만 피가 나오게 되는데, 이 병은 월경과 무관하게 불규칙하게 출혈된다. 이 병에는 기능성 자궁출혈과 기질적 자궁출혈(염증, 패혈증, 종양, 백혈병 등에 의한 병) 등이 있다. 기질적 자궁출혈 중에서 악성이 암이다. 장기간 출혈되는 것이 증식성 자궁내막염으로 되는 것이다. 섬유종이라든가 폴리프는 심인성(心因性)에 민감하게 작용을 한다.

었다. 예수님께서는 곧 당신에게서 힘이 나간 것을 아시고 군중에게 돌아서시어, '누가 내 옷에 손을 대었느냐?' 하고 물으셨다. 그 부인은 자기에게 일어난 일을 알았기 때문에, 두려워 떨며 나와서 예수님 앞에 엎드려 사실대로 다 아뢰었다. 그러자 예수님께서 그 여자에게 이르셨다. '딸아, 네 믿음이 너를 구원하였다. 평안히 가거라. 그리고 병에서 벗어나 건강해져라.'" 마르 5:25-30, 33-34

혈루병 가진 여인을 고치다. 자료: m.cafe.daum.net

하느님이 믿음을 주신 것은 예수님이 어떤 분인지 알아 죽음을 넘어 영생의 생명으로 사는 구원에 이르게 하는 데 있다.

한 번은 예수님이 제자들과 배를 타고 갈 때 광풍이 몰아 배가 뒤집힐 지경이 되었다. 예수님은 주무시고 계셨고 제자들은 영락없이 죽게 되었다고 스승님을 깨웠다. 이때 예수님은 바람을 꾸짖어 잔잔케 했고 제자들에게 '믿음이 없다'는 딱지를 붙였다. 그들은 예수님이 생명의 원천이요 인생의 구원자임을 알지 못하고 죽음을 두려워했던 것이다.

"예수님께서 깨어나시어 바람을 꾸짖으시고 호수더러, '잠잠해져라. 조용히 하여라!' 하시니 바람이 멎고 아주 고요해졌다. 예수님께서는 그들에게, '왜 겁을 내느냐? 아직도 믿음이 없느냐?' 하고 말씀하셨다. 그들은 큰 두려움에 사로잡혀

서로 말하였다. '도대체 이분이 누구시기에 바람과 호수까지 복종하는가?'" 마르 4:39-41

우리는 베드로를 통해서 예수님을 알지 못해 범하는 믿음의 시행착오를 깨달을 수 있다. 베드로는 예수님의 수제자로 많은 기적을 보고 체험도 했지만, 그는 예수님을 하느님의 아들이며 그리스도라고 고백하고도 예수님이 죽고 부활해서 다시 만날 때까지 그의 믿음은 번번히 실패를 거듭했다.

예수님은 자신이 누구인지 물었을 때 베드로의 고백을 듣고 그가 복되다고 했고 이를 알게 하신 분은 자기 생각이 아니고 하느님임을 일러주었다. 베드로는 자기도 모르는 고백을 한 것이다.

"시몬 베드로가 '스승님은 살아 계신 하느님의 아드님 그리스도이십니다.' 하고 대답하였다."마태 16:16

그러나 베드로는 자기 자신의 생각으로 돌아오면 예수님을 잊었다. 결정적인 실패는 예수님이 로마병들에게 잡혀가시던 날 밤 예수님을 처형하려는 일당이 그에게 다가와 그도 예수를 따르는 자가 아니냐고 탐문할 때 예수님을 알지 못한

베드로의 사랑 고백 자료: altaban.egloos.com

다고 세 번이나 강하게 부인한 일이다. 예수님은 베드로가 닭이 울기 전에 세 번 부인할 것을 예언했었다. 베드로는 절대 그런 일이 없을 줄 알았겠지만 자기 앞에 죽음의 그림자가 다가오자 스승의 말을 까맣게 잊어버렸다.

이를 볼 때 믿음은 내 생각과 의지가 아니다. 죽음을 이기고 부활하신 예수님이 내 안에 들어오셔야 된다. 예수님이 들어오면 믿음이 생기는 것이다. 예수님은 부활 후 제자들에게 나타나 성령을 받으라고 했다.

베드로의 부인 자료: m.blog.naver.com

"이렇게 이르시고 나서 그들에게 숨을 불어넣으며 말씀하셨다. '성령을 받아라. 너희가 누구의 죄든지 용서해 주면 그가 용서를 받을 것이고, 그대로 두면 그대로 남아 있을 것이다.'" 요한 20:22-23

그리고 갈릴리 해변에서 베드로를 만나 질문을 던졌다. 그리고 주의 양을 치는 사명을 맡겼다.

"예수님께서 세 번째로 베드로에게 물으셨다. '요한의 아들 시몬아, 너는 나를 사랑하느냐?' 베드로는 예수님께서 세 번이나 '나를 사랑하느냐?' 하고 물으시므로 슬퍼하며 대답하였다. '주님, 주님께서는 모든 것을 아십니다. 제가 주님을 사랑하는 줄을 주님께서는 알고 계십니다.' 그러자 예수님께서 베드로에게 말씀하셨다. '내 양들을 돌보아라. 내가 진실로 진실로 너에게 말한다. 네가 젊었을 때에는 스스로 허리띠를 매고 원하는 곳으로 다녔다. 그러나 늙어서는 네가 두 팔을 벌리면 다른 이들이 너에게 허리띠를 매어 주고서, 네가 원하지 않는 곳으로 데려갈 것이다.'" 요한 21:17-18

예수님이 승천하시고 오순절 다락방에도 성령이 임했다. 예수님은 자신을 한 알의 밀알로 비유를 했고 그가 죽지 않으면 아무 유익이 없다는 말씀을 했었다. 마침내 예수님의 죽음과 부활로 예수님을 따르는 제자들은 그들 안에 예수님이

예수가 부활한 후 50일째 되는 날 성령이 사도들에게 내려옴으로써 사도들은 세상에 복음을 선포하기 시작했다.
비로소 가톨릭교회가 시작된 것이다.
그림은 베첼리오 티치아노의 〈성령강림〉, 1570년경

자료: m.catholictimes.org

들어와 그의 생명으로 살게 하시는 것이다.

베드로는 로마의 박해가 극에 달할 때 예수님을 환상 중에 만나 '쿠오바디스. 도미네?'주여 어디로 가시나이까?라고 물었고 예수님의 응답을 받아 로마로 갔다. 믿음이 작은 자였던 베드로는 큰 믿음의 사람이 되어 두려움을 뛰어넘어 고난과 죽음을 이기는 순교자로 변한 것이다. 믿음은 예수님이 어떤 분인지를 알아 그의 생명이 들어옴으로 죽음을 넘어 하느님을 만나는 것이다. 그러므로 이제 살아도 내가 사는 것이 아니요 내 안에 예수님이 사는 것이 믿음이다. 의인은 오직 믿음으로 산다.

쿠오바디스. 도미네? 자료: veronews.com

예수님은 모든 사람의 죄를 대속했고 누구든지 주를 영접하는 자에게 들어가 그와 더불어 먹고 마시겠다고 약속했다.

성경은 분명히 유다가 구원받지 못했음을 명시한다. 예수님께서는 유다에 대해 다음과 같이 말씀하셨다.

"사람의 아들은 자기에 관하여 성경에 기록된 대로 떠나간다. 그러나 불행하여라, 사람의 아들을 팔아넘기는 그 사람! 그 사람은 차라리 태어나지 않았더라면 자신에게 더 좋았을 것이다."" 마태 26:24

여기에 하느님의 주권과 인간의 의지가 함께 역사하는 분명한 그림을 볼 수 있다. 하느님께서는 오래전에 그리스도가 유다에게 배반당하고, 죄를 위해 십자가에서 죽고, 부활할 것을 결정하셨다. 이것이 바로 예수님께서 "자기에 관하여 성경에 기록된 대로 떠나간다."라고 말씀하셨을 때 의미하셨던 것이다. 그 무엇도 인류에게 구원을 베푸시기 위한 하느님의 계획을 멈출 수 없다.

살아가면서 미워하지 않으려 애를 쓰지만 미워하지 않을 수 없는 사람이 있다. 비록 성경에는 '원수를 사랑하라' 하였지만, 사랑할 수 없는 사람이 있다. 가롯 유다가 그렇다. 아무리 외면하려고 해도 그의 이름은 혼란, 그 자체이다. 어떻게 그가 열두 제자의 이름에 들어갈 수 있었을까? 〈유다의 두상〉 표도르 브로니코프, 1874년 자료: m.blog.naver.com

하지만, 모든 것이 예견되었다는 사실이 유다가 드라마 속에서 맡은 역할로 인해 겪어야만 하는 형벌을 면제해주거나 변명해주지 않는다. 유다 스스로 선택한 것이었고, 그러한 선택은 유다가 저주받게 되는 근거가 되었다. 그런데, 유다의 선택들은 하느님의 주권적인 계획 안에 완벽하게 들어맞는다. 하느님께서는 당신의 결과를 성취하시기 위해 인간의 선뿐만 아니라, 인간의 악 또한 통제하신다. 여기서 우리는 예수님께서 유다를 비난하시는 것을 본다. 그런데 유다가 거의 3년 동안 예수님과 여정을 함께했다는 것을 고려해볼 때, 예수님께서 유다에게도 구원과 회개를 위한 충분한 기회를 주셨으리라는 것을 알 수 있다. 유다는 끔찍한 행위 이후에도, 자신이 배신한 것에 대해 하느님께 용서를 구하며 무릎을 꿇을 수도 있었다. 그러나, 그렇게 하지 않았다. 두려움을 느껴 바리새인들에게 돈을 되돌려주고 약간의 회한을 느꼈을 수도 있지만, 유다는 절대로 회개하지 않았고 그 대신 이기심의 궁극적인 행위인 자살을 시도했다.마태 27:5-8

요한 복음서 17:12는 유다에 대해서, "저는 이들과 함께 있는 동안, 아버지께서 저에게 주신 이름으로 이들을 지켰습니다. 제가 그렇게 이들을 보호하여, 성경 말씀이 이루어지려고 멸망하도록 정해진 자 말고는 아무도 멸망하지 않았습니다."라고 말씀하신다. 그러나, 유다는 동시에 예수님이 선지자나 심지어 메시아라고도 믿었을 것이다. 예수님께서는 복음을 선포하고 기적을 행사하시기 위해 제자들을 보내셨다.루카 9:1-6 유다는 이 무리에 포함되었다. 유다는 믿음을 가졌지만, 진정한 구원의 믿음은 아니었다. 그는 '구원받은' 적이 없었고, 잠시 그리스도를 따르는 한 사람이었을 뿐이다.

〈최후의 만찬〉 식탁 앞쪽이 가롯 유다. 듯치오 디 부오닌세냐, 1308-11년
자료: m.blog.naver.com

| 프랑스 아비뇽 대성당 앞에서

지은이 김청자

1945년 1월 3일 전남 여수에서 태어나서 여수여자중학교, 광주여자고등학교를 졸업하고, 1963년에 광주체신청 공무원으로 사회생활을 시작했다. 1967년에 서울체신부로 전근되어 서울생활이 시작되었다. 1970년 공무원 퇴직 후 결혼하여 슬하에 남매를 두고, 1987년 거주 목적으로 일본으로 출국하여 1992년 재류자격을 취득한 후 영주권자로 살아 왔다. 생활의 불편함을 극복하고자 1997년 요코하마 우라시마 야간중학교를 졸업하고, 2년간 요코하마 우라시마 야간고등학교에서 수학했다. 2015년 남편과 사별 후 한국에 자주 내왕하면서 가족들과 어울려 지내고 있다. 오래전부터 정철영어 TV를 통하여 영어 공부를 시작했는데, 소위 '요한복음 영어로 듣고 말하기' 프로에서 학습한 노트가 10여 권이 넘는다. 그것도 성경을 한국어, 영어, 일본어 등 3개국어로 필사하면서 하는 공부로 고생을 낙으로 알고 계속하고 있다. 한국에 살고 있는 딸 가족과 교회를 다니기 시작하다가 최근에는 천주교로 개종하여 성당에 다니고 있다. 성당의 신부님들과 수녀님들, 주변의 많은 일가친척과 교우들 틈에서 넘치는 은혜와 은총으로 하루하루를 행복하게 보내고 있다. 얼마 전부터는 새벽기도에 참여하여 믿음을 더욱 신실하게 하고 있고 레지오 활동과 저술 활동에 전념하고 있다. 저서로는 《하늘의 소리 사람의 말씀》한올출판사, 《하늘의 소리 사람의 말씀 II》한올출판사 등이 있다.

베드로와 유다

초판 1쇄 인쇄　2023년 5월 20일
초판 1쇄 발행　2023년 5월 25일

저　자　김 청 자 마리아
펴 낸 이　임 순 재
펴 낸 곳　(주)한올출판사
등　록　제11-403호
주　소　서울시 마포구 모래내로 83(성산동 한올빌딩 3층)
전　화　(02) 376-4298(대표)
팩　스　(02) 302-8073
홈페이지　www.hanol.co.kr
e-메일　hanol@hanol.co.kr
ISBN　979-11-6647-347-0

• 이 책의 내용은 저작권법의 보호를 받고 있습니다.
• 잘못 만들어진 책은 본사나 구입하신 서점에서 바꾸어 드립니다.
• 저자와의 협의하에 인지가 생략되었습니다.
• 책값은 뒤표지에 있습니다.

베드로와 유다

베드로와 유다

베드로와 유다